创新型大学生素质教育精品教材

# 中华优秀传统文化

主　审　张　利

主　编　王　静　纪晓平　景晓君

镇　江

## 内 容 提 要

本书分为上下两篇。上篇为基本文化素养篇，包括“中国古代哲学”“中华传统美德”“中国语言文字”“中国古代文学”“中国古代技艺”“中国传统节日”“中国歌舞戏曲”7 个模块。下篇为职业能力提升篇，包括“医学篇——传统中医文化”“社交篇——传统礼仪文化”“健康篇——传统饮食文化”“创造篇——传统建筑与雕塑文化”“美学篇——传统书画文化”“工匠篇——传统工艺文化”6 个模块。

本书非常适合作为各类院校综合素质教育相关课程的教材。


**图书在版编目（CIP）数据**

中华优秀传统文化 / 王静，纪晓平，景晓君主编. -- 镇江 : 江苏大学出版社，2024.4(2025.9 重印)
ISBN 978-7-5684-2130-0

Ⅰ. ①中… Ⅱ. ①王… ②纪… ③景… Ⅲ. ①中华文化—通俗读物 Ⅳ. ①K203-49

中国国家版本馆 CIP 数据核字(2023)第 251310 号

**中华优秀传统文化**
Zhonghua Youxiu Chuantong Wenhua

主　　编 / 王　静　纪晓平　景晓君
责任编辑 / 夏　冰
出版发行 / 江苏大学出版社
地　　址 / 江苏省镇江市京口区学府路 301 号（邮编：212013）
电　　话 / 0511-84446464（传真）
网　　址 / http://press.ujs.edu.cn
排　　版 / 三河市祥达印刷包装有限公司
印　　刷 / 三河市祥达印刷包装有限公司
开　　本 / 787 mm×1 092 mm　1/16
印　　张 / 13.5
字　　数 / 312 千字
版　　次 / 2024 年 4 月第 1 版
印　　次 / 2025 年 9 月第 2 次印刷
书　　号 / ISBN　978-7-5684-2130-0
定　　价 / 49.80 元

如有印装质量问题请与本社营销部联系（电话：0511-84440882）

# 本书编委会

**主　审**　张　利

**主　编**　王　静　纪晓平　景晓君

**副主编**　王瑞敏　贾海增　闫　敏　陈　栋

**参　编**　王志远　睢　梦　王　悦　袁海燕
郝翠萍　祁翠芳　宋世清　赵庆华
武奇峰　仝国良　解鹏飞　高　岩
宋宵宇　阮紫荆　晋　涛　李　成

# 前言

# PREFACE

中华优秀传统文化是中华民族的文化根脉，是中华民族独特的精神标识，是中华民族生生不息、发展壮大的精神动力。其中所蕴含的思想理念和道德规范，已成为中国人的精神内核，具有跨越时空的永恒的价值。无论是“天行健，君子以自强不息；地势坤，君子以厚德载物”的奋斗底色，还是“水善利万物而不争”的人生哲理，都将成为当代青年学子践行社会主义核心价值观的重要遵循。时代发展到今天，我们既需要溯源寻根，更需要阐发转化，发掘和用好丰富的文化资源，找准历史与现实的结合点、传统和现代的交融点，结合时代要求继承创新，让中华文化展现永久魅力和时代风采。

本书全景式地展现了中华优秀传统文化的源远流长与博大精深，立足职业院校学生的特点，将全书分为上下篇，上篇为基本文化素养，是通用模块，下篇为职业能力提升，是选修模块。每个模块独立设置，可灵活选择。全书通俗易懂，力求使学生能够对我国优秀传统文化有全面深入的了解。总体来说，本书特色如下。

## 一、价值引领，践行铸魂育人使命

党的二十大报告指出：“育人的根本在于立德。”本书有机融入党的二十大精神，积极践行立德树人根本任务，以引导学生树立正确的世界观、人生观和价值观为己任，将中华优秀传统文化与爱国精神、文化自信、工匠精神、创新意识、社会责任等有机地结合起来，并融入学习目标、正文内容与各类体例中，让学生能够在深入了解中华优秀传统文化的同时，树立文化自信，并自觉继承和发扬中华优秀传统文化，做中华优秀传统文化的传播者。

本书设置了多个彰显文化经典的版块，主要包括“书香满溢”“书海拾贝”“晋韵华彩”“泽被后世”“华彩流光”等内容，精选了中国古代的哲学、语言、文学、技艺、节日、音乐、医学等领域的经典作品并进行赏析，能够帮助学生全面、系统地了解中华优秀传统文化，拓宽视野，感受中华优秀传统文化的魅力。

## 二、校企合作，凝心聚力协同育人

本书的编写在一线双师型教师和企业专职人员的支持与参与下进行，其模块设计充分考虑了时代要求与社会需求，内容紧密围绕青年学生文化素养的提升需求“量身定做”；同时，本书注重理论讲解与阅读材料的紧密结合，既注重保持理论学习的深度，又强调教学内容的理论性、趣味性和实践性，能促使学生做到知行合一。

## 三、理念创新，全新形态盘活课堂

本书切实践行“以学生为主体，以教师为主导，以能力为根本”的教育理念，按照“必需、够用、兼顾发展”的原则组织中华优秀传统文化的相关内容。在内容的编排上，采取“理论讲解+文化感知+在线欣赏”的框架，加深学生对理论知识的认识，重点培养学生的综合素养，让学生在赏中学、在学中赏，化被动为主动，发展创新思维，提升学习效率，进而在实践中提升综合素养，增强文化自信，自觉弘扬家国情怀，做新时代有为青年。

## 四、与时俱进，科技赋能教育平台

本书将教材、在线课堂与教学资源相融合，构建了线上线下结合的教学模式。学生可以借助智能手机或其他移动设备扫描扉页二维码获取相关视频，教师可登录文旌综合教育平台“文旌课堂”查看与下载本书配套资源，如优质课件、课程标准等。

## 五、突显地域，精选国学经典材料

在选择典型案例时，编者更注重突出山西的一些文化内容，以发挥特色优势，助推文化强省建设。同时，为了增强内容的实用性，本书对中华优秀传统文化的理论知识进行精讲，并将重点放在保证“传说故事”等阅读材料的典型性和趣味性上，力求在逻辑严密的基础上做到深入浅出，用通俗易懂的语言为学生普及中华优秀传统文化，让其对中华优秀传统文化有系统的认识。

## 六、巧设板块，促进文化素养提升

本书精心设计了多种板块，用真实、有趣的故事展现不同的文化现象，并尽可能地多使用精美配图，激发学生的学习兴趣。具体来说，各板块的内容及功能如下：

- 学习目标：能够帮助学生明确学习的方向。
- 文化讲堂：有重点地对中华优秀传统文化的理论知识进行讲解，能够帮助学生更快、更好地掌握相关文化知识。本书在文化讲堂中设计了“中华智慧”“千古流芳”“视野纵横”“文化溯源”“传世经典”等体例。其中，“中华智慧”阐释中国古代哲学思想和处世之道；“千古流芳”讲述历史人物故事和传统美德故事；“视野纵横”“文化溯源”拓展了相关知识点，彰显中华优秀传统文化的博大精深；“传世经典”介绍传世佳作，并解读作品所传达的精神内涵。

- **文化实践**：每章的章末设置了形式丰富的实践活动，能够让学生通过亲身实践体会中华优秀传统文化的博大精深，掌握文化精粹，并增强认同感，自觉弘扬中华优秀传统文化。
- **学习成果评价**：采用自评、互评和师评的方式，从课前、课中、课后多个维度对学生的学习成果进行评价。

特别说明：

（1）本书在编写过程中，参考了大量的资料并引用了部分文章和图片等。这些引用的资料大部分已获授权，但由于部分资料来自网络，我们未能确认出处，也暂时无法联系到原作者。对此，我们深表歉意，并欢迎原作者随时与我们联系，我们将按规定支付酬劳。

（2）本书未注明资料来源的案例均为编者自编或根据真实事件、素材改编。

**本书配套资源下载网址和联系方式**

网址：https://www.wenjingketang.com
电话：400-117-9835
邮箱：book@wenjingketang.com

# 目录

CONTENTS

## 上篇 基本文化素养

# 基本文化素养

# 模块一　中国古代哲学

## 学习目标

- 了解中国古代诸子百家哲学思想的主要内容，并领略其精神内涵。
- 明确中国古代诸子百家哲学思想的现实意义。
- 能够运用中国古代诸子百家思想分析解释现实生活中的现象和问题，增强文化自信。

## 文化讲堂

“诸子”是指我国先秦时期具有较大影响力的学术思想代表人物，如孔子、老子、庄子、荀子、孟子、墨子等。“百家”是指学派林立的现象。“诸子百家”是后世对先秦时期学术思想人物和派别的总称。据《汉书·艺文志》记载，先秦时期的学术派别共有百余家。据《隋书·经籍志》《四库全书总目》记载，“诸子百家”实有上千家。在诸子百家中，流传最广、最有影响力的是儒家、道家、墨家、法家等学派。这些学派的思想都有自己鲜明的特征，其文化成就与同期古希腊文明交相辉映，为中国传统文化的发展奠定了思想基础。

下面主要介绍儒家、墨家、道家、法家和兵家的思想。

### 一、儒家

儒家崇尚“礼乐”“仁义”，提倡“忠恕”“中庸”，主张“德治”“仁政”，重视道德伦理教育和自身修养。其代表人物有孔子、孟子和荀子（见图 1-1-1），经典著作有“四书”（《大学》《中庸》《论语》《孟子》）、“五经”（《诗经》《尚书》《礼记》《周易》《春秋》）。

儒家思想内涵丰富，主张以“仁”“礼”治国，强调道德感化。其思想可以概括为“仁”“义”“礼”“智”“信”“恕”“忠”“孝”“悌”。其中，最核心的是“仁”“礼”。

儒家文化对当代社会的现实意义

图 1-1-1　孔子、孟子和荀子像

千古流芳

## 荀子

荀子（约前 313—前 238），名况，赵国人（今山西省临汾市安泽县人），是战国末期的思想家、教育家。荀子游学于齐国，曾三次担任稷下学宫（战国时期的高等学府）的“祭酒”（学官名），主持学宫的工作。韩非、李斯都是荀子的学生。

为了纪念荀子，安泽县修建了荀子文化公园，园内的况山上矗立着荀子雕像（见图 1-1-2）。

图 1-1-2　荀子雕像

这座雕像基座高 8 米，荀子像高 19.67 米，给人以高山耸立的感觉。雕像刻画的荀子巍峨耸立，长风吹衣，美髯飘逸，手握长卷，沉思远望，目光深邃，展示出他非凡的气质和精神风貌。站在雕像前，人们不禁会想起荀子在《劝学》中的名言：“登高而招，臂非加长也，而见者远；顺风而呼，声非加疾也，而闻者彰。”仰望这座圣像，人们感受到的不仅是荀子的个人魅力，更是博大精深的儒家文化和源远流长的华夏文明。

### （一）仁

“仁”是儒家思想道德体系中的重要标准，它不仅奠定了整个社会道德关系的基础，而且为人们标示了道德修养的理想境界。“仁”的思想包括四个方面内容：一是“仁者，人也”（爱自己）；二是“仁者，爱人”（尊重他人、爱他人）；三是遵循“忠、恕”之道（爱朋友、宽容友爱）；四是“杀身成仁”（舍生取义，杀身成仁）。

“仁”的思想还体现在儒家治理国家的理念上。儒家主张以“仁”治国，施行“德政”，以德服人。同时，还强调教育的功能，主张“有教无类”的教育理念，认为重教化、轻刑罚是国家安定、人民幸福的必由之路。

**中华智慧**

#### 怎样做到“仁”

《论语》记载了颜渊、仲弓、子贡、樊迟、司马牛、子张等弟子向孔子请教如何培养个人仁德的故事，孔子因材施教，针对不同的弟子给出了不同的方法，并指出“仁”就是要自我约束、谦恭谨慎、友善互助、关爱他人、诚信质朴、遵守礼法。

**1．颜渊问仁**

【原文】颜渊问仁，子曰：“克己复礼为仁。一日克己复礼，天下归仁焉。为仁由己，而由人乎哉？”颜渊曰：“请问其目。”子曰：“非礼勿视，非礼勿听，非礼勿言，非礼勿动。”

【译文】颜渊问什么是仁。孔子说：“克制自己，使自己的言语和行动都符合礼制（克己复礼），这就是仁。一旦一个人做到了这些，天下的人都会称赞他有仁德。要做到仁，就必须靠自己，而不能靠别人。”颜渊又问：“请指点一些实行仁德的具体途径。”孔子说：“不合乎礼的画面不看，不合乎礼的话不听，不合乎礼的话不说，不合乎礼的事不做。”

**2．仲弓问仁**

【原文】仲弓问仁，子曰：“出门如见大宾，使民如承大祭；己所不欲，勿施于人。”

【译文】仲弓问孔子怎样处世才合乎“仁”。孔子说：“出门办事时，应该像会见贵宾一样庄重；管理百姓时，应该像参加祭祀活动一样严肃。自己不愿意做的事，不要强加于别人。”

3. 樊迟问仁

【原文】樊迟问仁，子曰："爱人。"

【译文】樊迟问孔子怎样做才合乎"仁"。孔子说："学会爱人就是仁。"

4. 子贡问仁

【原文】子贡曰："如有博施于民而能济众，何如？可谓仁乎？"子曰："何事于仁，必也圣乎！尧舜其犹病诸！夫仁者，己欲立而立人，己欲达而达人。能近取譬，可谓仁之方也已。"

【译文】子贡问："如果一个人广泛地给百姓以好处和救济，这个人怎么样呢？可以说他有仁德吗？"孔子说："岂止是仁德！他必定是个圣人！尧、舜恐怕也难以做到呢！有仁德的人，自己想有功绩，也会帮助别人建立功绩；自己想要做到的，也会帮助别人做到。凡事能由己而及人，这就是实行仁德的方法了。"

5. 司马牛问仁

【原文】司马牛问仁，子曰："仁者，其言也讱。"曰："其言也讱，斯谓之仁已乎？"子曰："为之难，言之得无讱乎？"

【译文】司马牛问什么是仁。孔子说："仁者的言语谨慎。"司马牛又问："言语谨慎就可以称作仁了吗？"孔子说："一件事做起来难，说起来能不谨慎吗？"言外之意是，说话要谨慎，学会少说话多行动，强调言行一致的重要性。

6. 子张问仁

【原文】子张问仁于孔子。孔子曰："能行五者于天下为仁矣。""请问之。"曰："恭、宽、信、敏、惠。恭则不侮，宽则得众，信则人任焉，敏则有功，惠则足以使人。"

【译文】子张向孔子问仁。孔子说："能够处处实行五种品德的人，就是仁了。"子张又问："请问哪五种品德？"孔子说："庄重、宽厚、诚实、勤敏、慈惠。庄重就不致遭受侮辱，宽厚就会得到众人的拥护，诚信就能得到别人的任用，勤敏就会提高工作效率，慈惠就能够吸引人来帮忙。"

（参考资料：《论语译注》）

## （二）义

"义"指公正、合理、合宜。儒家把"义"作为评判人们思想、行为的道德标准之一，并将"义"与"仁"并用，提出了"仁义道德""仁尽义尽""杀身成仁，舍生取义"的思想主张。这里的"义"要求人们利他，不以损害和出卖他人尤其是朋友来换取自己的生存和利益。"义"涵盖了恩谊之谊、友情之善、亲情之纯，成为中华民族道德崇高的表现。

### （三）礼

“礼”属于政治与伦理的范畴，是指调节贵贱、尊卑、长幼关系的行为规范。在国家治理方面，儒家主张“礼治”。儒家认为，国家的治、乱取决于等级秩序是否稳定，只有贵贱、尊卑、长幼、亲疏各有其礼，才能达到尊卑有别，长幼有序的理想状态。民众如果违反了“礼”的规范，就要受到“刑”的惩罚。从某种程度上说，儒家的“礼治”以维护宗法等级制度为核心，其实是一种法的形式。

在伦理秩序方面，儒家主张“礼制”，要求人们在待人接物时讲究礼节。明礼、礼貌、礼让、礼节，是中华民族传统美德的体现。

### （四）智

“智”通“知”，指聪明、智慧、有才能、有智谋等。儒家认为，有智慧的人才能认识到“仁”对其有利，进而去实行“仁”，无智的人不可能成为“仁人”，认为要想将“仁”“义”“信”联系起来，就需要将“智”贯穿其中。

### （五）信

“信”指待人处事要诚实不欺、言行一致。孔子将“信”作为“仁”的重要体现。他认为，就个体而言，“信”是贤者必备的品德。只有在言论和行为上做到真实无妄，才能取得他人的信任；就治国而言，只有统治者讲信用，百姓才会以真情相待而不欺上。

## 二、墨家

墨家是战国时期的重要学派之一，创始人为墨子（见图 1-1-3），代表著作有《墨子》。

墨子与墨家学派

墨家学派有严密的组织，其成员多来自社会下层，相传皆能赴火蹈刃，以自苦励志。其中，从事谈辩者，称“墨辩”；从事武侠者，称“墨侠”；领袖称“巨子”。墨家学派的纪律严明，前期思想主要涉及社会政治、伦理及认识论等问题，后期重视逻辑学，开始向科学研究领域靠拢。

墨家思想主要包括十大主张，即尚贤、尚同、兼爱、非攻、天志、明鬼、非命、非乐、节用和节葬。

图 1-1-3　墨子像

文化溯源

### 世界首颗量子科学实验卫星为何被命名为“墨子号”

2016 年 8 月 16 日 1 时 40 分，我国在酒泉卫星发射中心用长征二号丁运载火箭成功将世界首颗量子科学实验卫星“墨子号”发射升空。

量子科学实验卫星首席科学家、中国科学院院士潘建伟表示，中国自主研制的世界首颗量子科学实验卫星之所以被命名为“墨子号”，是因为墨家创始人墨子在其著作里记载了世界上第一个小孔成像实验，该实验也第一次解释了光是沿着直线传播的原理。

以中国科学先贤墨子来命名量子科学实验卫星，体现了中国的文化自信和我们对中国古代科学贡献的尊重。

（参考资料：邱晨辉，《全球首颗量子科学实验卫星命名“墨子号”》，《中国青年报》，2016 年 8 月 16 日）

### （一）尚贤

尚贤是墨家政治思想的基础。墨家认为，国家兴衰成败的关键在于君主是否能够做到“尚贤事能”，主张君主选贤事能时要做到不避贫富、亲疏、远近，唯义是举。只要有才，不管他有什么身份、地位，国君就当富之、贵之、敬之、誉之。墨家的尚贤观点打破了封建社会的等级观念，使贵无常贵、贱无常贱，在当时属于比较激进的思想。

### （二）尚同

尚同的实质就是统一社会组织中所有成员的言行与思想，从而实现天下无纷争的目标。墨家认为，天子应当崇尚贤能，确保所有的官员都是遴选出的仁人，能发善言，实行善政，这样才能使天下的言论统一，进而上同于天（即和天理相一致）。在此过程中，天子应确保天子之行上同于天义。如果天子之行不能上同于天义，上天就会降下惩罚，以矫正天子之行。

### （三）兼爱

兼爱即爱人如己，主张完全的、不分彼此的、无差别的博爱。兼爱是墨家伦理思想的核心。墨家认为，如果“强不执弱，众不劫寡，富不侮贫，贵不敖贱，诈不欺愚”（《墨子·兼爱》），即人人都能做到兼爱，就不会有战争发生。因此，他们提出了“兼相爱、交相利”的政治口号，主张“视人之国若视其国，视人之家若视其家，视人之身若视其身”（《墨子·兼爱》）。

（四）非攻

非攻是“兼相爱、交相利”思想的必然结论。墨家反对不义之战，认为战争伤人命、损其才，是具有破坏性的活动。

中华智慧

## 墨子与楚王论攻防

鲁班为楚国制造了一种叫云梯的攻城器械，楚王决定用它来攻打宋国。墨子听说后，赶紧从鲁国动身，走了十天十夜来到楚都。

墨子先去见鲁班。鲁班问：“先生有何见教？”墨子说：“北方有人侮辱了我，我想借你的手杀掉他。”鲁班没有答应。墨子又说：“我可以送你很多钱财。”鲁班回答：“我奉行仁义，决不杀人。”墨子站起来，对鲁班拜了两次，说：“我听说你造了云梯，楚王会用它攻打宋国，可是宋国有什么罪？楚国土地有余而人口不足。牺牲自己本就不足的人民，而去争夺过剩的土地，这不能算是明智的。宋国无罪，却去攻打它，这不能算是仁义的。明知这些道理却不去谏诤，不能算是忠君的。谏诤达不到目的，不能算尽力了。你不愿杀一人，却去杀宋国众多的人，这不能算明白事理。既然这样，为什么不停止攻打宋国呢？”鲁班被说服了，但还是摇头说：“不行，我已答应过楚王了。”墨子见鲁班不答应，便要求鲁班带他去见楚王。

在楚王面前，墨子说：“有一个人，自己有华贵的彩车，却想着偷邻居的破车；自己有锦绣衣裳，却想着偷邻居的粗布衣服；自己有珍馐美味，却想偷邻居的糟糠。这是一个怎样的人呢？”楚王回答：“他一定患了盗窃病。”墨子诚恳地劝道：“楚国的土地方圆五千里，宋国的土地方圆五百里，这就像彩车和破车。楚国有一个叫云梦泽的地方，里面满地都是犀牛、麋鹿，长江、汉水里出产鱼、鳖、鳄鱼，多得吃不完，宋国却连野鸡、野兔、小鱼都没有，这就像珍馐美味与糟糠。楚国有松树、梓树、楠木和樟树，宋国却很少有大树，这就像锦绣衣裳与粗布衣服。大王去攻打宋国，这跟有盗窃病的人的行为是一样的。臣认为，大王必伤损‘仁义’，而得不到宋国。”

虽然楚惠王觉得墨子说得很有道理，但还是不肯放弃攻打宋国的计划。墨子见状，便对楚王说：“如果你坚持要攻打宋国，我就会帮助宋国守城。你能攻，我能守，你也占不了便宜。”楚王听了很感兴趣，便让墨子和鲁班把他们守城和攻城的办法演练一番。墨子和鲁班一守一攻，直到鲁班把攻城的方法都用完了，墨子还有很多守城的办法没有使出来。楚王看到墨子守城的本领后，知道打胜宋国的希望渺茫，只好说：“先生说得对，我决定不进攻宋国了。”

就这样，一场即将发生的战争被墨子阻止了。

## 三、道家

道家以“道”为核心，用“道”来探究自然、社会、人之间的关系，具有朴素的辩证法思想，对中国传统文化产生了巨大的影响。其代表人物有老子（见图 1-1-4）、庄子（见图 1-1-5）等，代表著作有《道德经》《庄子》等。

图 1-1-4　老子像

图 1-1-5　庄子像

### 文化溯源

#### 道家三派

道家因以“道”为核心理念而得名，最早见于西汉历史学家司马谈的《论六家之要指》，主要分为老庄派、黄老派和杨朱派三派。

老庄派的代表人物有老子、庄子、列子等。老庄派以大道为根，以自然为伍，以天地为师，以天性为尊，以无为为本，主张清虚自守、无为自化、万物齐同、道法自然、远离政治、逍遥自在，还提出了“为学日益、为道日损”“此亦一是非，彼亦一是非”的认识原理。他们认为现实中充满了束缚和限制，大至鲲鹏，小至蜩鸠（tiáo jiū），都需要凭借一定的外部力量才能活动，即它们都是“有所恃”的。为了摆脱所有的束缚，获得完全“无所恃”的精神自由，就需要“齐物”“逍遥”的生活态度。

黄老派的代表人物有慎到、田骈、环渊等。黄老派以虚无为本，以因循为用，采儒墨之善，撮名法之要，积极参与社会政治活动，提出了因循天性、顺势而为、宽刑简政、休养生息等一系列政治、经济和军事主张。

杨朱派的代表人物有杨朱和子华子等。杨朱派对老子的思想加以发展，主张全生避害、为我贵己、重视个人生命，反对他人对自己的侵夺，也反对自己对他人的侵夺，旨在通过对个体的自我完善实现社会的整体和谐。

道家思想主要包括“道法自然”和“无为而治”两个方面。

### （一）道法自然

道家所主张的“道”是指天地万物的本质及其自然的规律。道法自然是道家的价值取向。

道家认为，“道”是人生的真谛，是世界万物的本源，同时也是宇宙运行的总规律。只有自然运行，天地才可以运化万千，宇宙才可以和谐，人类社会才可以协调有序，六畜才可以兴旺，万木才可以常青。魏晋学者王弼总结，道法自然就是“在圆法圆，在方法方”。意思是说，人们应当顺应自然，因势利导地处理好人与自然之间的关系。

### （二）无为而治

“无为而治”的思想出自《道德经》，是道家的治国理念。

无为即顺其自然。道家认为“道常无为而无不为”。意思是说，人要遵循自然之理，顺应自然，不必尝试改变现实中的事物，干预自然的运行，即无为；同时，人也必须遵循自然逻辑，做该做的事，即无不为。需要注意的是，无为不是无所作为，而是不妄作为。

道家还认为，生命是平等的，且享有同样的尊严，因此人与万物应彼此尊重、平等相处。同时，人生在世，总会受到外在约束，如肌体之殃、声色之乐、利禄之欲、义礼之羁、死亡之惧等。人只有超然于这一切之上，不刻意去有所作为，才能领会到人生的真谛，实现“真我”状态，达到“真人”的境界。

引申到治国方面，无为即“无为而治”，是指以制度（可理解为“道”中的规律）治国，以制度约束臣民的行为，使臣民均遵守法律制度。无为而治并不是什么都不做，而是要求国家不过多地干预臣民，只要臣民遵循制度而为，就可以无所不为。

老子说：“治大国，若烹小鲜。”他明确地说明了“自然”与“无为”、“无为”与“有为”的关系，即以“无为”治国并不是以“无为”为目的，而是以“有为”为目的。如果遵循“道”和“自然”，“无为”就会达到“有为”的目的；如果不遵循“道”和“自然”，刻意“有为”，则不但徒劳无益，还可能对国家有害。

## 四、法家

法家主张“不别亲疏，不殊贵贱，一断于法”，即以法治国。其代表人物有春秋时期的管仲（见图 1-1-6）、子产，战国初期的李悝、商鞅、申不害、慎到，战国末期的韩非（见图 1-1-7）等。《汉书·艺文志》著录的法家著作有 217 篇，今存近半，其中最重要的是《商君书》和《韩非子》。《隋书·经籍志》也列出了诸多法家经典，如《管子》19 卷、《商君书》5 卷、《申子》3 卷、《慎子》10 卷、《韩非子》20 卷等。

图 1-1-6　管仲像

图 1-1-7　韩非像

法家思想主要包括以下 5 个方面。

### （一）反对礼制

法家认为，新兴地主阶级反对贵族的世袭特权，主张土地私有化，认为按功劳与才能授予官职等要求是公平的、正确的，而维护贵族世袭特权的传统礼制是落后的、不公平的。

### （二）强调法律的作用

法家认为，法律的作用不可替代。

法律的第一个作用是定分止争，即明确物的所有权。慎到打了一个很浅显的比喻：“一兔走，百人追之；积兔于市，过而不顾；非不欲兔，分定不可争也。”意思是说，集市上的一只兔子跑，很多人都去追，但他们对于集市上的其他兔子看也不看。这不是因为他们不想要兔子，而是因为那些兔子的所有权已经确定，所以不能再争夺了，否则就会违反法律规定，并受到制裁。

备受青睐的法家思想

法律的第二个作用是兴功惧暴，即劝诫百姓行善积德，表彰有功的人与事。同时，镇压和威慑妄图犯法和摧毁政权的人与事。其最终目的是富国强兵。

## 文化溯源

### 法家思想与法治社会

法家的法治思想主张依据法律来治理国家，其根本出发点在于建立一套严密的法律体系来维护社会秩序。法家的法治思想也为现代法治思想的发展提供了重要的借鉴和启示。

法治社会是构筑法治国家的基础，法治社会建设是实现国家治理体系和治理能力现代化的重要组成部分，在推进全面依法治国中具有十分重要的地位和作用。建设信仰法治、公平正义、保障权利、守法诚信、充满活力、和谐有序的社会主义法治社会，是增强人民群众获得感、幸福感、安全感的重要举措。

为加快推进法治社会建设，中共中央印发了《法治社会建设实施纲要（2020—2025 年）》，其主要内容如下。

一、推动全社会增强法治观念。全民守法是法治社会的基础工程。树立宪法法律至上、法律面前人人平等的法治理念，培育全社会法治信仰，增强法治宣传教育针对性和实效性，引导全体人民做社会主义法治的忠实崇尚者、自觉遵守者、坚定捍卫者，使法治成为社会共识和基本原则。

二、健全社会领域制度规范。加快建立健全社会领域法律制度，完善多层次、多领域的社会规范，强化道德规范建设，深入推进诚信建设制度化，以良法促进社会建设、保障社会善治。

三、加强权利保护。切实保障公民的基本权利，有效维护各类社会主体的合法权益。坚持权利与义务相统一，社会主体要履行法定义务和承担社会责任。

四、推进社会治理法治化。全面提升社会治理法治化水平，依法维护社会秩序、解决社会问题、协调利益关系、推动社会事业发展，培育全社会办事依法、遇事找法、解决问题用法、化解矛盾靠法的法治环境，促进社会充满活力又和谐有序。

五、依法治理网络空间。网络空间不是法外之地。推动社会治理从现实社会向网络空间覆盖，建立健全网络综合治理体系，加强依法管网、依法办网、依法上网，全面推进网络空间法治化，营造清朗的网络空间。

（参考资料：中国政府网，有改动）

### （三）“好利恶害”的人性论

法家认为，人都有“好利恶害”“就利避害”的本性。商鞅说：“人生有好恶，故民可治也。”意思是说，人天生就有喜欢的和不喜欢的，所以君主可以利用民众的好恶治理民众。韩非认为，人都有欲利之心，其行为受好利的本性支配，即使是父子之间、君臣之间，也会计较利益的得失。

从传承思想文化的角度看，法家的人性论观念是对荀子人性恶思想的承续，是当时社会私有制和商品经济发展的产物，为法家的法治思想提供了理论基础。

### （四）持有“不法古，不循今”的历史观

法家认为历史是向前发展的，一切法律和制度都应随着历史的发展而发展，既不能复古倒退，也不能因循守旧。商鞅明确地提出了“不法古，不循今”的主张。韩非进一步发展了商鞅的主张，提出了“时移而治不易者乱”的观点，并主张锐意改革。

### （五）倡导“法”“术”“势”结合的治国方略

在法家思想的发展历程中，形成了分别以商鞅、慎到、申不害为代表，重法、重势、重术的治国方略。其中，商鞅重“法”，强调规则；慎到重“势”，强调君威、君权；申不害重“术”，强调国君依据法令控制官吏的策略。

韩非是集法家思想学说之大成者。他的法治思想继承了商鞅的“法”、慎到的“势”和申不害的“术”，构成了一个“以法为本”，将“法”“术”“势”相结合的完整的政治思想体系。韩非认为，法、术、势“不可一无”，且应“以法为本”。也就是说，国家既要制定严刑峻法，让人们心生恐惧而不敢违之，又要依托和运用权势、权威，令下服上，从而建立有效的社会动员机制、统治机制和激励机制。其理论核心是加强君主专制，强化中央集权，即“事在四方，要在中央，圣人执要，四方来效”。“事在四方，要在中央”是指立法大权应归于统一的中央政府，用郡县制取代分封制，从而结束诸侯分权的政治局面。“圣人执要”是指中央政府的决定权必须在皇帝手中，即实行君主专制。这种思想体系是后来秦统一六国、建立中央集权制的封建国家的理论基础。

## 五、兵家

兵家是研究军事理论、从事军事活动的思想学派，其实践活动与理论包含了丰富的朴素唯物论与辩证法因素。兵家思想影响广泛，是我国古代军事思想的精华。其主要代表人物有春秋时期的孙武（见图 1-1-8）、司马穰苴（ráng jū），战国时期的孙膑（见图 1-1-9）、吴起、尉缭、魏无忌、白起等。今存兵家著作有《六韬》《三略》《孙子兵法》《孙膑兵法》《吴子》《尉缭子》等。

图 1-1-8　孙武像

图 1-1-9　孙膑像

兵家主张运用武力、谋略达成目的。兵家思想是对战争决策、指挥、统筹及其规律等方面的理性认识，它既把战争的主观指导（即主体的决策、指挥、组织、运筹等）作为一项取得胜利的基本因素，又把政治、经济、军事、天文、地理、国际关系等各种客观因素作为决定胜负的条件，并将这些条件看成相互关联的统一整体，由此创造出一系列有效的战法。

兵家的创始人孙武认为，“兵者，国之大事，死生之地，存亡之道，不可不察也”（《孙子兵法·始计篇》），提出“知彼知己，百战不殆”的观点，即全面地分析敌我、众寡、强弱、虚实、攻守、进退等，认识和掌握战争客观规律，才能克敌制胜。孙武还提出“兵无常势，水无常形，能因敌变化而取胜，谓之神”（《孙子兵法·虚实篇》），强调战略、战术上的“奇正相生”和灵活运用。

兵家另一位代表人物孙膑继承并发展了孙武的军事理论，把“道”看作战争的客观规律，主张以进攻为主的战略，提出了以寡胜众、以弱胜强等策略。

## 名词解释

**奇正相生**的意思是“奇”与“正”能够相辅相成，互相转化。奇正相生的理论多用在军事上。

在军事部署上，正面进攻的部队为正，两侧偷袭的为奇；执行守备任务的部队为正，机动部队为奇；执行钳制任务的部队为正，突击部队为奇。

在作战方式上，对阵交锋为正，迂回侧击为奇。

在战争原则上，运用一般原则者为正；针对特殊情况灵活应变者为奇。

## 西汉名将卫青

卫青（见图 1-1-10），西汉名将，字仲卿，河东平阳（今山西省临汾市西南）人。西汉初年起，匈奴不断侵扰北方诸郡。卫青一生七次出击匈奴，为汉武帝时期汉王朝在汉匈战争中获胜做出了巨大的贡献。卫青的军事思想和军事实践主要包含以下几个方面的内容。

图 1-1-10　卫青像

（1）调整对匈奴的作战策略，从被动防御转变为主动出击。在过去的作战策略中，西汉主要是依托长城进行要塞防御，但这并不能有效避免匈奴的大规模侵扰。因此，卫青提出了“以骑兵制骑兵、以机动对机动”的新战法。这种作战方法在实战中取得了重大胜利，从根本上解除了匈奴对汉王朝的军事威胁。

（2）以骑兵为主，组织多兵种配合。在与匈奴主力的决战中，卫青所率领的军队基本上都由骑兵组成。但他也注意发挥步兵、车兵的优势。例如，在漠北决战中，卫青根据敌强我弱的不利形势，先使用战车部队形成坚固的防御工事，然后指挥骑兵向敌军发起反冲击。该战术使多兵种配合密切，有攻有防。

（3）善于长途奔袭，打击敌人纵深。在龙城之战中，卫青率军从东路进发，向西北方向追击匈奴军，一路孤军深入数百里，直捣匈奴人的祭祀圣地漠北龙城。在河南之战中，卫青所率汉军采用迂回式作战策略，两渡黄河，纵横数千里，沿途所至，所向披靡，荡平了匈奴白羊王和楼烦王在黄河以南的势力。在漠北决战中，卫青军团横渡大沙漠，北进千余里，大败匈奴单于。

（4）善于捕捉战机，灵活指挥作战。在漠北决战初期，卫青所率军队的主要任务是与左贤王决战。然而在侦知单于所在的位置后，他及时改变计划，以精锐骑兵出塞千余里进行纵深追击。这种灵活的战术最终帮助他在漠北决战中战胜了敌人。

卫青的军事实践及其所反映的军事思想具有创造性，受到了后人的重视。

## 一、《论语》

### （一）作品介绍

《论语》是儒家经典之一，现存 20 篇，共 492 章。它以语录和对话文体的形式记录了我国春秋时期思想家、教育家孔子及其弟子的言行，其内容涉及政治、教育、文学、哲学及立身处世的道理等方面，较为集中地体现了孔子及儒家学派的思想，是研究孔子及儒家学派思想的主要文献之一。

### （二）名句精选

（1）子曰："学而时习之，不亦说（yuè）乎？有朋自远方来，不亦乐乎？人不知而不愠，不亦君子乎？"

——《论语·学而》

**【解读】**孔子说："学习然后按时复习，不也很快乐吗？有志同道合的人从远方来，不也很高兴吗？别人不了解我、误解我，我也不生气，不是证明我在道德上有修养吗？"孔子第一句讲的是学习方法，即对于知识，"学"只是一个认识过程，"习"是一个巩固的过程，要想获得更多的知识，必须将"学"与"习"统一起来。第二句讲的是学习乐趣，即志同道合的人来访可以增进友谊，并且可以互相学习、共同提高。第三句讲的是为人态度，即人不知我，我也不会因此而生气。

（2）子曰："学而不思则罔（wǎng），思而不学则殆（dài）。"　——《论语·为政》

**【解读】**孔子说："只学习却不思考，就会感到迷茫而无所适从；只思考而不学习，就会疑惑而无所得。"孔子认为学习与思考是辩证的关系，两者皆不可偏废。

（3）子曰："由，诲女（rǔ）知之乎！知之为知之，不知为不知，是知（zhì）也。"

——《论语·为政》

**【解读】**孔子说："仲由啊，让为师教导你对待知与不知的态度吧！知道就是知道，不知道就是不知道，这才是聪明的做法。"（"女"通"汝"）。孔子意思是要言行谨慎，要有诚实、谦虚的态度，不能不懂装懂，也不能随意夸大自己的知识和本领。

（4）子曰："见贤思齐焉，见不贤而内自省（xǐng）也。"

——《论语·里仁》

**【解读】**孔子说："遇到德才兼备的人，就要向他请教和学习；看见不贤的人，就要反省自己有没有和他一样的缺点，并改正。"孔子认为以人为鉴，随时随地都要注意学习，并取长补短。只有这样，才能成为德才兼备的人。

（5）曾子曰："吾日三省（xǐng）吾身：为人谋而不忠乎？与朋友交而不信乎？传不习乎？"

——《论语·学而》

【解读】曾子说："我每天多次地反省自己：替别人办事有没有尽心尽力？跟朋友交往是不是真诚、守信？老师传授的知识是否复习了？"

（6）子曰："富与贵，是人之所欲也；不以其道得之，不处也。贫与贱，是人之所恶也；不以其道得之，不去也。" ——《论语·里仁》

【解读】孔子说："财富与地位是人人都渴望拥有的，如果不通过正当的途径得来，君子是不能安享的；贫困与卑贱是人人都厌恶的，如果不通过正当的途径摆脱，君子无法安然处之。"孔子不反对追求财富和地位，他承认人们追求财富的必然性和合理性。

## 二、《孙子兵法》

### （一）作品介绍

《孙子兵法》又称《孙武兵法》《吴孙子》，为春秋时期吴国将军孙武所著，是我国现存最早的兵书。它主要研究战争取胜的原理，系统、全面地归纳了战争准备、策略运用、作战部署、敌情研判等取胜因素，蕴含着朴素的唯物辩证思想，是我国古代军事思想精华的集中体现，被誉为"兵学圣典""古代第一兵书"。

《孙子兵法》现存 13 篇，每篇皆以"孙子曰"开头，按专题论说，有中心，有层次，逻辑严谨，语言简练，文风质朴，善用排比和比喻，2 000 多年来一直被视为兵家思想之经典，至今仍具有重大的现实意义，书中所主张的"智、信、仁、勇、严"也成为中国军人一直尊崇的"武德"。

**文化溯源**

**银雀山《孙子兵法》**

山东银雀山汉墓竹简《孙子兵法》，是现存最早的手抄本《孙子兵法》（见图 1-1-11），由 300 余枚竹简组成，大约成书于西汉初期。它也是最接近作者原始思想的版本，被评为中国九大"镇国之宝"之一。

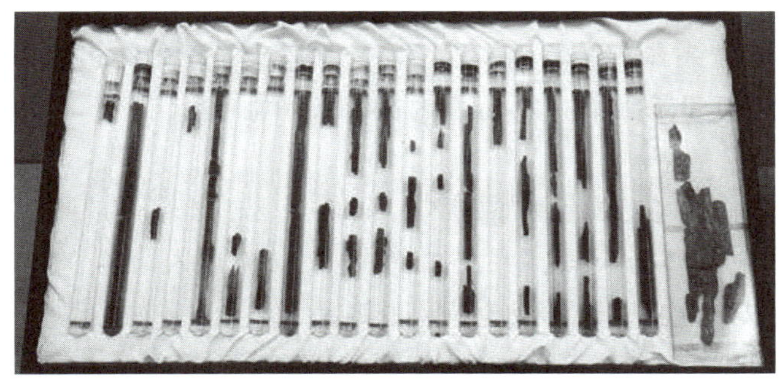

图 1-1-11　山东银雀山汉墓《孙子兵法》残缺竹简

### （二）名句精选

（1）兵者，诡道也，故能而示之不能，用而示之不用，近而示之远，远而示之近。

——《孙子兵法·始计篇》

**【解读】**用兵打仗是一种诡术，所以能打应装作不能打，要打应装作不打，向近处打应装作向远处打，向远处打应装作向近处打。用兵之道，在于千变万化、出其不意。常言道："兵不厌诈。"战阵之间，必须进行伪装，使敌人产生错觉并做出错误判断，然后趁机对敌方进行袭击，定可获胜。由此派生出来的声东击西、指南打北等战术，都是以假象迷惑敌人，从而达到预期目的。

（2）将者，智、信、仁、勇、严也。　　——《孙子兵法·始计篇》

**【解读】**将帅之才，必须具备智慧、诚信、仁爱、勇敢、严谨五种品质。

（3）兵无常势，水无常形，能因敌变化而取胜者，谓之神。

——《孙子兵法·虚实篇》

**【解读】**用兵作战没有固定的模式，就像水没有固定的形态一样，能根据敌情变化而取胜的，可称得上用兵如神了。这句话说明用兵或做其他事情时应学会审时度势，灵活机动地制订计划，不可死搬教条、墨守成规。

（4）善用兵者，避其锐气，击其惰归。　　——《孙子兵法·军争篇》

**【解读】**孙子把士气分为朝气锐、昼气惰和暮气归三种，惰归是指士兵疲惫、士气衰落。这句的意思是：善于指挥作战的将领，要避开敌人的锐气，等到敌人士气衰落时再去攻击他。"避其锐气，击其惰归"和"避实就虚"的作战原则一样，都是说在敌我力量相当时，可以暂时让步，以保持我军的锐气，待到敌人疲劳、沮丧时，再给敌人以致命的打击。

（5）知彼知己者，百战不殆；不知彼而知己，一胜一负，不知彼，不知己，每战必殆。　　——《孙子兵法·谋攻篇》

**【解读】**既了解敌人的长处和短处，又了解自己的长处和短处，就能百战百胜，立于不败之地。这是一条闻名中外的战争原则，在现代社会中还可适用于其他领域。

## 文化实践

### 一、国学知识竞赛

国学大师章太炎说："国学之不知，未有可以与言爱国者也。"国学乃中国国民之根本、中华文化之源泉、华夏民族之灵魂。没有源头，将没有中华民族傲立于世界东方；没有活力，将没有中华之发展；没有发展，将没有国学之明天。国学，不仅是一种需要青年学生继承的国之精髓，还是一种需要青年学生在学习的过程中，不断循着古人足迹发展并升华的国之学术。

为了弘扬中华传统文化，展示国学文化魅力，普及和宣传国学知识，激发更多青年学生对国学的兴趣，在青年学生群体中营造认知国学、学习国学、弘扬国学的良好氛围，请结合学校实际情况，举办一场“弘扬中华经典，丰富校园文化”国学知识竞赛。

（1）请根据表 1-1-1 进行分组，并将具体情况填入表中。

表 1-1-1　小组分工表

<table>
<tr><th colspan="2">组织设置</th><th>工作内容</th><th>岗位设置</th><th>岗位职责</th></tr>
<tr><td colspan="2" rowspan="2">管理小组</td><td rowspan="2">由班长、团支书、安全委员、卫生委员等班干部组成，推选出组长和副组长各一名<br>领导小组全面统筹竞赛活动的各项工作</td><td>组长：</td><td>负责活动中的指导、监督检查、协调等工作</td></tr>
<tr><td>副组长：</td><td>协助组长管理，落实安全保障，监督工作小组的任务执行情况</td></tr>
<tr><td rowspan="11">工作小组</td><td rowspan="2">资料检索组</td><td rowspan="2">通过互联网、图书馆等搜集相关资料，制作国学知识竞赛的题库</td><td>组长：</td><td rowspan="11">组长：负责落实本组工作内容执行、组员管理、组内分工、组间协调合作<br>组员：服从组长管理，自觉遵守活动纪律，积极参与、团结协作</td></tr>
<tr><td>组员：</td></tr>
<tr><td rowspan="2">后勤组</td><td rowspan="2">负责印发宣传手册、制作海报、租借活动场地和活动所需各项用品等后勤工作</td><td>组长：</td></tr>
<tr><td>组员：</td></tr>
<tr><td rowspan="2">选拔组</td><td rowspan="2">负责竞赛报名、制定规则等具体竞赛事项</td><td>组长：</td></tr>
<tr><td>组员：</td></tr>
<tr><td>评委会</td><td>负责与院系领导、教师等人员进行联系，邀请他们担任竞赛评委，并制定评委会打分规则，制作评分表，统计比赛分数</td><td></td></tr>
<tr><td rowspan="2">公关组</td><td rowspan="2">听取院系领导、教师和同学们的意见和建议，进行整理、汇总后交于管理小组探讨和施行</td><td>组长：</td></tr>
<tr><td>组员：</td></tr>
</table>

（2）一切准备就绪后，国学竞赛开始，工作小组和管理小组引导评委到指定座位就座；由后勤组负责录像和拍摄，评委为选手打分、写评语；评委会成员统计评分结果并公布。

## 二、优秀国学节目推介

《问道楼观》是一部大型人文历史纪录片。该片共 8 集，分为 8 个主题，分别是“经出终南”“百经之首”“无为而治”“以奇用兵”“国教为道”“大美无形”“养生之道”“道妙永恒”。

《问道楼观》以第一人称的叙事手法，以老子在楼观台结庐讲说《道德经》的过程为主线，运用剧情对话和客观解说两种形式，探寻中华文明思想的渊源。纪录片中，历史人物（老子）、人文景观（楼观台）与自然景观（终南山）三位一体，将道法自然的风范贯穿于具象画面之中，营造出仙风道骨的诗意，传达了发人深省的思想。该纪录片制作精良，大气恢宏，不失为中国当代纪录片的典范，带动了“全民问道、寻道启智”的文化热潮。

请查找相关资料，按照以下步骤了解《问道楼观》，领悟国学文化。

（1）全班学生分成 8 个小组，每个小组分别选择《问道楼观》中的一集并认真观看。

（2）各组观看完毕后，组员一起查找相关资料，将节目内容制作成 PPT，并将表 1-1-2 填写完整。

表 1-1-2　小组成员及分工情况

<table>
<tr><td>班级</td><td></td><td>组号</td><td></td><td>指导教师</td><td></td></tr>
<tr><td>小组成员</td><td>姓名</td><td>学号</td><td colspan="3">任务分工</td></tr>
<tr><td>组长</td><td></td><td></td><td colspan="3"></td></tr>
<tr><td rowspan="6">组员</td><td></td><td></td><td colspan="3"></td></tr>
<tr><td></td><td></td><td colspan="3"></td></tr>
<tr><td></td><td></td><td colspan="3"></td></tr>
<tr><td></td><td></td><td colspan="3"></td></tr>
<tr><td></td><td></td><td colspan="3"></td></tr>
<tr><td></td><td></td><td colspan="3"></td></tr>
</table>

（3）各组在全班展示并介绍 PPT 的内容，帮助其他学生了解相关国学知识。

（4）各组向全班同学介绍其他优秀国学节目，并写出推荐词。

优秀国学节目名称：____________________。

推荐词：__________________________________________

__________________________________________

__________________________________________

__________________________________________。

## 学习成果评价

学生和教师根据学生的实际学习成果开展自我评价、组间互评和教师评价，并将评价结果填写在表 1-1-3 所示的学习成果评价表中。

表 1-1-3　学习成果评价表

| 教学过程 | 内容（任务点） | 评价 | | |
|---|---|---|---|---|
| | | 学生自评（20%） | 组间互评（30%） | 教师评价（50%） |
| 课前 | 能够简要叙述“诸子百家”的含义 | | | |
| | 能够简要叙述中国古代诸子百家哲学思想的主要内容 | | | |
| 课中 | 能够领会儒家、墨家、道家、法家、兵家的代表人物及其思想主张 | | | |
| | 能够准确说出先秦时期重要典籍中体现出来的哲学思想 | | | |
| 课后 | 善于思考，能够在生活中感悟诸子百家的哲学思想 | | | |
| | 乐于学习，能够通过多种途径提升自身的哲学修养 | | | |
| 专业点评 | | | | |

# 模块二　中华传统美德

## 学习目标

- 了解仁爱孝悌、勤劳节俭、明礼诚信、修己慎独、浩然之气等中华传统美德的基本内涵，并领悟其思想精髓。
- 能够运用中华传统美德规范自己的言行，修身立德,，提升道德修养。
- 弘扬传统美德，涵养时代新风，树立文化自信。

## 文化讲堂

### 一、仁爱孝悌

“仁”的核心是“爱人”，仁爱的起点和根本是孝悌。孝悌之德的基本内容是父慈子孝、兄友弟恭。由孝悌之情又延伸出忠恕，其基本要求是以诚待人、推己及人，由此形成了中华民族大家庭中浓烈的人情味。

#### （一）仁爱

“仁”是儒家伦理学说中最基本的范畴，强调人的自我修养。“仁”的核心是“爱人”，“仁爱”的根本是孝悌。只有在家孝顺父母、敬爱兄长，才能将“仁爱”由家庭推及社会，做到“泛爱众”。

孔子提出“己所不欲，勿施于人”（《论语·卫灵公》），“夫仁者，己欲立而立人，己欲达而达人”（《论语·雍也》），表明“仁”既是一种博大的同情心与爱心，又是一种忠恕之道。同时，“仁”又具有推己及人的含义，即要求人们将心比心，设身处地为别人着想，积极利人、助人，给他人以机会和力所能及的帮助。

孟子在孔子的思想基础上，对儒家的伦理道德思想进行了发展，提出“仁也者，人也”（《孟子·尽心》）的观点，认为“仁人志士”应具备所谓的“四端”，即恻隐之心、羞恶之心、恭敬之心和是非之心。孟子还认为，性善是天赋予人的本性，是“人之所以异于禽兽者”（《孟子·离娄》）的根本，主张“扩充善端”，“老吾老，以及人之老；幼吾幼，以及人之幼”（《孟子·梁惠王》），“亲亲而仁民，仁民而爱物”（《孟子·尽心》），即把

“仁爱”的精神，由亲人推及社会，甚至是宇宙万物，由爱自己的亲人，进而推及爱人类、爱草木鸟兽、爱自然万物。

深受儒家思想影响的古人，上至帝王将相，下至士人百姓，亦身体力行地践行着仁爱思想。例如，东晋郗公含哺，宋代赵抃越州赈灾、叶梦得许昌救民，清代阮元拯婴、吴璟救人的仁爱故事，至今在民间流传；汉高祖刘邦、唐高祖李渊、宋仁宗赵祯等都以仁爱治国，他们施行仁政，赢得了百姓的敬重，也为人民安居乐业、国家繁荣昌盛奠定了基础。

 中华智慧

## 冯谖客孟尝君

战国时期，齐国有一个名叫冯谖的人，在孟尝君家里做食客。

一天，孟尝君问家里的食客，谁能替他到薛邑去收债，冯谖自荐。于是，孟尝君让人准备车马和借契，让冯谖去收债。出发的时候，冯谖问：“债款收齐了，我需要用它买什么东西回来吗？”孟尝君回答：“先生觉得我家里缺少什么，就买什么。”

冯谖到了薛邑，派官吏召集该还债的老百姓前来核对借契。借契核对完毕后，冯谖又借孟尝君的名义，把债款赐给了老百姓，还烧了那些借契。老百姓们高兴不已，都称赞孟尝君仁义。

做完这些事情后，冯谖连忙赶车回到齐国都城求见孟尝君。孟尝君问：“借款收齐了吗？怎么这么快就回来了？”冯谖回答：“收完了就回来了。”孟尝君又问：“用那些钱财买了什么回来？”冯谖回答：“我看您的家里堆积着无数的珍宝，还有数不清的猎狗和骏马，美女也到处都是。我觉得您家现在所缺少的只有‘仁义’了。所以我私自用债款给您买了‘仁义’。”孟尝君问：“如何买‘仁义’呢？”冯谖回答：“现在您拥有薛邑这个地方，那里的老百姓就是您的子女，您应该抚育和爱护他们。所以，我假传您的命令，把债款都送给了老百姓，还烧了那些借契。老百姓都感念您的恩德。这就是我给您买的‘仁义’。”孟尝君听了，虽然有些不高兴，但只能接受。

一年后，孟尝君被齐王猜疑，便回到了自己的封地薛邑。在离薛邑一百里（一里＝500米）的地方，老百姓竟然扶老携幼，在路上迎接孟尝君。这时，孟尝君恍然大悟，回头看着冯谖说：“我今天才明白，先生给我买的‘仁义’的价值。”此后，孟尝君便一直以“仁义”为自己做事的根本。

### （二）孝悌

“孝”是中国传统道德中最重要的内容之一。何谓孝？《尔雅·释训》记载：“善事父母为孝。”意思是说，善待并奉养父母，才是孝。《孝经》记载：“夫孝，天之经也，地之义也，人之行也。”意思是说，“孝”就像天上日月星辰的运行，地上万物的自然生长，是人最基本的行为，把“孝”提到了无与伦比的高度。

中国人提倡孝道，源于中国的血缘文化特点。这一特点决定了中国社会是以家庭（家族）为本位的，而在家庭中，最重要的就是父母与子女之间的关系。“孝”既是子女对父母的天然情感，也是子女对父母的责任和义务。古人将“孝”界定为诸德之本。国君可以用“孝”治理国家，臣民能够用“孝”立身理家。由于社会各阶层的推崇，“孝”甚至成为中国古代选用官吏时重要的考量标准，如汉代的“举孝廉”制度。

“悌”的含义包括敬重兄长、善事兄长、兄弟笃爱和睦。其常与“孝”并列，两者并称为“孝悌”。我国传统儒家思想非常重视孝和悌，把它们看作实行“仁”的根本条件。

为了弘扬和推行孝悌，古人编写了许多教育类书籍，比较经典的有《孝经》和《弟子规》。其中的很多至理名言流传至今，如“父母呼，应勿缓；父母命，行勿懒；父母教，须敬听；父母责，须顺承”“兄道友，弟道恭；兄弟睦，孝在中”等。

千古流芳

#### 拾葚异器

蔡顺，汉代汝南（今属河南省驻马店市）人。他少年丧父，非常孝顺母亲。当时，正值王莽之乱，又遇到饥荒，柴米非常昂贵，蔡顺家里穷，只能捡一些桑葚来充饥。有一天，蔡顺捡桑葚时遇到一支军队，军队头领看到蔡顺把红色的桑葚和黑色的桑葚分开，装在两个篓子里，便奇怪地询问他为什么这样装果子。蔡顺回答：“黑色的桑葚熟透了，味道甜，是留给母亲吃的；红色的桑葚没有成熟，味道酸，是留给自己吃的。”头领被蔡顺的孝心感动，便送给他两斗米和一些肉，让蔡顺带回去供奉他的母亲，以示敬意。

## 二、勤劳节俭

勤劳节俭是中华民族的优良传统，是中国人从古至今崇尚的传统美德。中国人认为，修身、齐家、治国都离不开勤劳节俭。诸葛亮把“静以修身，俭以养德”作为“修身”之道；朱柏庐将“一粥一饭，当思来之不易；半丝半缕，恒念物力维艰”当作“齐家”的训言。

### （一）勤劳

《说文解字》对“勤”的解释为“勤，劳也”。这说明“勤”和“劳”在古代是相通的。勤劳是人们对待劳动的态度与品格，是一种道德规范。它要求人们热爱劳动，积极参加劳动，用双手创造美好生活。

古人认为，勤劳与治国安邦、自强不息和吃苦耐劳都有联系。

第一，勤劳与治国安邦联系紧密，古人已深刻认识到以勤立国的重要意义。《尚书》中提到的“克勤于邦”，《左传》中提出的“民生在勤，勤则不匮”，《墨子》中强调的“赖其力者生，不赖其力者不生”，都说明只有勤勉敬事，家才能兴，国才能立。

**中华智慧**

（1）骐骥一跃，不能十步；驽马十驾，功在不舍；锲而舍之，朽木不折；锲而不舍，金石可镂。

——先秦·荀子

（2）人生在勤，不索何获。

——东汉·张衡

（3）盛年不重来，一日难再晨。及时当勉励，岁月不待人。

——东晋·陶渊明

（4）业精于勤，荒于嬉；行成于思，毁于随。

——唐·韩愈

（5）千淘万漉虽辛苦，吹尽狂沙始到金。

——唐·刘禹锡

（6）富贵本无根，尽从勤里得。

——明·冯梦龙

第二，自强不息是勤劳作为中华传统美德的主要含义。中华民族崇尚勤劳，总是希望通过自己的奋斗去改变不尽如人意的自然环境与社会环境，以求得一个理想的世界。因此，勤劳不只是一般的劳作，还包含着为理想目标而奋斗的深刻意义。例如，“天行健，君子以自强不息”（《周易》），“劳谦匪懈”（《越绝书》）等，表达的都是勤劳与自强不息的关系。

第三，吃苦耐劳与勤劳的关系更加贴切。勤与劳相通，而在一定意义上，劳又与苦相连。勤劳美德的动因，从积极进取的一面说，是自强不息、提升自身修养；从消极被动的一面说，也有为环境所逼、为生计所迫的成分。

### （二）节俭

中华民族不仅有勤劳的优秀品质，而且有尚俭的传统美德。孔子将“温、良、恭、俭、让”作为重要的品德，其中，“俭”，强调勤俭戒奢；老子提出为人处世的“三宝”，即“一曰慈，二曰俭，三曰不敢为天下先”（《老子》），要求“去甚，去奢，去泰”；墨家更是主张“节用”“节葬”，反对浪费。

中国古代思想家关于节俭美德的思想，大体可以概括为以下几个方面。

第一，关于俭以立德的思想。《周易》记载：“君子以俭德辟难。”这句话的意思是说：君子可以靠节俭的美德躲避灾难。《左传》记载：“俭，德之共也；侈，恶之大也。”意思是说：俭是大德，一切德行皆从节俭而来；侈是大恶，所有恶行都从奢侈发端。这是对俭朴品德的全面概括。几千年来，中华民族一向以节俭为美德，崇尚俭朴，提倡廉洁，反对奢侈，摒弃浮华。

第二，关于以俭持家治国的思想。孔子说：“道千乘之国，敬事而信，节用而爱人，使民以时。”道出了节俭治国的思想——治理国家既要节俭，又要爱护人民。春秋战国时期，齐桓公、晋文公、秦穆公等极力提倡简朴而摒弃奢华，从而实现了富国强兵；西汉文帝和景帝躬修节俭，关心百姓，选贤治国，大度安邦，与民休息，轻徭薄赋，使当时社会出现了安定局面，形成了历史上著名的盛世之一——“文景之治”。还有隋文帝、唐太宗、明太祖等名君，无不是以勤俭治国而使国富民强、社会繁荣的。

第三，关于不奢不吝的思想。节俭思想除了要求不奢侈外，还要求不吝啬，即所谓的“吝则不俭，俭则不吝”。南北朝时期的思想家颜之推说：“然则可俭而不可吝已。俭者，省约为礼之谓也；吝者，穷急不恤之谓也。今有施则奢，俭则吝；如能施而不奢，俭而不吝，可矣。”其大意是说，如果不肯救济遭受贫穷之难的人，那就不是节俭，而是吝啬。如果能接济他人而自己又做到节俭而不舍奢侈，那就好了。

诚然，勤劳节俭既是一个民族发展和强大的条件，也是一个人成才和成就大事的必备素质，同时还是清朗社会风气、陶冶人们情操的重要途径。总之，节俭是幸福的源头。从古至今，以勤劳俭朴著称的众多贤士仁人通过不同的形式，将这一传统美德发扬光大。正是这种勤劳节俭、艰苦奋斗的传统美德，使中华民族得以不断地发展壮大，屹立于世界民族之林。

## 三、明礼诚信

### （一）明礼

中国是礼仪之邦，“礼”是中国文化的突出精神。好礼、有礼、注重礼仪是中国人立身处世的重要美德。

中国传统文化认为，“礼”是人最主要的特征，即“凡人之所以为人者，礼义也”

（《礼记·冠义》）；“礼”是治国安邦的根本，即“礼，经国家，定社稷，序民人，利后嗣者也”（《左传·隐公十一年》）；“礼”又是立身之本和区分人格高低的标准。

“礼”根源于人的恭敬之心、辞让之心，出于对长辈、对道德准则的敬畏和对兄弟朋友的辞让之情。“礼”包含“谦和”之德。所谓谦，就是谦虚、谦让，表现为在荣誉、利益面前谦让不争，以及在人际交往中的互相尊重；所谓和，就是和气、和睦、和谐，表现为在处理人际关系时强调和睦相处。

“明礼”作为基本道德规范之一，综合概括了以往的“礼”所涉及的“礼仪”“礼让”“文明”的含义。“明礼”不仅要求人们倡明“礼”，更要求人们注重“礼”的实践。“礼”的实践范围涵盖了社会公共生活、职业生活和家庭生活三大领域。与之相对应，“礼”的内容体现为社会公德、职业道德和家庭美德三大基本道德规范。

千古流芳

## 六尺巷的故事

清代康熙年间的文华殿大学士、礼部尚书张英是桐城（今安徽省桐城市）人。一次，张家在桐城的邻居盖房，欲占张家的地皮，与张家发生了争执。张老夫人便修书给张英，要张英出面干预。

张英看完老夫人的书信后，立即批诗寄回。诗曰：“一张书来只为墙，让他三尺又何妨。长城万里今犹在，不见当年秦始皇。”张老夫人知书明理，见到张英的诗后旋即让地三尺（一尺≈33 厘米）。邻居见此情景，深感惭愧，也连忙让地三尺。于是，在两家的院墙之间，就形成了六尺宽的巷道。两家虽然看似都失去了三尺地，但是换来了邻里之间的和睦。

后来，这条巷子的故事流传开来，六尺巷也逐渐成为桐城的一张旅游名片（见图 1-2-1）。六尺巷的故事，成为彰显中华民族传统美德的见证。

图 1-2-1　桐城六尺巷

### （二）诚信

《礼记·礼器》记载："忠信，礼之本也。"说明古人把"忠信"视为"礼"的本质。"诚"于内而"礼"于外，是对"明礼"与"诚信"相互关系的最好解说。

诚信是中华民族的传统美德。在古人看来，"诚"是为人之道，"诚之者，人之道也"（《中庸》）。因此，人立身处世必须说真话，做实事。"信"是"人言为信"和"以实之谓信"，即把诚实称作讲信用。它既是君子的美德，又是人们在交往过程中必须遵循的道德准则。古人常将"诚"与"信"合称。程颐在《周易程氏传》说："欲上下之信，唯至诚而已。"就是说，信生于诚，无诚则无信。

在现代社会，诚信的基本内涵也包括"诚""信"两个方面。"诚"主要是指尊重事实、真诚待人，既不自欺也不欺人。"信"主要是指讲信用、守承诺。"诚"为"信"之基础，它侧重于"内诚于心"，体现了个人内在的道德修养。"信"侧重于"外信于人"，体现为外在的行为表现。由此可以看出，诚信就是要守诺、践约、无欺，即说实话、办实事、做老实人。诚信是道德的基本规范，也是做人和做事的基本准则。它要求人们具有诚实的品德，尊重事实，不自欺、不欺人，说真话、做真事，也要求人们在社会交往中言行一致、信守诺言、切实履行自己的职责。

## 四、修己慎独

"修己"就是要提高自我修养，修身养性。《论语·宪问》提出"修己以敬""修己以安人""修己以安百姓"，表明"修己"是君子立身处世和管理政事的关键所在。只有做到修己，才能治国平天下。

"慎独"就是要自律，强调的是个人品行。《礼记·中庸》记载："君子戒慎乎其所不睹，恐惧乎其所不闻。莫见乎隐，莫显乎微，故君子慎其独也。"意思是说，君子在没有人看见的地方也小心谨慎，在没有人听得到的地方也保持敬畏。从最隐蔽、最细微的言行可以看出一个人的品质，所以，君子在一个人独处时，也要严格要求自己。

中华智慧

### 《论语·宪问》节选

【原文】

子路问君子，子曰："修己以敬。"曰："如斯而已乎？"曰："修己以安人。"曰："如斯而已乎？"曰："修己以安百姓。修己以安百姓，尧、舜其犹病诸！"

【译文】

子路问怎样才能成为君子。孔子回答："修养自己，保持严肃恭敬的态度。"

子路问："这样就够了吗？"孔子回答："修养自己，使周围的人安乐。"子路问："这样就够了吗？"孔子回答："修养自己，使所有百姓都安乐。如果靠修养自己而使所有百姓都安乐，尧和舜恐怕都难以做到。"

所谓"修己慎独"，就是努力提高自身修养，严于律己，自重自爱。这是一种自我修养，也是一种自我挑战与监督，更是一种情操、一种自律精神、一种表里如一的坦荡。俗语说："君子不欺暗室。"意思是说，君子不在暗中干坏事，不做昧心事。对于君子来说，不但要"修身"，更要"慎独"。其体现出的是一种外在和内在的统一。

修己慎独是中华传统道德中的精髓，是提升个人道德修养的重要方法，也是评定一个人道德水准的关键因素。其所蕴含的处世态度和人生境界，培养了中华民族践履道德的自觉性与主动性，造就了许多具有高尚品质和坚定节操的君子人格。武则天在《臣轨》中强调官员"慎思""慎言""慎行"，要求为官者要修身养性、端正品行，告诫官员应常修为官之德、常思贪欲之害；清代曾国藩规定自己每天必做 12 件事，即主敬、静坐、早起、读书不二（即若一本书没有读完，就不读其他书）、读史、日知其所亡（即每天都知道一些自己以前所不知的知识）、月无忘其所能、谨言、养气、保身、作字（即饭后写字半小时）、夜不出门，并要求自己"一以贯之"，长期坚持。此外，范仲淹"食粥安心"、许衡"梨虽无主，我心有主"、鲁迅刻"早"字激励自己等名人故事，充分体现出他们"修己慎独"的良好品质。

在新的文化背景下，"修己慎独"也应该成为当代人所追求的精神境界，即做到言行如一、心口如一、始终如一。即使在没有他人监督的情况下，仍能按照要求和规矩办事，不因恶小而为之，也不因善小而不为。在充满诱惑的社会生活中，要达到这样的思想境界绝不是靠一时的感悟或者一朝一夕之功，而是靠平时的点点滴滴、长期扎扎实实的努力，以及自觉抵制各种诱惑的坚定信念。老子说："胜人者有力，自胜者强。"意思是说，能自胜，才称得上强大；内心强大，才是真正的强大。面对社会的种种诱惑、命运的荣辱沉浮、人生的成败得失，只有守得住自己的内心，管得住自身的言行，不逾矩，不放纵，才是真正自强的人。

## 五、浩然之气

所谓"浩然之气"，就是骨气和节操。自古以来，中国人就很注重浩然之气，正所谓"三军可夺帅也，匹夫不可夺志也"。

浩然之气出自《孟子 • 公孙丑》中的"我知言，我善养吾浩然之气"。孟子认为，对正义和道义的坚守达到一定境界，就自然会产生一种至大至刚的力量，即"浩然之气"。浩然之气作为一种气，是正义与道德的结合，鼓舞着人们为实现正义、维护道义而勇往直前。

孟子的“浩然之气”，其实就是气节，是一种正大、刚直的精神，也是道德情感、道德意志融为一体的一种至高无上的内心状态，更是一往无前、无所畏惧的正义体现。在我国的历史长河中，无数先贤的切身演绎使浩然之气从概念化成了活生生的标本：屈原“路曼曼其修远兮，吾将上下而求索”的爱国之情，文天祥“人生自古谁无死，留取丹心照汗青”的千古绝唱，岳飞“三十功名尘与土，八千里路云和月”的壮志豪情，于谦“粉骨碎身浑不怕，要留清白在人间”的磊落襟怀，林则徐“苟利国家生死以，岂因祸福避趋之”的大无畏精神……逝者虽去，浩然之气永存。中国人的浩然之气已经写在了历史中，融入了民族的骨髓里。浩然之气，实乃万众一心、同仇敌忾的中华民族之正义之气。

在新的历史时期，浩然之气有了更广的含义：爱国爱党、爱岗敬业是浩然之气；诚实守信、遵纪守法是浩然之气；与人为善、尊老爱幼是浩然之气……弘扬、光大民族的浩然之气是新时代青年学生的使命。当代青年学生应从现在做起，坚定复兴中华的信念，积极提高自身修养，善言、善行，有勇气、讲正气，将培养自身浩然之气作为一种生活态度和精神追求。

## 书香满溢

### 一、《弟子规》

#### （一）作品介绍

《弟子规》原名《训蒙文》，是由清代康熙年间山西著名学者、教育家李毓秀在宋代朱熹《童蒙须知》的基础上，选取《论语》《孟子》《礼记》《孝经》等内容，根据传统教育对童蒙的要求和自身的教育实践改编而成的。后经清代中期的山西儒生贾存仁修订，最终改名为《弟子规》。

《弟子规》的内容以《论语·学而》中的“弟子入则孝，出则弟，谨而信，泛爱众，而亲仁，行有余力，则以学文”为纲要，分为总叙、入则孝、出则弟、谨、信、泛爱众、亲仁、余力学文八个部分，按三字一句、两句一韵编纂而成。

《弟子规》以浅显通俗的文字、三字押韵的形式阐述了学习的重要性、做人的道理，以及待人接物的礼貌常识等。其文风朴实，说理透彻，内容大都符合古代伦理规范，几乎与《三字经》《百家姓》《千字文》有同等影响，清代后期成为在北方广为流传的童蒙读物。

#### （二）名句解析

（1）弟子规，圣人训。首孝悌，次谨信，泛爱众，而亲仁，有余力，则学文。

**【解读】**《弟子规》是依据至圣先师孔子的教诲编写而成的生活规范。首先，要孝顺父母，关爱兄弟姊妹；其次，为人处事要小心谨慎，讲信用；再次，与人相处时要平等、博爱，并且多向有仁德的人学习，这些都是很重要且非做不可的事情。此外，还有多余的时间精力，就应该好好学习六艺及其他有用的学问。

（2）父母呼，应勿缓；父母命，行勿懒；父母教，须敬听；父母责，须顺承。

**【解读】**父母呼唤时，应及时回应，不要慵懒迟缓；父母交办之事，要躬身力行，不可拖延、推辞。接受父母的教诲时，应恭敬地聆听；做错事被父母责备、教育时，应当虚心接受，不可强词夺理，让父母失望、伤心。

（3）凡出言，信为先。诈与妄，奚可焉。话说多，不如少。惟其是，勿佞巧。奸巧语，秽污词。市井气，切戒之。

**【解读】**应承说事时，应以诚信为先、一诺千金。如无力办到，则不要随意夸口、欺骗，更不能花言巧语、信口开河。话多不如话少（言多必失），话少不如话好。话要说得恰到好处、实事求是，该说则说，不该说时不乱说，不要巧言令色。立身处世应谨言慎行，奸诈、取巧的语言，下流、肮脏的词汇，无赖、粗俗的口气，都不应沾染。

（4）见未真，勿轻言。知未的，勿轻传。事非宜，勿轻诺。苟轻诺，进退错。凡道字，重且舒。勿急疾，勿模糊。彼说长，此说短。不关己，莫闲管。

**【解读】**任何事情在没有看到真相之前，都不要轻易地发表意见；对事情的来龙去脉了解得不够透彻时，不可以随意传播，以免造成不良后果。对于不合义理的事，不要随便答应；轻易允诺会使自己进退维谷。讲话时要口齿清晰、字正腔圆，不要语速太快，更不要吐字不清。听到他人说长道短、搬弄是非时，要理性判断、一听而过，不要因介入是非、多管闲事而陷入麻烦。

（5）见人善，即思齐。纵去远，以渐跻。见人恶，即内省。有则改，无加警。

**【解读】**看到他人的长处或善举，要立刻学习，纵使能力相差甚远，也要下定决心，逐渐赶上；看到别人的缺点或不足，也要反躬自省，有则改之，无则加勉。

## 二、《幼学琼林》

### （一）作品介绍

《幼学琼林》又称《成语考》《故事寻源》，是中国古代的儿童启蒙读物，作者为明代程登吉（允升），一说为明代邱濬。后经清代邹圣脉，以及民国时期费有容、叶浦荪和蔡东藩等人增补而成。

《幼学琼林》为骈体文，全部用对偶句写成，容易诵读，便于记忆。其内容广博，涉及中国古代的著名人物、天文地理、典章制度、风俗礼仪、生老病死、婚丧嫁娶、鸟兽花木、饮食器用、宫室珍宝、警句格言等，还对许多成语的出处进行了介绍，被称为中国古代的百科全书，人称“读了《增广》会说话，读了《幼学》会读书”。但是，此书中也有一些封建思想，对于现代人来说难以认同，青年学生应取其精华，去其糟粕，结合实际情况进行阅读。

### （二）名句解析

（1）势易尽者若冰山，事相悬者如天壤。——《幼学琼林·天文》

**【解读】**情势容易消解，就像阳光照耀冰山一样。不同事物之间的差别很大，就像天地一样。

（2）智欲圆而行欲方，胆欲大而心欲小。——《幼学琼林·人事》

**【解读】**一个人在考虑问题时应全面、灵活，但在做事时要规范、严谨。在胆略上要勇敢、无畏，而在心态上要小心、谨慎。

（3）韶华不再，吾辈须当惜阴；日月其除，志士正宜待旦。

——《幼学琼林·岁时》

**【解读】**美好的时光再也不会回来，应当珍惜光阴。光阴随着日月流逝，有志气的人应当努力前行。

（4）一人之所需，百工斯为备。——《幼学琼林·器用》

**【解读】**一个人生产和生活所需要的东西，需要各行各业的工匠们共同努力才能备齐。

（5）当知器满则倾，须知物极必反。——《幼学琼林·人事》

**【解读】**应该知道欹（qī）器满了就会倾覆，事物发展到极点必然走向反面。

## 文化实践

## 一、我的家风故事

家族文化是中华文明的重要组成部分，而家族文化的传承需要以良好的家风为基础。家风好，就能家道兴盛、和顺美满；家风差，难免殃及子孙、贻害社会。家风是无言的教育、无字的典籍、无声的力量，其本质是德行、品行的传递，是先人的美德对后人的影响，是道德准则、处事方法、精神面貌的体现。

请在全班举办一次“我的家风故事”征文活动。

（1）征文内容：以“传承良好家风，注重家风建设”为主题，讲述家训、家规、家书、家教等方面的内容，解说家风对自己道德品质、学习习惯、生活作风等方面的积极影响。

（2）具体要求：① 投稿作品以包含一两个情节的故事为主，要求主题明确，语言平实，细节生动；② 保证原创，不得抄袭，作者应对内容的真实性负责；③ 字数不限；④ 以 Word 的形式发送至信息化教学平台，标题为“姓名—联系方式—家风故事”。

（3）评选规则：全班讨论，多元化评价。

## 二、重温千年古城里的晋商精神

晋商翘楚——乔致庸

晋商历经数百年风雨，经营的钱庄票号汇通天下，经营的范围极广，在我国经济发展史上留下了浓墨重彩的一笔，又在时代发展的浪潮中求新求变、熠熠生辉。晋商精神可以概括为“诚实守信、开拓进取、和衷共济、务实经营、经世济民”。请查找相关资料，了解与晋商精神相关的影视、文学、音乐、美术、摄影作品等，并对资料进行整理和分类。

（1）全班学生以 5～7 人为一组，各组选出一名组长。由组长进行任务分工，并制订出具体的活动计划。各组将小组成员及分工情况填入表 1-2-1 中。

表 1-2-1　小组成员及分工情况

| 班级 | | 组号 | | 指导教师 | |
|---|---|---|---|---|---|
| 小组成员 | 姓名 | 学号 | 任务分工 | | |
| 组长 | | | | | |
| 组员 | | | | | |
| | | | | | |
| | | | | | |
| | | | | | |
| | | | | | |
| | | | | | |

（2）按照活动计划，开展班级活动。各组将具体的活动实施情况记录在表 1-2-2 中。

表 1-2-2　活动实施情况

| 时间安排 | 实施步骤 |
|---|---|
| | 1．本组使用的信息搜集方法包括： |
| | 2．列举典型人物及其事迹（至少 3 个）： |

续表

| 时间安排 | 实施步骤 |
| --- | --- |
| | 3. 推荐相关影视作品、文学作品、音乐作品、美术作品和摄影作品（每个类别至少列举 1 个）： |
| | 4. 人物事迹和相关作品体现了哪些晋商精神（至少列举 3 项进行说明）？ |
| | 5. 汇总资料，撰写活动感悟（文体不限，不少于 800 字）。 |

## 学习成果评价

学生和教师根据学生的实际学习成果开展自我评价、组间互评和教师评价，并将评价结果填写在表 1-2-3 所示的学习成果评价表中。

表 1-2-3　学习成果评价表

| 教学过程 | 内容（任务点） | 评价 | | |
| --- | --- | --- | --- | --- |
| | | 学生自评（20%） | 组间互评（30%） | 教师评价（50%） |
| 课前 | 能够简要叙述中华传统美德的内容 | | | |
| | 能够在日常生活中恪守道德规范 | | | |
| 课中 | 能够准确说出仁爱孝悌、勤劳节俭、明礼诚信、修己慎独、浩然之气等中华传统美德的基本内涵 | | | |
| 课后 | 能够通过多种途径提升自身的道德修养 | | | |
| | 能够积极践行中华优秀传统美德 | | | |
| 专业点评 | | | | |

# 模块三　中国语言文字

## 学习目标

- 了解汉语和汉字的产生与发展过程。
- 熟悉汉字的造字法。
- 规范使用汉字，书写诗意文章，发挥语言文字在弘扬中华优秀传统文化中的重要作用。
- 感受汉字的深厚底蕴及我国日益提升的国际地位和国际影响力，增强传承与弘扬中华优秀传统文化的自觉性和自信心、责任感和使命感。

## 文化讲堂

### 一、汉语

汉语历史悠久、体系复杂，是世界上使用人数最多的语言，也是联合国规定的 6 种工作语言之一。

#### （一）原始汉语的产生

在远古时代，人类最初以单个群体形成群居生活，由于群居生活需要信息交流，所以产生了最原始的口语。原始口语是单个群体在共同生活中形成的共同约定、共同记忆的表意语音，其表意简单，数量不多，只能在单个群体内进行信息传递。

随着人类的不断进化，种群逐渐扩大，产生了原始部落。部落中丰富多样的生产和生活实践，使得人与人之间协调、交流信息的机会越来越多，口语使用更加频繁，所以语音数量大量增加，口语的表意也日益丰富。同时，还出现了用以存贮、传递信息的记事符号。记事符号的产生，适应了大群体活动信息交流的需要，是语言的重大发展。

人类从利用声音传递信息到利用符号传递信息的阶段，是原始汉语产生的阶段。由于当时没有语音记录，只能从古人类的生存历史痕迹中得知。这段历史时期的语言发展是漫长的，也正是有了漫长的原始语言积累，才有后面先进语言的发展，进而逐步形成如今完整的汉语语言体系。

## （二）古代汉语的发展阶段

一种语言从产生到普遍应用，往往要经历一个很长的发展过程。作为一种表达工具，汉语一直都在发展和演变，在不同的发展阶段中，其语音、词汇、语法也都有各自的特点。总的来说，其演变过程可以分为上古汉语时期、中古汉语时期和近代汉语时期。

### 1. 上古汉语时期

上古汉语时期大致从前 16 世纪到 3 世纪，即商、周、秦、汉时期。这一时期的汉语主要有以下特点：

（1）语音上，没有轻唇音；声调分平、入两类，又各按音高和音长分为两类，没有去声。

**名词解释**

**轻唇音**是由唇与齿的接触而发出的辅音（子音）。

**去声**是古代汉语声调中的第三调，是普通话声调中的第四调。

（2）词汇上，以单音词为主，复音词和虚词逐渐增加。

（3）语法上，判断句一般不用系词；否定句和疑问句的代词宾语通常要放在动词和介词前面；被动句通常用“于”“见”等虚词表示；实词缺乏一定的词类标志。

### 2. 中古汉语时期

中古汉语时期包括六朝（三国至隋朝期间南方的 6 个朝代，即孙吴、东晋、南朝宋、南朝齐、南朝梁、南朝陈）、隋、唐、宋这几个朝代。六朝时期，由于少数民族统治中国北方，加速了汉语和北方少数民族语言的融合。唐宋时期，经济和文化高度发展，促进了以中原语言为基础的汉民族共同语的广泛传播和发展。总的来说，这一时期汉语有以下特点：

（1）语音上，以《切韵》音系为代表的中古语音系统形成；平、上、去、入四声形成；轻唇音产生；大量古入声字变为平声。

**传世经典**

**《切韵》**

《切韵》是由陆法言执笔，将刘臻、颜之推、卢思道、李若、萧该、辛德源、薛道衡、魏彦渊这 8 位著名学者讨论商定的审音原则加以记录，于隋文帝仁寿元年（601）编写完成的。全书共 5 卷，收 1.15 万字版，分 193 韵。其中，平声 54 韵，上声 51 韵，去声 56 韵，入声 32 韵。唐代初年被定为官韵。增订版本甚多。

《切韵》原书已失传，其所反映的语音系统因《广韵》等增订本得以流传。现存最完整的增订本有两个：一是唐写本王仁昫（xù）的《刊谬补缺切韵》；二是北宋陈彭年等编的《大宋重修广韵》。法国国家图书馆收藏的敦煌唐写本《切韵》残卷（见图 1-3-1），是现存年代最久远的、与陆法言编撰《切韵》最相近的版本。

《切韵》反映了当时汉语的语音系统，规范了韵书修撰的体例，从隋唐至近代一直沿用不废。其归纳的语音体系，经《唐韵》《广韵》《集韵》等书增补，一直是官方承认的正统。

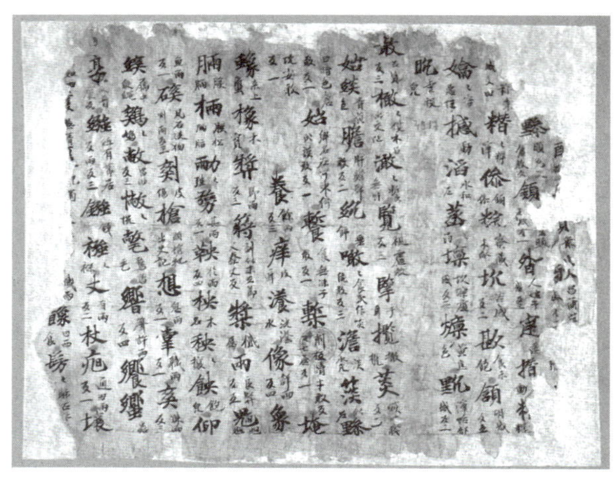

图 1-3-1　敦煌唐写本《切韵》残卷

（2）词汇上，复音词大量增加；有了一定数量的外语借词。

（3）语法上，第三人称代词“他”产生；系词“是”及新的判断句得到广泛应用；否定句、疑问句的代词宾语普遍移到动词后面；用“被”表示的被动句出现；用“将”和“把”表示的处置式产生；“动词+否定副词+动词”式的反复问句产生。

（4）出现文言和白话两种书面语言。这一时期模仿上古汉语的文言占有统治地位，反映口语的白话开始形成，并在变文（唐五代时期的说唱文学体裁）、语录中得到广泛应用。

## 文化溯源

### 汉语声调

中古汉语有平、上、去、入 4 个声调。到了元代，主要有以下几点变化：平分阴阳、浊上归去、入派四声，即平声分化为阴平和阳平，就是现在的一声和二声，上声有一部分字归并到去声，剩下的是现在的三声，去声和由上声归并的一些字是现在的四声，入声分化到了阴平、阳平、上声、去声 4 个声调当中。

如今，我国通用的现代标准汉语是普通话，其以北京语音为标准音，以北方方言为基础方言，普通话没有入声这个声调。古入声字，有的方言今仍读入声，如闽语、粤语、吴语、晋语等；有的方言今不读入声，分别归入其他声调中。例如，河南郑州话的入声今大部分归阴平，少部分归阳平；重庆话的入声今归阳平；等等。

#### 3．近古汉语时期

近古汉语时期从 13 世纪到 20 世纪初，包括元代、明代和清代。总的来说，这一时期汉语有以下几个特点：

（1）语音上，出现卷舌声母；入声消失，并入平、上、去三声；平声分阴平、阳平两类。

（2）词汇上，吸收了大量的外来词，并根据外来的概念创造了大量新词。

（3）语法上，“着”“了”“过”等时态助词的用法进一步固定；“地”“的”等结构助词也得到普遍使用；新的语气词系统形成。

## 二、汉字

### （一）汉字的演变

#### 1．起源和雏形

汉字是目前世界上唯一仍在使用的表意文字，也是中国文化的重要载体。它记录了中华民族 5 000 多年的历史进程。一般认为，汉字是由零散的字符逐渐积累，达到一定体量后经过人为规范形成的文字体系。

汉字的起源有许多传说，如仓颉（jié）造字说、伏羲画卦说等。在《周易・系辞》中还提到，“上古结绳而治，后世圣人易之以书契”，认为汉字起源于古人“结绳而治”。

此外，在一些考古发掘和历史遗迹中，人们发现了许多汉字的雏形，为研究汉字起源提供了参考。例如，在距今约 8 000 年的河南贾湖的龟甲和距今约 7 000 年的河南裴李岗文化墓葬中的龟甲上，都刻有类似甲骨文的符号；在距今 6 500 年到 4 500 年的山东大汶口文化时期的陶器上，有一些刻画的符号很像甲骨文，如图 1-3-2 所示；在距今 5 000 年到 4 000 年的龙山文化时期的灰陶大平底盆残片上，发现了 11 个刻画符号，这些符号笔画流畅，刻写有一定章法，排列也很规则，已经脱离了符号和图画的阶段，很可能是当时所使用的文字，后被称为“丁公陶文”，如图 1-3-3 所示；等等。

图 1-3-2 大汶口陶文

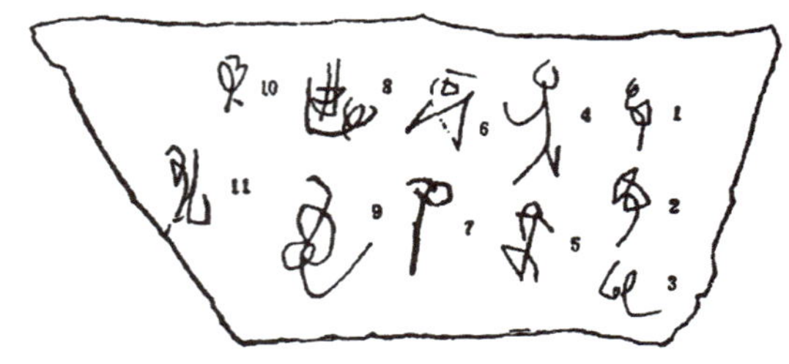

图 1-3-3 丁公陶文摹写图

## 关于汉字起源的传说

### 仓颉造字说

东汉许慎在《说文解字》中写道，神农时期先民以结绳的方式来记事，到了黄帝时期，史官仓颉受到鸟兽脚印的启发，通过不同形状的脚印将鸟兽区分开来，并依此创造出来“文”。他又将“文”赋予固定规范的形状和读音，且称之为“字”。因此，按书中观点，字源于文，文源于象形，通过仓颉的整理汇编，而形成相对规范的文字，即汉字。

### 伏羲画卦说

传说，伏羲氏仰观象于天，俯观法于地，观鸟兽之文与地之宜，近取诸身，远取诸物，于是总结出了自然界的发展规律，画出了八卦图。后人以伏羲氏为人文始祖，便将汉字的起源与伏羲画卦联系起来。

《尚书·序》记载：“古者伏牺氏之王天下也，始画八卦，造书契，以代结绳之政，由是文籍生焉。”《纲鉴易知录》记载：“命朱襄为飞龙氏，造书契”“书制有六：一曰象形，二曰假借，三曰指事，四曰会意，五曰转注，六曰谐声。使天下义理必归文字，天下文字必归六书。”意思是说，伏羲氏之前，人们遇到什么事，都用绳子打结记载，大事打大结，小事打小结。时间一长，就分不清那些结记载的是什么事。为此，伏羲画了八卦，但仅用八种符号记载仍然不行，于是就根据事物的形状，如日、月、山、水等，创造出了文字。

### 刻契说

契是刻的意思。所谓刻契，就是在木版或竹片上刻些缺口或其他记号，以表达一定的意思。刻契是古人记事的一种方法。例如，猎了一只野兔，就在竹片上刻一只野兔；猎了两只野兔，就刻上两只野兔。

《周易·系辞》记载：“书之于木，刻其侧为契，各执其一，后以相符合。”这是刻契说的有力说明。目前发现的刻契中，“一二三”与现代汉字中的

“一二三”一模一样。郭沫若也认为，早期的汉字从结构上分为刻画和图画两大系统。其中，刻画是结绳、契木的演进，图画是八卦、象形字的演进。

这一学说也有很多考古方面的论证：在 8 000 多年前的贾湖遗址出土了一批刻符，在 21 个刻符中，可以识别出 11 个字，分别反映了八卦中离、坤两卦之象；在 7 000 多年前的双墩遗址中，发现了 600 多种刻符，这些刻符具有表意、记数的功能，已经初步具备了原始文字的性质；在 6 000 多年前的半坡遗址出土的陶器上，沿口刻有多种符号，其中一些也是原始的数字；在 5 000 多年前的庄桥坟遗址，发现许多用来交流沟通的符号，比甲骨文早了 1 000 多年。此外，比甲骨文早的还有陶寺遗址的唐尧文化，在其出土的陶器上有“尧”“易”“命”等字。

2. 甲骨文

甲骨文（见图 1-3-4），又称“龟卜文”“契文”“殷契”等，是商代（约前 17 世纪到前 11 世纪）的文字，距今约 3 600 年。商代，人们信鬼神、重祭祀，做事之前经常进行占卜。占卜时，人们往往会在龟甲或牛胛骨上刻上向鬼神请问的文字，然后进行炙烤，通过甲骨或牛胛骨上的裂纹来预测吉凶。因此，人们将这种刻凿在龟甲或牛胛骨上的文字称作“甲骨文”。

图 1-3-4 甲骨文

甲骨文的发现极富传奇性。清光绪二十五年（1899），时任国子监祭酒的王懿荣在药店买回来的药引上发现了一些刻画的符号，这些符号很像古老的文字。经过研究，他初步判定这是殷商时期的文字，并将其命名为“龟版”文字。王懿荣也因此成为第一个收集并研究甲骨文的人。甲骨文从发现至今，经过不同时期的开采，共出土甲骨约 15 万片，历经几代学者努力研究，能准确释义的有 1 500 余字。下面列举一些甲骨文中的文字实例。

甲骨文简介

（1）“国”的繁体字是“國”。从图 1-3-5 中可以看到，甲骨文的“国”字正是繁体的“國”字去掉外面方框后不完整的“或”字。根据字形分析，“或”字从戈（𠀤）从口，而口象征疆域，戈象征武力守备，从而非常形象地揭示了“国”的本义。

（2）“学”的繁体字是“學”。从图 1-3-6 中可以看到，甲骨文的“學”，从双手从爻（yáo），《说文解字》认为“从教从冂（jiōng）”。“教”的甲骨文是，像一人手执教鞭用“爻”来教导“子”（小孩），甲骨文的“學”正是双手捧“爻”之形。从这里可以看出，“教”和“学”自古就是一对同时存在的动作，其文字中体现出来的基本信息是相同的。

图 1-3-5　“国”对应的甲骨文

图 1-3-6　“学”对应的甲骨文

## 3. 金文

金文又称“钟鼎文”“彝文”，是指商周时期铸刻在青铜器上的铭文，属于金属上所刻之字。金文应用的年代，上自商代早期，下至秦灭六国，约 1 200 年。根据现有资料，已发现的金文字数共计 3 722 个，其中可以识别的字有 2 420 个。

以金文“国”“学”“易”“名”（见图 1-3-7）4 个字为例，金文与甲骨文相比对后，可以看到：

  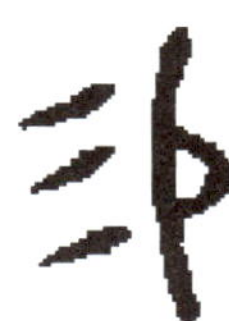 

图 1-3-7　金文“国”“学”“易”“名”

（1）有些金文继承了甲骨文的写法，如“易”知字。

（2）有些金文是在甲骨文的基础上，通过增加文字符号而来，如“国”“学”二字。“國”在甲骨文“”字的基础上加上外面的方框，更加强调和突出了国家疆域的内涵。“學”是甲骨文“”“”二字的合并形体，明确了学和教的形态。

（3）有些金文改变了结构。例如，甲骨文的“名”字为“”，是左右结构；金文的“名”字为“”，是上下结构。

从上述实例可以看出，金文的本质仍然是一种象形文字，但它已经体现出了文字逐步发展变化的趋势。需要注意的是，金文比甲骨文稍晚出现，但与甲骨文在较长时间内是并行的。甲骨文用以占卜，金文用于纪贺。此外，金文还是承接甲骨文和篆文的桥梁，许多甲骨文之所以能被释读出来，正是因为比对了金文与篆文。

## 4. 从六国文字到秦篆汉隶

春秋战国时期，长时间的割据状态使得文字的发展越来越繁复多样。六国使用的文字各不相同，统称六国文字。以“马”字为例，六国文字与秦篆之间的实际对比如图 1-3-8 所示。

秦统一六国后，迅速实行了“书同文”政策，将六国文字全部进行规范，并统整到秦国文字体系中，为汉字的发展和信息交流的顺畅奠定了基础。秦国的官方文字为篆书，也称“小篆”。由于小篆的书写比较复杂，所以秦国民间又出现了一种小篆的简易化书写体，即隶书，其与小篆的形体比较如图 1-3-9 所示。到了汉代，隶书逐渐成为一种普遍的书写方式，到东汉达到鼎盛，故又称“汉隶”。隶书的出现使得文字书写的速度明显加快，这对于书籍的大量产生和文化教育的推广普及，都具有不可小觑的作用。同时，隶书对之前的文字进行了结构的定型，为楷书的出现打下了基础，是汉字发展史上的里程碑。

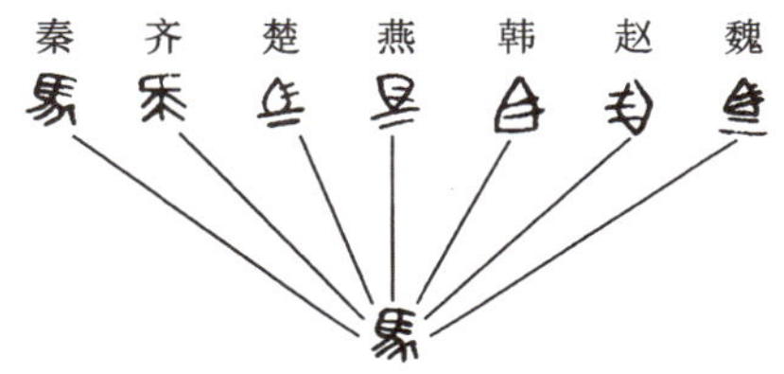


图 1-3-8　秦篆和六国文字关于“马”字的字形对比

图 1-3-9　小篆和隶书的字形比较

### 5. 草书、行书和楷书

随着人们对书写便捷的要求不断提高，汉代出现了章草，后又演变成今草。今草进一步发展，则是实用性弱而艺术性强的狂草。楷书起源于汉代，由隶书演变而来，具有形体方正、笔画平直的特点。行书介于楷书和草书之间。通常，近于楷书的行书称“行楷”，近于草书的行书称“行草”。

在此阶段，文字与艺术之间的联系也越来越紧密。与世界上的其他文字相比，汉字最突出的特点是以形表意，而且它作为具有特殊形体的文字，在发展演变过程中，与民族的审美理念发生了机缘性的碰撞和融合，繁衍出艺术价值极高、具有独立审美范畴和体系的书法、篆刻艺术。于是，汉字除了其他文字所具有的记录语言、传达信息、交流思想等实用功能外，还获得了独立的审美价值。

## （二）汉字的造字法

汉字刚产生时，基本都是按实物摹写的，即平常所说的图画文字或象形文字。但这样的文字为数不多，满足不了人们表达思想、传播信息的需要。随着社会的发展，人们的思想日益复杂，象形文字逐渐向符号化发展、演变，记录和传播信息的文字也日益增多，导致文字向“六书”（象形、指事、会意、形声、转注、假借）发展演进。它的构成极其巧妙，记住字形和字义也不觉困难，往往是在原有文字构成的基础上，加以种种组合，以求形成更多的文字，这在世界文化史上是独一无二的。

战国时期，“六书”开始成为汉字构成的“总名”。到了汉代，“六书”中的各个构成已经有了各自的名字。东汉的许慎在《说文解字》中总结了“六书”的规律，系统分析了汉字字形，其具体内容如下。

### 1．象形

《说文解字》记载：“象形者，画成其物，随体诘诎（jié qū），日月是也。”象形就是象实物之形，是指把客观事物的形体直接描绘出来。例如，日、月、山、水四字，就是模仿日之形、月之状、山之势、水之态而书写并逐渐演化而来的。象形字（见图 1-3-10）是最古老的一种字体，也是汉字形成的基础。由于语言中很多抽象的概念无法“画成其物”，无形可象，所以象形字存在一定的局限性。

图 1-3-10　象形字（从左到右依次为目、女、虎、车、日、月、羊）

### 2．指事

《说文解字》记载：“指事者，视而可识，察而见意，上下是也。”指事是一种用抽象的指示符号来表达语言中某种概念的造字方法。指事字的构成有两种情形：一种是在象形字上添加指示符号，如刃、本、末等（见图 1-3-11）；另一种是由纯抽象符号组成，如上、下等（见图 1-3-12）。

图 1-3-11　刃、本、末

图 1-3-12　上、下

### 3．会意

《说文解字》记载：“会意者，比类合谊，以见指㧑（huī），武信是也。”所谓会意，是把意义上能发生联系的两个或两个以上的字拼合在一起，从旧字的比较中派生出新的字义，从而产生新的意思。例如，“人”字和“言”字合并成“信”字，意思是人言而有信；一个“木”字代表一棵树，两个“木”字组合在一起代表成片的树群，即“林”，而三个“木”字则表示更大面积分布的树林，即“森”；“人”和“木”合并成“休”字，表示人靠着大树歇息。

会意字（见图 1-3-13）是指事字进一步的抽象，既可以描绘具体的实物，也可以表达抽象的概念；既能描绘静态的物貌，也能反映物体的动态。

图 1-3-13　会意字（男、明）

### 4. 形声

《说文解字》记载："形声者，以事为名，取譬相成，江河是也。"形声字是由表意的形旁和表音的声旁组合而成的。例如，"湖""河"二字，均以"水"为形，字义和水有关，而声旁"胡""可"则与这两个字的意义没有关系；"松""柏"都属于树木类，均以"木"为形，而声旁"公""白"则与字义没有关系；等等。形声字是汉字从表意走向表音的突破。

形声字的造字能力最强，一切抽象的概念和语言中的新词汇均可用形旁和声旁组合成新字。例如，在元素周期表中，金属元素除"汞"外都用"金"字旁，非金属元素都用"石"字旁，气体元素除"溴"外都用"气"字旁。这些字都可以通过形旁来"察意"。据统计，在汉代的《说文解字》中，形声字约占收录汉字总数的 80%；在宋代的《六书略》中，形声字约占收录汉字总数的 88%；在清代的《康熙字典》中，形声字约占收录汉字总数的 90%；而在现在通用的简化字中，形声字更是占了绝对的多数。

形声字的形旁和声旁的搭配方式主要有 6 种，即左形右声，如清、城、渔、狸、情、描、帽、纺等；右形左声，如彩、领、战、郊、放、鸭、飘、歌等；上形下声，如露、花、岗、草、笠、芳、景、箱等；下形上声，如烈、忘、警、恭、剪、堡、贷、盒等；内形外声，如闷、问等；外形内声，如圆、阁、衷、病、赶、近等。其中，左形右声的字最多，占现代常用形声字的 80%左右。

此外，形声字中一些常用的形旁，其位置也有一定的规律。例如，单人旁、木字旁、竖心旁、绞丝旁、衣字旁、示字旁等一般在字的左边；立刀旁、戈字旁、鸟字旁、欠字旁等一般在字的右边；草字头、竹字头、宝盖头、雨字头等一般在字的上面；心字底、四点底（火字的变形）、皿字底等一般在字的下面；等等。

### 5. 转注

《说文解字》记载："转注者，建类一首，同意相受，考老是也。"所谓"建类一首"，就是指同一个部首；"同意相受"就是指部首相同的同义字。转注是为了适应方言发音上的分歧而采取的一种造字法，反映了语音的发展变化。例如，"老"和"考"同属"老"部，它们在古代都表示年纪大的意思，可以互为注释，彼此同义而不同形。这是因为不同地方的方言发音不同，将"老"（lǎo）读为"kǎo"音，于是人们又造出了一个与"老"字部首相同、读音相近、意义相同的"考"字。

6. 假借

《说文解字》记载："假借者，本无其字，依声托事，令长是也。""假"是借的意思，假借是指借一个已有的字来表示语言中与其读音相同或相近的词。例如，"令"，原为接受命令，后借用为县令的令；"然"本是烧的意思，后被"然后"借用，人们为了更好地表达烧的意思，就将"然"字加了一个火字旁，即"燃"，用来表示原来的意思。

## 书海拾贝

### 《说文解字》经典解读

《说文解字》（见图 1-3-14）简称《说文》，由东汉经学家、文字学家许慎编著，是中国最早的系统分析汉字字形和考究字源的语文辞书。《说文解字》中所引用的古籍有《诗经》《尚书》《礼记》《周易》《春秋》《老子》《墨子》《韩非子》《国语》《逸周书》《楚辞》《史篇》《山海经》《司马法》《太乙经》等，涉及天地鬼神、山川草木、鸟兽昆虫、杂物奇怪、王制礼仪等不同领域的知识。

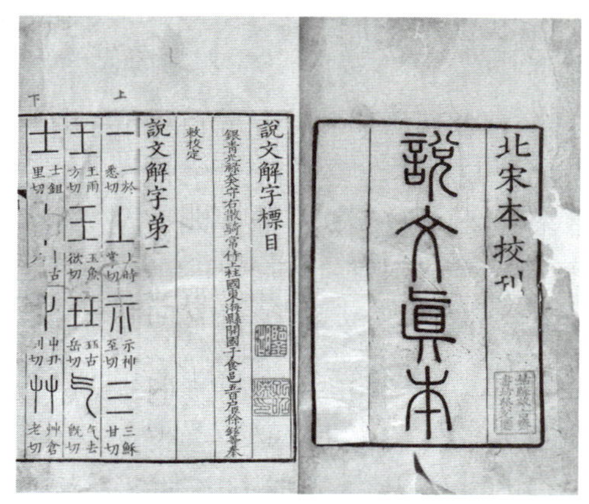


图 1-3-14　《说文解字》（清代刻本）

《说文解字》以小篆为研究对象，共 15 卷，每卷都分上下两篇。其中，前 14 卷为文字解说；第 15 卷为叙目，记录了汉字的产生、发展、功用、结构，以及作者创作的目的等内容。《说文解字》以汉字部首编排，全书共分 540 个部首，收字 9 353 个，另有"重文"（即古文、异体字）1 163 个，共 10 516 字。

《说文解字》首创汉字部首，根据"方以类聚，物以群分，同牵条属，共理相贯，杂而不越，据形系联"的原则，以字形为纲，因形立训，将汉字中相同的形旁作为分类的基准，分 540 个部首排列，从"一"部开始到"亥"部结束，同部字的第一个字就是部首，并用"凡某之属皆从某"标明，即凡同从一个偏旁的字都列在一起，目的是揭示词语的内在规律和词义系统。

《说文解字》正文部分重点在字形的分析，以周秦书面语言为训释对象，从字形出发，阐明篆体文字结构，追溯造字源流，以形为经，以义为纬，探求与字形结构相合的本义，阐述形、音、义三方面的关系。同时，在以形归类的表象下，寻求义类的确立。释义主要采用同义词或近义词解释的方法。每一个字的说解，一般先分析探求其本义，再根据“六书”理论剖析形体结构，说明词义，然后用形声法或读若法（用同音字或音近字直接注明读音的方法）说明读音。

《说文解字》在中国语言学史上有着重要的地位。历代学者都对《说文解字》进行了大量研究，以清人研究成就最高，其中段玉裁的《说文解字注》、朱骏声的《说文通训定声》、桂馥的《说文解字义证》、王筠的《说文释例》《说文句读》最受推崇。这四位学者也因此被世人尊称为“说文四大家”。

## 文化实践

### 一、神奇的汉字

《神奇的汉字》是一档全民汉字挑战节目。第一季既有干货满满的汉字知识和详细生动的汉字讲解，又有欢乐的汉字游戏和紧张激烈的汉字文化比赛，深入浅出地传递了汉字的文化。同时，节目还通过对汉字的追本溯源，研究汉字的字形、字义、字音、字源，让人们更加了解凝聚着中国文化精魂的一笔一画。第二季与中国历史紧密相连，与国学相互依存，深度解读了汉字的魅力。该节目在题目形式上进行了拓宽，以历史、国学、艺术、时尚等多领域的题目延伸出对汉字历史的深层次的解读。

请学生课后观看《神奇的汉字》节目，并参考该节目，举办一场“神奇的汉字”班级活动。

（1）全班学生以 5～7 人为一组进行分组，并进行小组讨论，确定本组的活动内容，将成员具体情况和讨论情况填入表 1-3-1 中。

表 1-3-1　小组成员及讨论情况

<table>
<tr><td>班级</td><td></td><td>组号</td><td></td><td>指导教师</td><td></td></tr>
<tr><td colspan="2">组长：</td><td colspan="4">组员：</td></tr>
<tr><td rowspan="3">讨论情况</td><td colspan="5">讨论题目：</td></tr>
<tr><td colspan="5">讨论过程记录：</td></tr>
<tr><td colspan="5">讨论结果：</td></tr>
</table>

（2）各组根据讨论结果，制订具体的活动计划，并将表 1-3-2 填写完整。

表 1-3-2　活动计划

| 项目 | 内容 |
| --- | --- |
| 活动目的 | |
| 活动形式 | |
| 活动要求 | |
| 活动步骤 | |

（3）将本组制订的活动计划在班级中展示，并将各组的活动环节穿插在班级活动中，整合成一个大型活动，并将活动节目记录在表 1-3-3 中。

表 1-3-3　活动节目表

| 序号 | 节目名称 | 内容简介 | 负责人 |
| --- | --- | --- | --- |
| 1 | | | |
| 2 | | | |
| 3 | | | |
| 4 | | | |
| 5 | | | |

（4）一切准备就绪后，“神奇的汉字”活动开始，教师和学生一起参加，并将活动过程记录（拍照、录影）下来。

## 二、山西方言调查

请学生使用访谈的调查方法，在自己生活的范围内，按照以下步骤完成山西方言调查。

（1）全班学生以 5～7 人为一组进行分组，各组选出组长并进行任务分工，将小组成员及分工情况填入表 1-3-4 中。

表 1-3-4 小组成员及分工情况

<table>
<tr><td>班级</td><td></td><td>组号</td><td></td><td>指导教师</td><td></td></tr>
<tr><td>小组成员</td><td>姓名</td><td>学号</td><td colspan="3">任务分工</td></tr>
<tr><td>组长</td><td></td><td></td><td colspan="3"></td></tr>
<tr><td rowspan="6">组员</td><td></td><td></td><td colspan="3"></td></tr>
<tr><td></td><td></td><td colspan="3"></td></tr>
<tr><td></td><td></td><td colspan="3"></td></tr>
<tr><td></td><td></td><td colspan="3"></td></tr>
<tr><td></td><td></td><td colspan="3"></td></tr>
<tr><td></td><td></td><td colspan="3"></td></tr>
</table>

（2）按照分工计划实施调查，并将具体的实施情况记录在表 1-3-5 中。

表 1-3-5 实施情况

| 时间安排 | 实施步骤 |
|---|---|
| | 1．调查的区域范围包括： |
| | 2．调查的对象（如同学、亲友、邻居等）包括： |
| | 3．方言的名称、种类和特色： |
| | 4．方言对当地民俗、文化等方面的影响： |
| | 5．汇总调查结果，撰写调查报告。 |

## 学习成果评价

学生和教师根据学生的实际学习成果开展自我评价、组间互评和教师评价，并将评价结果填写在表 1-3-6 所示的学习成果评价表中。

表 1-3-6　学习成果评价表

| 教学过程 | 内容（任务点） | 评价 | | |
|---|---|---|---|---|
| | | 学生自评（20%） | 组间互评（30%） | 教师评价（50%） |
| 课前 | 能够简要叙述汉语的产生和发展过程 | | | |
| | 能够简要叙述各种造字方法的内容 | | | |
| 课中 | 能够正确叙述汉字的起源和演变历程 | | | |
| | 能够准确说出各种造字方法的原理 | | | |
| | 能够简要分析汉字所使用的造字方法 | | | |
| 课后 | 能够坚持自主学习，更好地掌握汉字的用法 | | | |
| | 能够运用恰当的语言与他人进行有效的沟通 | | | |
| 专业点评 | | | | |

# 模块四　中国古代文学

## 学习目标

- 厘清古代文学的发展脉络。
- 熟悉历代著名作家及其经典作品。
- 领略古代文学的魅力，感受古文诵读的韵味，享受阅读古文的乐趣。
- 汲取中国古代文学的思想精华，自觉提升自身的人文素养。

## 文化讲堂

### 一、先秦文学

先秦是指秦统一六国以前的历史时期。先秦文学是中国古代文学的早期发展阶段。丰富多彩、灿烂辉煌的先秦文学为我国的文学发展奠定了坚实的基础。这一时期产生了很多优秀的文学作品，其主要形式有神话、诗歌和散文等。

#### （一）神话

神话是中国文学的源头，具有较高的哲学性和艺术性。原始时期，先民把自然界各种变化的动力都归于神的意志和权力，一切自然力都被他们的想象形象化、人格化。随后，人们又在生产劳动中依照英雄人物的形象，创造出许多神的故事，这就是神话的起源。

从古到今，我国一直都流传着很多神话故事，如女娲补天、后羿射日、大禹治水、黄帝战蚩尤等。这些神话大都能在《淮南子》《山海经》等典籍中找到相关记载。千百年来，神话一直是文人墨客与民间艺人创作的灵感来源，对后世的诗歌、小说和戏剧等文学体裁影响深远。

## 尧与舜的故事

尧，姓伊祁，名放勋，是黄帝的后代。他 13 岁被封于陶地（今山西省临汾市襄汾县陶寺村），15 岁辅佐兄长帝挚，改封于唐地（今山西省太原市），因而被称为“陶唐氏”。尧虽然是部落联盟的首领，但他和大家一样住茅草屋，吃糙米饭，煮野菜作汤，夏天披件粗麻衣，冬天只加块鹿皮御寒，衣服、鞋子不到破烂不堪绝不更换。尧在位时期，致力于改善民生，推动社会进步。老百姓拥护他，如爱“父母、日月”一般。尧在位 70 年后，想要寻找继位人。有人推举他的儿子丹朱继位，尧却不同意，因为丹朱非常粗野，经常闹事。后来，尧咨询四方部落首领，他们都推举舜，说他是个德才兼备的人物。尧就选择舜作为其继承人。

舜，姓姚，名重华，号有虞氏，史称“虞舜”。舜从小受父亲瞽（gǔ）叟、后母和后母所生之子象的迫害，虽屡经磨难，仍然和善相对，孝敬父母，爱护弟弟，所以深得百姓赞誉。

尧将两个女儿许配给舜，以考察他的品行和能力。舜不但使二女与全家和睦相处，而且在各个方面都表现出才干和高尚的人格力量。舜的德行也不断感染周围的人，凡是舜劳作的地方都会快速发展起来，并成为一个风气很好的地方。尧得知这些情况很高兴，赐予了舜牛羊，还为他修筑了仓房。

后来，尧让舜参与政事，管理百官，接待宾客，经受各种磨炼。舜不但将政事处理得井井有条，而且使部落的用人方面也得到了改进。这都显示出舜的治国方略和政治才干。

舜即位后，建都于蒲坂（今山西省运城市永济市）。即位的当年，舜就到各地巡守，整顿吏治，考察民情。舜精心治理天下，以善施政，开创了明君善谋的先例，使四方部落首领心悦诚服。四海之内，形成了中华民族的空前大团结。

（参考资料：永济市人民政府官网，有改动）

### （二）诗歌

先秦诗歌以《诗经》《楚辞》为代表。

《诗经》是我国第一部诗歌总集，共收入了自西周初年至春秋中叶大约 500 年的诗歌，共计 305 篇。《诗经》以风、雅、颂、赋、比、兴“六义”影响后世。风、雅、颂指《诗经》的三个部分。其中，“风”包括十五“国风”（诗 160 篇），“雅”分“大雅”“小雅”（诗 105 篇），“颂”分“周颂”“鲁颂”“商颂”（诗 40 篇）。赋、比、兴是《诗经》的主要艺术表现手段。其中，“赋”相当于今日所说的叙述与描写，“比”是比喻，

“兴”则是营造抒情氛围和暗示的一种手法。《诗经》是我国文学的光辉起点，其思想性和艺术成就在我国乃至世界文学史上都有极高的地位。

《楚辞》是我国第一部浪漫主义诗歌总集，是先秦楚地文化孕育而生的一种独特的诗歌样式，经历了屈原的作品始创、后人仿作、汉初搜集、刘向辑录等最终成书。宋代学者黄伯思概括曰：“盖屈宋诸骚，皆书楚语，作楚声，纪楚地，名楚物，故可谓之‘楚辞’。”屈原的系列作品《离骚》《九歌》《九章》等为《楚辞》的最高典范，被公认为是继上古神话之后中国浪漫主义文学的另一重要源头。

### 屈　原

屈原（前 340—前 278），丹阳秭归（今属湖北宜昌）人，战国时期楚国的诗人、政治家。屈原博闻识广，志向远大，曾任楚国的左徒、三闾大夫，兼管内政外交大事。他提倡“美政”，主张对内举贤任能，修明法度，对外力主联齐抗秦。楚国郢都被秦军攻破后，屈原自沉于汨罗江，以身殉楚国。

屈原是中国浪漫主义文学的奠基人，他将自己对理想的热烈追求融入诗篇中，其作品风调激楚、胸襟博大、感情深沉、意趣幽深，代表著作有《离骚》《九歌》《九章》《天问》等。屈原也非常关注现实，其作品大都反映了现实社会中的种种矛盾，在愤激中又流露出凄凉幽怨的情调。屈原还常用比兴手法表情达意，如用美人香草喻君子，用恶木秽草喻小人。这种“香草美人”的比兴手法，使忠奸、美丑、善恶形成鲜明对照，产生了言有尽而意无穷的艺术效果。

屈原的出现，不仅标志着中国诗歌进入了一个由集体歌唱到个人独创的新时代，而且他所开创的新诗体——楚辞，突破了《诗经》的表现形式，极大地丰富了诗歌的表现力，为中国古代的诗歌创作开辟了一片新天地。后人也因此将《楚辞》中最著名的篇章《离骚》与《诗经》中的《国风》并称为“风骚”。

### （三）散文

先秦散文分为历史散文和诸子散文，在我国文学艺术史上有重要的历史价值，为后世散文创作树立了不可磨灭的典范。

历史散文包括《左传》《国语》《战国策》等历史著作，其文字生动、形象，语言富于文采，对后世文学创作产生了深远影响。《左传》也称《春秋左氏传》《左氏春秋》，成书于战国初期，全书近 20 万字，全面记载了春秋时期各国的政治、军事、外交、文化等多方面的活动。《国语》是战国时代出现的一种国别史，记载周王朝和诸侯各国的大事。《战国策》主要记载战国时期谋臣纵横捭阖（bǎi hé）的谋略和辞说，刻画了许多生动的人物形象。

诸子散文是儒家、墨家、道家、法家等思想学派的文章，如《论语》《墨子》《孟子》《庄子》《韩非子》《荀子》等。其中，《论语》的语言凝练、亲切、浅显自然，在简单的对话和行动中展示了人物形象，内容真实感人。《墨子》中杂有质朴的议论，展现的是一种“尚实尚质，言之无文”的特色，有一定的逻辑性。《孟子》气势充沛，感情强烈，笔带锋芒，富于鼓动性，有纵横家、雄辩家之气概。《庄子》则大量采用并虚构寓言故事作为论证依据，其想象奇幻，富有浪漫主义色彩。《韩非子》《荀子》基本上都是结构完整的专题论文，代表了先秦散文的最高成就。

## 二、秦汉文学

秦汉文学传承了先秦文学的风格，并在先秦文学的基础之上，发展得更加成熟和完善，其文学创作主要有散文、汉赋、乐府诗等。

### （一）散文

秦代的散文以李斯的《谏逐客书》为代表。《谏逐客书》是秦代李斯给秦王嬴政的奏议。此文立意高深，站在“跨海内，制诸侯”，完成统一天下大业的高度来分析逐客的利害得失，正反论证，充分说明了用客卿强国的重要性，反映了李斯的卓越识见，体现了他顺应历史潮流的进步政治主张和用人路线。此文的写作技巧也十分出色，全文逻辑严密，论辩有力，气势充沛，充分运用摆事实、设比喻、排比句和对偶句等手法，深入浅出、形象鲜明地说清了道理。《谏逐客书》对后来汉代的散文和辞赋产生了一定的影响。

汉代散文的发展与汉代的政治经济发展有着密切联系，主要分为纪传体散文、政论散文和经学散文等。

纪传体散文主要是以人物为主线而进行历史记载的散文，其开创者是史学家司马迁，代表作是《史记》。《史记》是中国历史上第一部纪传体通史，它既开创了中国纪传体史学，也开创了中国的传记文学，还对中国散文的发展起着承前启后的作用。

政论散文是汉代重要的散文类型，是一种专题性的政论文，如董仲舒的《举贤良对策》，晁错的《论贵粟疏》《言兵事疏》，贾谊的《过秦论》《论治安策》等。其中，晁错善于从历史事实、当前情况、各种利弊得失等方面做具体分析，立论精辟而切于实际，其一系列著作是中国古代政论散文的经典；贾谊的政论散文说理透辟，逻辑严密，感情充沛，气势非凡，深刻阐述了其政治思想和治国方略，鲜明体现了积极的人生态度和昂扬向上的精神风貌，代表了汉初政论散文的最高成就。

经学散文就是以经学（对儒学经典进行注解和讲解的学说）为内容而写的散文。由于汉武帝采纳了董仲舒“罢黜百家，独尊儒术”的建议，儒学获得了较高地位，所以很多汉代学者开始深入学习儒家学说，经学散文著作如雨后春笋般涌现，如扬雄的《太玄》《法言》等。经学散文为后世的玄学散文、佛学散文、理学散文提供了参考。

### （二）汉赋

汉赋又称“散赋”，由楚辞的骚体演化而来，分为大赋和小赋。其中，大赋主要流行于西汉，以发表政论为主，代表作品有枚乘的《七发》、司马相如的《上林赋》等；小赋主要流行于东汉，以抒情为主，代表作品有张衡的《归田赋》、赵壹的《刺世疾邪赋》、蔡邕的《述行赋》等。

### （三）乐府诗

乐府诗是继《诗经》《楚辞》之后的一种新诗体，主要是指乐府（汉代专门的音乐机构）将从民间采集的歌谣和文人诗歌编辑、整理后配乐歌唱的诗歌。乐府诗的内容一般来自现实生活，经过音乐机构或文人的加工后，不仅具有丰富的社会内容，而且具有高度的思想性。其代表作品有《陌上桑》《战城南》《十五从军征》《上邪》《孔雀东南飞》等。《孔雀东南飞》代表着汉乐府叙事诗发展的高峰，也是我国文学史上现实主义诗歌发展的重要标志，直接影响了后世诗歌的发展。

#### 《孔雀东南飞》

《孔雀东南飞》原题为《古诗为焦仲卿妻作》，因诗的首句为“孔雀东南飞，五里一徘徊”而得名。《孔雀东南飞》取材于东汉献帝年间发生在庐江郡（今安徽安庆一带）的一桩婚姻悲剧，后经民间口头流传，文人加工润色而成。

《孔雀东南飞》主要讲述了一个哀婉动人的故事。平民女子刘兰芝勤劳善良、知书达礼，嫁入没落的仕宦之家后，与当府吏的丈夫焦仲卿情意甚笃。但是，尽管她“奉事循公姥”“昼夜勤作息”，仍无法让婆婆满意，最终被遣归娘家。临别时，夫妻“二情同依依，结誓不别离”。以娘家兄长为代表的封建势力一再对刘兰芝施加压力，迫她另嫁高门。刘、焦二人知无缘复合，遂先后以死殉情。

《孔雀东南飞》成功地塑造了多个人物形象，如勤劳善良、外柔内刚的刘兰芝，孝顺懦弱、忠于爱情的焦仲卿，唯我独尊、冷酷专制的焦母，自私庸碌、重利轻情的刘兄。整篇文章有 1 700 多字，采用了民歌常用的铺叙和比兴手法，将叙事和抒情有机结合，控诉了封建礼教的残酷无情，歌颂了焦仲卿和刘兰芝的真挚感情和反抗精神。其语言自然流畅、声调和谐，情节结构完整、剪裁精当。诗中既有对现实生活的描述，如详写兰芝离开焦家时的服饰仪容、铺陈太守家备办婚事的奢华；又有浪漫主义的升华，如诗末以松柏连理、鸳鸯和鸣来象征刘、焦爱情的不朽。

《孔雀东南飞》是中国文学史上第一部长篇叙事诗，以其高度的思想性和艺术性成为汉乐府叙事诗发展的高峰。它与北朝的《木兰诗》共同被后人称为“乐府双璧”。它们均对后世文学发展产生了深远的影响。

## 三、魏晋南北朝文学

从汉末大乱到隋代统一，中间历时约 400 年。这是秦代之后中国分裂最长的一个历史阶段，也是对中国历史和文化影响极为深远的一个历史时期，其间的文学作品充分地反映了这个时期的历史现状。

### （一）诗歌

三国时期，以曹操为核心、“三曹七子”为代表，形成了建安文学集团。其中，“三曹”即曹操、曹丕、曹植，“七子”即孔融、陈琳、王粲、徐幹、阮瑀、应玚（yáng）、刘桢。建安文学继承了乐府诗的现实主义传统，掀起了一个现实主义的文人诗歌新高潮——建安诗风。建安诗歌作品的情调慷慨悲凉，语言刚健有力，大多反映了社会的动乱和民生的疾苦，同时又表达了统一天下的愿望，具有鲜明的时代特色。其代表作品有曹操的《短歌行》、曹丕的《燕歌行》、曹植的《洛神赋》、陈琳的《饮马长城窟行》、王粲的《七哀诗》、阮瑀的《驾出北郭门行》、刘桢的《赠从弟》等。

在建安文学之后，是以阮籍、嵇康、山涛、刘伶、阮咸、向秀、王戎七人（史称“竹林七贤”）为代表的正始文学。正始文学大力提倡老庄思想，作品以揭露政治斗争的黑暗和“忧生之嗟”为主，有一种否定现实、韬晦遗世的消极反抗思想。其代表作品有阮籍的《咏怀诗》，嵇康的《幽愤诗》等。

西晋时期，门阀（世代为官的名门望族）盛行，文学的官僚化和贵族化倾向较重。多数文人远离社会和人民，创作上缺乏现实内容，只追求形式的华美，走上了形式主义的道路。但是，也有一些文人不愿随波逐流，在文学上独树一帜，左思就是其中的杰出代表之一。其诗承建安风骨，抒写怀抱，抨击现实，多不平之音，其作品气势雄健、笔调挺拔、辞采壮丽、形象鲜明，风格独树一帜，人称“左思风力”，代表作品有《咏史八首》等。

东晋时期，在社会动荡和玄学思想的影响下，诗歌由抒情言志走向谈玄论理，出现了玄言诗。玄言诗大多在景色中“寄畅”，借山水体道，是源于山水而感发，进而领悟玄理的一种心境。陶渊明是这一时期玄言诗的代表人物。他把诗歌创作的题材、范围扩大到了乡村、田园等日常生活，为诗歌增添了浓厚的田园生活气息，扩大了诗歌表现生活的情境和内涵。其代表作有《饮酒》《归园田居五首》等。玄言诗为诗歌创作开辟了一个独特、崭新的艺术境界，奠定了山水诗的基本格调。

## 饮　酒（其五）

陶渊明

结庐在人境，而无车马喧。
问君何能尔？心远地自偏。
采菊东篱下，悠然见南山。
山气日夕佳，飞鸟相与还。
此中有真意，欲辨已忘言。

（参考资料：《陶渊明集》卷三，中华书局，1979 年）

南北朝时期，谢灵运开创了山水诗这一诗歌体裁，把诗歌从“淡乎寡味”的玄理中解放出来，提高了诗歌的表现力，其代表作品有《山居赋》《登池上楼》等。鲍照也是这一时期的代表诗人，他继承乐府诗的风神气骨，自创格调，创造了以七言体为主的歌行体，为七言体诗的发展开创了新路，其代表作品有《拟行路难》《代东武吟》《代苦热行》等。此外，以萧纲、萧绎、庾信、徐陵、陈叔宝等为主要代表人物的宫体诗也在这一时期流行起来。宫体诗的内容多浮华空洞，诗风柔弱，但它在遣词炼句、铸炼音韵上有突出的贡献，特别是“四声八病”等理论的成熟，为之后唐代律诗的发展奠定了基础，其代表作品有陈叔宝的《玉树后庭花》，徐陵的《奉和简文帝山斋诗》等。同时，以《木兰诗》为代表的乐府民歌在这一时期也有所发展。南北朝乐府民歌继承了汉乐府民歌的现实主义精神，诗风刚健质朴，在形式主义文风泛滥的南北朝时期独树一帜。

### 名词解释

**四声**指“平、上、去、入”4 个声调。

**八病**指作诗应当避忌的 8 项弊病，即平头、上尾、蜂腰、鹤膝、大韵、小韵、旁纽、正纽。平头指五言诗第一字不得与第六字同声，第二字不得与第七字同声；但上句第一字与下句第一字同为平声不为病。上尾指第五字不得与第十字同声（连韵者可不论）。蜂腰指五言诗第二字不得与第五字同声。鹤膝指第五字不得与第十五字同声。大韵指一联十个字中，除了叠韵字外，都不能用与句尾字相同韵部的字，如诗句“紫翮拂花树，黄鹂闲绿枝”中，“鹂”与“枝”同为支韵，故犯病。小韵指要在一联之中做到每个字都不同韵。旁纽指在一联或一句之中既不能用同韵母字，也不能用声母字。正纽指一联十字之中，不能用声调不同而声母相同的字。“八病”中，小韵、旁纽和正纽之病难以避开，故近体诗会忽略以上规定。

### （二）小说

魏晋南北朝时期，小说也发展起来。这一时期的小说大多以记载鬼神灵异故事的志怪小说为主，代表作品有西晋张华的《博物志》和东晋干宝的《搜神记》。同时，由于受到诗歌清谈之风的影响，记载历史人物琐闻轶事的志人小说也开始出现，代表作品有刘义庆的《世说新语》等。志怪小说和志人小说奠定了中国古典小说的基本构架。

## 四、隋唐五代文学

隋唐五代时期，中国古代文学发展到了一个全面繁荣的新阶段，文坛出现了百花齐放、百家争鸣的局面。这是因为从先秦到汉魏六朝，文学经历了长远的历史发展过程，诗歌、散文、小说等方面积累甚丰。同时，现实主义和浪漫主义都得以建立和发展，不同思想倾向的表现、不同题材领域的开拓、不同文体特征的探索，以及声律的运用、语言风格的创造、手法技巧的革新，都为隋唐五代文学的发展提供了值得借鉴的财富，从而促进了文学的繁荣。

### （一）散文

古文运动是这一时期文学发展的重大成就。“古文”这一概念由韩愈最先提出，是相对骈文而言的。韩愈把先秦和汉朝的散文称作“古文”，把六朝以来讲求声律及辞藻、排偶的骈文视为“俗文”。古文运动是一项提倡古文、反对骈文的文体改革运动。

古文运动兼有思想运动和社会运动的性质。韩愈和柳宗元提倡古文，目的在于恢复古代的儒学道统，将改革文风与复兴儒学变为相辅相成的运动，还强调要文以明道。这场运动一直持续到宋代才得以完成，其参与者韩愈、柳宗元、欧阳修、苏轼、苏洵、苏辙、王安石、曾巩，被后世称为古文运动中的“唐宋八大家”。

在古文运动中，韩愈和柳宗元写了大量传记、杂文、寓言、游记之类的文学散文，他们以深厚的功力、独特的风格、精粹的语言，显示了散文在艺术表现上的优越性，终于使“古文”代替骈文、在文坛上占据了统治地位。柳宗元的《永州八记》更是达到了中国山水散文的巅峰。此后，晚唐的皮日休、陆龟蒙、罗隐等人继承韩、柳散文的传统，写出了许多富有战斗锋芒的讽刺性作品，也具有一定的文学和艺术价值。

**柳宗元**

柳宗元（773—819），字子厚，河东解（hài）县（今山西省运城市西南）人，世称“柳河东”。柳宗元与韩愈倡导古文运动，并称“韩柳”，同列“唐宋八大家”。

柳宗元的散文多学西汉文章，峭拔矫健，说理透彻，结构谨严。《捕蛇者说》揭露社会矛盾，尖锐有力。《三戒》等寓言，篇幅简短，笔锋犀利。《永州八记》等山水游记，文笔明丽峻洁，写景状物，多存寄托。

（参考资料：陈至立，《辞海（第 7 版）》，上海辞书出版社，2020 年）

### （二）诗歌

隋唐时期是中国诗歌史上的黄金时代，唐代诗歌更是中国古代诗歌发展的顶峰。唐诗数量繁多，仅清代编纂的《全唐诗》录存的唐诗，就达 48 900 多首，其中有姓名可考的作者有 2 200 多人。唐代的诗歌名家辈出、名作如林，其创作之多样、流派之众多、题材风格之丰富、体制之齐备，显示了中国古代诗歌的发展已达到完全成熟的阶段。

唐诗的成就是社会经济和政治发展、思想解放、艺术文化普遍繁荣，人们广泛地总结前人创作经验并推陈出新的结果。总的来说，隋唐时期诗歌的发展，大致经历了以下几个阶段：

（1）隋代及唐初，形式主义诗风虽然还占统治地位，但以“初唐四杰”（即王勃、杨炯、卢照邻、骆宾王）为代表的诗坛，已经有了变革的趋势。初唐诗人陈子昂更是大力倡导革新理念，提出革新办法，进一步发展了“初唐四杰”所追求的充实、刚健的诗风，彻底肃清了诗歌中绮靡纤弱的风气，对盛唐诗作产生了深远影响。

（2）盛唐时期，唐诗进入全面繁荣阶段，后人称这一时期的诗歌繁荣现象为“盛唐之音”。这一时期，李白继承陈子昂的革新精神，以及自先秦以来的文学遗产，创造了独特的浪漫主义诗风，完成了诗歌革新的使命，被称为“诗仙”。杜甫以“转益多师是汝师”为文学主张，对前代文学既有批判又有继承，既注意内容精神又注意声律形式，达到了现实主义诗风的巅峰，成为中国古代诗歌史上继往开来的大师，被称为“诗圣”，其诗作也被称为“诗史”。同一时期，王维和孟浩然的“山水田园诗派”、高适和岑参的“边塞诗派”，也卓有成就。

（3）“安史之乱”后，诗歌流派层出不穷。元稹（zhěn）和白居易发起“新乐府运动”，提倡诗歌应继承汉魏乐府风格，直陈时弊；韩愈和柳宗元发起的“古文运动”也影响到了诗坛，对弘扬儒家文化、促进诗风转变具有开辟之功。此外，刘长卿和韦应物的山水诗、李益和卢纶的边塞诗也都具有一定的影响力。

（4）晚唐时期，杜牧和李商隐的诗最为出色，成就堪比盛唐时期诸家，他们因此也被称为“小李杜”。皮日休、聂夷中、杜荀鹤等人继承“新乐府运动”的传统，诗歌中的批判锋芒更为尖锐，所作诗歌也都达到了很高的水平。

传世经典

## 送杜少府之任蜀州

王勃

城阙辅三秦，风烟望五津。
与君离别意，同是宦游人。
海内存知己，天涯若比邻。
无为在歧路，儿女共沾巾。

王勃（649 或 650—676），字子安，绛州龙门（今山西省运城市河津市）人。王勃少时即显露才华。他与杨炯、卢照邻、骆宾王以文辞齐名，并称“王杨卢骆”，亦称“初唐四杰”。其诗长于五律，偏于描写个人经历，多思乡怀人、酬赠往还之作，风格清新流丽。

## 山居秋暝

王维

空山新雨后，天气晚来秋。
明月松间照，清泉石上流。
竹喧归浣女，莲动下渔舟。
随意春芳歇，王孙自可留。

王维（701？—761），字摩诘，先世为太原祁县（今属山西省晋中市）人，其父迁居于蒲州（今山西省运城市永济市西南蒲州镇），遂为河东人。王维早期写过以边塞为题材的诗篇，但其作品以山水诗最为后世所称。王维通过对田园山水的描绘，叙写隐逸情趣和佛教禅理，体物精细，状写传神，具有独特成就。其与孟浩然齐名，并称“王孟”。

## 《出塞》二首（其一）

王昌龄

秦时明月汉时关，万里长征人未还。
但使龙城飞将在，不教胡马度阴山。

王昌龄（？—756），字少伯，京兆长安（今陕西省西安市）人。王昌龄在开元、天宝年间诗名甚盛，有“诗家夫子王江宁”之称。其尤擅七绝，多描写当时边塞军旅生活，气势雄浑，格调高昂。王昌龄的《从军行》七首、《出塞》二首皆是名篇。

## 《凉州词》二首（其一）

王之涣

黄河远上白云间，一片孤城万仞山。

羌笛何须怨杨柳，春风不度玉门关。

王之涣（688—742），字季淩，晋阳（今山西省太原市西南）人，后迁徙绛县（今属山西省运城市）。其诗善写边塞风光，意境雄浑，多为当时乐工制曲歌唱，名动一时。王之涣的传世之作仅 6 首，其中，《凉州词》《登鹳雀楼》（一说为唐朱斌作）尤为有名。

（参考资料：陈至立，《辞海（第 7 版）》，上海辞书出版社，2020 年）

### （三）小说

唐代在小说领域最大的收获是“唐传奇”。唐传奇的内容除了记述神灵鬼怪外，还大量记载了人间的世态人情，充分表现了社会现实生活，有的作品还流露出浓厚的市民生活情调，是我国短篇小说达到成熟的标志。其代表作品有王度的《古镜记》、沈既济的《枕中记》、李公佐的《南柯太守传》、元稹的《莺莺传》、白行简的《李娃传》、蒋防的《霍小玉传》等。

### （四）变文

变文是唐代兴起的一种说唱文学，多用韵文和散文交错组成，其内容原为佛经故事，后来范围扩大，涉及历史故事、时事和民间传说等。变文的特点是故事情节夸张、语言渲染色彩浓厚、艺术细节处理粗糙，但对后世白话小说、说唱文学的发展有较大影响。其代表作品有《大目乾连冥间救母变文》《降魔变文》《伍子胥变文》《张义潮变文》《张淮深变文》等。

### （五）词

词又称“诗余”“乐章”“长短句”，是形成于唐代的一种诗体。唐代中后期，外来的胡乐和龟兹乐与中原本土的清商乐相结合，诞生了新的音乐类型，民间诗人“填词以合乐”，根据此音乐类型创作出了句子长短不一的新歌辞，并将其称为“曲子词”，后简称“词”。中唐时期，已经出现了尝试词这一新体裁的文人，如张松龄、张志和、韦应物、刘禹锡、白居易等，其代表作品有白居易的《忆江南》三首、刘禹锡的《忆江南》等。

《登鹳雀楼》赏析

传世经典

## 《忆江南》三首

白居易

其一

江南好，风景旧曾谙：日出江花红胜火，春来江水绿如蓝。能不忆江南？

其二

江南忆，最忆是杭州：山寺月中寻桂子，郡亭枕上看潮头。何日更重游？

其三

江南忆，其次忆吴宫：吴酒一杯春竹叶，吴娃双舞醉芙蓉。早晚复相逢。

白居易（772—846），字乐天，晚年号香山居士。其先为太原（今山西省太原市西南）人，后迁居下邽（今陕西省渭南市北）。白居易在文学上积极倡导新乐府运动，主张“文章合为时而著，歌诗合为事而作”，强调继承《诗经》“风雅比兴”的传统和杜甫的创作精神，反对“嘲风雪，弄花草”而别无寄托的作品。白居易和元稹友谊甚笃，与之齐名，世称“元白”。其晚年与刘禹锡唱和甚多，人称“刘白”。

（参考资料：陈至立，《辞海（第7版）》，上海辞书出版社，2020年）

五代十国期间，后蜀赵崇祚（zuò）编定《花间集》，收录了晚唐和五代时温庭筠、韦庄、皇甫松等18位词人的作品。这些词人在作品中常描写女性的生活情状，词风轻盈婉约，所以温庭筠、韦庄、皇甫松等人也被后世称为“花间词人”。此外，南唐的李璟、李煜、冯延巳（sì）也是这一时期词的代表人物。其中，李煜的词直抒胸臆，词境优美，情真语挚，语言自然、精练而又富有表现力，达到了以词表达个性化情感世界的高峰，他的代表作有《相见欢·无言独上西楼》《虞美人·春花秋月何时了》等。

## 五、宋代文学

宋代文学上承唐代的诗文革新运动，以诗、词、散文和话本小说为主要形式，内容由抒情为主逐步转向以叙事为主，起着承先启后的过渡作用。

### （一）散文

在唐代古文运动的影响下，宋代散文在内容、形式、语言、风格上，都发生了较大的变化，呈现了新的气象。以欧阳修、苏轼、苏洵、苏辙、王安石、曾巩等人为代表的古文大家，成为唐代韩柳古文运动的最好继承者。其中，欧阳修主持礼部时打击了文坛上追求险怪的作风，王安石、苏轼批判了“力去陈言夸末俗”和“以艰深文其浅陋”的辞章家习气。这些文学大家的文章大都晓畅明白，富于理性精神，影响了后来的文学家。宋代散文的代表作品有欧阳修的《朋党论》《醉翁亭记》《秋声赋》，苏轼的《石钟山记》，王安石的《答司马谏议书》《游褒禅山记》《伤仲永》《读孟尝君传》等。

### （二）诗歌

宋代诗歌在唐诗格律完备、发展至高峰的影响下，另辟蹊径，形成了自己的特色。从思想内容上看，宋诗主要反映民生疾苦，慨叹国势衰弱，并弘扬反对妥协投降、要求杀敌复国的爱国主义精神。同时，宋诗在艺术构思、表现技巧、遣词造句等方面都有所创新，特别是在以文入诗、以理入诗及表意显露、描写细密上，都与唐诗各异其趣。

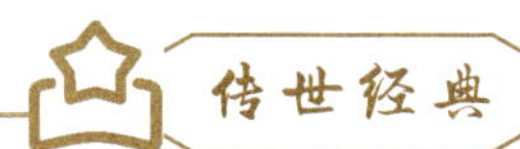


示儿

陆游

死去元知万事空，但悲不见九州同。
王师北定中原日，家祭无忘告乃翁。

（参考资料：钱仲联、马亚中，《陆游全集校注》，浙江古籍出版社，2015 年）

### （三）词

词极盛于宋代。宋代的词人名家辈出，词作华彩纷呈，由此使词上升到与诗并列齐观的地位，成为宋代文学的代表。

词从晚唐五代开始，逐渐形成了绮靡婉约的风格，文人大都习惯用词寄情，逐渐形成了“诗庄词媚”的文学观念。到了宋代，随着更多的文人加入词的创作中，原本属于宴饮娱乐的词，开始被文人化、典雅化，词的境界也逐渐得到提升，题材范围更加广泛，不仅仅局限于儿女情长和离情别绪，还出现了对人生起伏的感悟，以及对家国天下的深思。

宋词主要分为豪放派与婉约派两大类，其中豪放派代表词人有苏轼、辛弃疾等，代表作品有苏轼的《念奴娇·赤壁怀古》《水调歌头·明月几时有》《定风波·莫听穿林打叶声》《望江南·超然台作》《江城子·密州出猎》《浣溪沙·细雨斜风作晓寒》，辛弃疾的《菩萨蛮·书江西造口壁》《青玉案·元夕》《破阵子·为陈同甫赋壮词以寄之》《永遇乐·京口北固亭怀古》《西江月·夜行黄沙道中》《丑奴儿·书博山道中壁》等；婉约派代表词人有柳永、李清照等，代表作品有柳永的《雨霖铃·寒蝉凄切》《蝶恋花·伫倚危楼风细细》《八声甘州·对潇潇暮雨洒江天》《少年游·长安古道马迟迟》《定风波·自春来》，李清照的《声声慢·寻寻觅觅》《一剪梅·红藕香残玉簟（diàn）秋》《如梦令·常记溪亭日暮》《如梦令·昨夜雨疏风骤》等。

## 江城子·密州出猎

苏轼

老夫聊发少年狂，左牵黄，右擎苍，
锦帽貂裘，千骑卷平冈。
为报倾城随太守，亲射虎，看孙郎。
酒酣胸胆尚开张，鬓微霜，又何妨。
持节云中，何日遣冯唐？
会挽雕弓如满月，西北望，射天狼。

（参考资料：邹同庆、王宗堂校注，《苏轼词编年校注》，中华书局，2007 年）

## 菩萨蛮·书江西造口壁

辛弃疾

郁孤台下清江水，中间多少行人泪？
西北望长安，可怜无数山。
青山遮不住，毕竟东流去。
江晚正愁余，山深闻鹧鸪。

（参考资料：辛更儒笺注，《辛弃疾词编年笺注》，中华书局，2018 年）

## 少年游·长安古道马迟迟

柳永

长安古道马迟迟。高柳乱蝉嘶。
夕阳鸟外，秋风原上，目断四天垂。
归云一去无踪迹，何处是前期。
狎兴生疏，酒徒萧索，不似去年时。

（参考资料：薛瑞生校注，《乐章集校注》，中华书局，2012 年）

## 声声慢·寻寻觅觅

李清照

寻寻觅觅，冷冷清清，凄凄惨惨戚戚。
乍暖还寒时候，最难将息。
三杯两盏淡酒，怎敌他、晚来风急！
雁过也，正伤心，却是旧时相识。
满地黄花堆积，憔悴损，如今有谁堪摘？

守着窗儿，独自怎生得黑！
梧桐更兼细雨，到黄昏、点点滴滴。
这次第，怎一个愁字了得！
（参考资料：王仲闻，《李清照集校注》，人民文学出版社，1979 年）

### （四）话本小说

宋代的小说创作继承了魏晋南北朝的志人志怪小说、唐代的传奇小说，逐渐形成了话本小说。话本小说是民间说话艺人的创作，面向的是市民阶层，大多用浅近的文言或通行的白话来讲述故事，更多地表现了世态人情。它既具有口头文学清新活泼的特色，又发扬了志怪、传奇等古代小说的优良传统，在思想性和艺术性上都有一定成就。宋代话本小说是中国小说史上一个重要的发展阶段，其代表作品有《简帖和尚》《错斩崔宁》等。

### 一代文宗元好问

元好问（1190—1257），字裕之，号遗山，世称“遗山先生”，太原秀容（今山西省忻州市）人，金朝文学家、文学批评家。

元好问自幼聪慧，有“神童”之誉。其曾作《箕山》《琴台》二诗，被北方文宗赵秉文嘉赏，因此名震京师，号称“元才子”。金宣宗兴定五年（1221），元好问进士及第。金哀宗正大元年（1224），其又以博学宏词科（一种科举考试科目名）登第，后历任国史院编修、镇平县令、内乡县令、南阳县令、尚书省左司员外郎等职。金朝灭亡后，元好问隐居不仕，于家中潜心著述。

元好问是宋金对峙时期北方文学的主要代表、文坛盟主，又是金元之际文学上承前启后的桥梁，被尊为“北方文雄”“一代文宗”。他擅作诗、文、词、曲。其中，他的诗歌创作成就最高，并以“丧乱诗”奠定了其在文学史上的地位；其词为金朝之冠，可与两宋名家媲美；其散曲虽传世不多，但在当时影响较大，有倡导之功，如其创制的散曲《骤雨打新荷》曾广为流传。

元好问学问深邃，著述宏富。其著有《遗山集》，词集为《遗山乐府》，还编选有诗歌总集《中州集》，保存了大量金朝文学作品。

## 六、元代文学

元曲之美

### （一）元曲

元代文学最高的成就是曲。曲包括杂剧和散曲。杂剧是戏曲，散曲属诗歌，两者均以曲辞为主，总称为“曲”。

元杂剧大多描写元代各阶层，尤其是社会中下层人们的生活和情感故事，还有一些以历史故事为题材的剧本。元散曲是在北方的俗谣俚曲（通俗的歌谣）的基础上发展起来的，一般用抒情、写景、叙事等方式填词，采用清唱形式表演。“元曲四大家”（即关汉卿、白朴、马致远、郑光祖）对元曲的发展做出了重要贡献，代表著作有关汉卿的《窦娥冤》《单刀会》《救风尘》，白朴的《梧桐雨》《墙头马上》，马致远的《汉宫秋》，郑光祖的《倩女离魂》等。此外，王实甫所著的《西厢记》也是中国文学史上的经典之作。

**关汉卿**

关汉卿（约 1230—约 1300），号已斋叟，大都（今北京市）人，又有解州（今山西省运城市西南解州镇）人之说。现知关汉卿所作杂剧有 60 余种，现存《窦娥冤》《救风尘》《拜月亭》《调风月》《望江亭》《单刀会》《蝴蝶梦》《玉镜台》《金线池》《谢天香》《绯衣梦》《西蜀梦》《哭存孝》等 10 多种；《哭香囊》《春衫记》《孟良盗骨》3 种仅存残曲。其戏曲作品题材广泛，内容丰富，多方面地揭示了金元时期的社会现实，表现了古代人民特别是青年妇女的苦难遭遇和斗争精神，塑造了窦娥、赵盼儿、王瑞兰等多种典型的妇女形象。关汉卿的作品大多结构完整，情节生动，曲词率真且精练，对元杂剧和后来戏曲的发展起到较大的作用。其另有散曲作品多种，现存套曲 10 余套，小令 50 余首。

### （二）南戏

南戏是北宋末至元末明初在中国南方兴起的戏曲剧种。它综合了当时众多的艺术形式，以曲牌连缀的形式讲述长篇故事，后逐渐发展和衍变为海盐腔、余姚腔、昆山腔、弋阳腔“四大声腔”，影响了后世的多个剧种。南戏的代表作品有《琵琶记》和“四大传奇”（即《荆钗记》《白兔记》《拜月亭》《杀狗记》）。

## 七、明清文学

### （一）小说

明代的小说创作呈现出空前繁荣的盛况。明代前期，历史题材的章回演义小说《三国演义》是我国长篇小说的开山之作，它和英雄传奇小说《水浒传》共同拉开了明代小说的帷幕。明代中期，小说创作进入了新的发展时期，我国第一部浪漫主义神魔小说《西游记》、第一部由文人独创的世情小说（又称“人情小说”“世情书”，是中国古典白话小说的一种）《金瓶梅》相继问世，为中国长篇小说的发展开拓了新领域。《三国演义》《水浒传》《西游记》《金瓶梅》也被称为明代“四大奇书”。

此外，以冯梦龙的“三言”（《喻世明言》《警世通言》《醒世恒言》）和凌濛初的“二拍”（《初刻拍案惊奇》《二刻拍案惊奇》）为代表的明代短篇小说，在思想内容的深度和广度上也取得了极大的进步。

清代是中国古典小说全面成熟的时期，清代小说是清代文学辉煌的标志。蒲松龄的《聊斋志异》成为文言小说发展史上前无古人后无来者的艺术典范；纪昀的《阅微草堂笔记》是清代笔记体小说的代表作品；袁枚的《子不语》表现出向六朝志怪回归的趋势。

在章回小说方面，诞生了标志中国古典小说现实主义高峰的《红楼梦》。它以贾宝玉、林黛玉、薛宝钗之间的恋爱、婚姻悲剧为中心，写出了以贾府为代表的四大家族由盛而衰的历程。《红楼梦》不仅是古代小说的最高艺术典范，而且是整个中国古典文学的最高峰。此外，其他长篇小说，如《镜花缘》《歧路灯》等也取得了较高的成就。

#### 罗贯中

罗贯中（约1330—约1400），名本，字贯中，号湖海散人，今山西省太原市人，元末明初文学家。其所撰长篇小说《三国志通俗演义》《隋唐两朝志传》《残唐五代史演义》《三遂平妖传》尚传于世，一说《水浒传》也经其“编次”。除了小说创作，其还创作有杂剧《风云会》。

罗贯中被称为“中国章回小说的鼻祖”，对中国小说的发展有划时代的意义。他的章回小说特色是分章叙事，分回标目，每回故事相对独立，段落整齐，但又前后勾连、首尾相接，使所有故事构成统一的整体。除了分回立目，他的章回小说还保存了宋元话本中开头引开场诗，结尾用散场诗的体制。小说正文常以“话说”两字起首，往往在情节展开的紧要关头煞尾，用一句“欲知后事如何，且听下回分解”的套语结束，中间又多引用诗词曲赋作为场景描写或人物评赞等。

### （二）戏剧

明传奇是明代戏剧的主要成就。明代涌现了大批有成就的传奇作家，形成了以汤显祖为代表的强调内容、注重文采的“临川派”，以沈璟为代表的讲究音律的“吴江派”，以及以梁辰鱼为代表的着力辞藻的“昆山派”。明传奇的代表作品有汤显祖的《牡丹亭》、李开先的《宝剑记》、梁辰鱼的《浣纱记》、王世贞的《鸣凤记》。其中，《宝剑记》《浣纱记》《鸣凤记》被称为明代“三大传奇”。

作为清代戏剧的主要成就，清传奇在形式上承继明传奇的体制，且更加完备。康熙时期洪昇的《长生殿》和孔尚任的《桃花扇》并称“南洪北孔”。这两部作品“借离合之情，写兴亡之感”，在思想上和艺术上都代表了这一时期戏剧的最高成就。

### （三）诗词

清代诗人提倡兼学唐宋诗歌的长处，在继承的基础上不断创新，风格多样，流派林立，在数量上和总体成就上都超过了元、明两代，使已经走向衰微的古代诗词又呈现出“中兴”的局面。这一时期的诗词代表作品有顾炎武的《精卫》，黄宗羲的《卧病旬日未已，闲书所感》，王士禛的《初春济南作》，袁枚的《独秀峰》，黄遵宪的《感怀》，纳兰性德的《木兰词·拟古决绝词柬友》《长相思·山一程》，郑板桥的《题竹石画》，龚自珍的《己亥杂诗》等。

传世经典

#### 纳兰性德的诗词名作

**木兰词·拟古决绝词柬友**

人生若只如初见，何事秋风悲画扇。等闲变却故人心，却道故人心易变。
骊山语罢清宵半，泪雨霖铃终不怨。何如薄幸锦衣郎，比翼连枝当日愿。

**长相思**

山一程，水一程，身向榆关那畔行，夜深千帐灯。
风一更，雪一更，聒碎乡心梦不成，故园无此声。

（参考资料：赵秀亭、冯统一笺校，《饮水词笺校》，中华书局，2011 年）

### （四）散文

清初散文可分两类：一类是以黄宗羲、顾炎武、王夫之等为代表的政治散文，主要以学术修养为根底，以政论、史论见长，表现出强烈的时代精神；另一类是以“清初三大散文家”（侯方域、魏禧、汪琬）为代表的文人散文，主要以传记文学为主，文风各具特色，表现出较高的艺术价值。

清代出现了影响深远的散文流派——桐城派，代表人物是方苞、刘大櫆（kuí）、姚鼐（nài），号称“桐城三祖”。他们推崇程朱理学和唐宋八大家，提出义法和神气说，提倡义理、考据和辞章，使古文理论系统化、规范化，在创作上也取得了一定成就。嘉庆年间，恽敬、张惠言开创阳湖派，他们强调在学习唐宋古文的同时，还应兼学诸子百家、史书禅书，主张文章要合骈、散两体之长，增强文学性。

传世经典

### 《长生殿》

《长生殿》是清初剧作家洪昇创作的传奇，共2卷，全剧共50出。前半部分写唐玄宗和杨贵妃在长生殿盟誓，安史乱起，马嵬之变，杨贵妃命殒黄沙的经过。后半部分大都采自野史传闻，写安史之乱后，唐玄宗思念杨贵妃，派人上天入地、到处寻觅她的灵魂，而杨贵妃也深深地挂念唐玄宗。他们的真情感动了上天，在织女星的帮助下，终于在月宫中团圆。

《长生殿》通过描写唐玄宗和杨贵妃之间的爱情故事，反映唐代开元、天宝时期的社会历史生活，表现了强烈的国破家亡之恨（如剧中《弹词》《私祭》两出戏）和爱国思想（集中体现在对郭子仪和雷海青两个人物的描写上）。此外，虽然该剧讲述的是一个浪漫的爱情故事，但剧中又穿插了很多历史事件和反映百姓疾苦的内容，极具现实意义和讽刺意味。

## 书海拾贝

### 古代文学经典推荐

中国五千年的文化尽是精髓，文学经典更是不枚胜举，从《诗经》到汉赋，再到唐诗、宋词、元曲、明清小说和戏剧，不同的文学体裁交相辉映，展现出中华文明的辉煌历史，是我国传统文化中的璀璨明珠。表1-4-1中列举了部分古代文学经典著作，可供学生阅读。

表 1-4-1　中国古代文学经典推荐

| 序号 | 书名 | 内容简介 | 推荐理由 |
|---|---|---|---|
| 1 | 《搜神记》 | 《搜神记》由东晋史学家干宝编撰，全书 20 卷，共有 454 个故事。其内容多为神灵怪异之事，也有不少民间传说和神话故事。文章设想奇幻，极富浪漫主义色彩 | 《搜神记》是除《楚辞》《淮南子》外，记载神灵传说的集大成之作 |
| 2 | 《世说新语》 | 《世说新语》又名《世说》，是南朝宋时所作的文言志人小说集。其内容主要是记载东汉后期到魏晋期间一些名士的言行与轶事，反映了当时名士世族的生活状态 | 《世说新语》是魏晋南北朝时期笔记体小说的代表作，是我国最早的一部文言志人小说集。鲁迅先生称它为"一部名士底（的）教科书" |
| 3 | 《文心雕龙》 | 《文心雕龙》是南朝文学理论家刘勰（xié）创作的一部理论系统、结构严密、论述细致的文学理论专著。全书共 50 篇，用精美的骈文写成 | 《文心雕龙》在论述具体的文学创作活动时，抛弃了抽象的说教，表达了朴素的唯物主义文学观。同时，它对文学创作和文学批评、文学的特点和规律等一系列问题，提出了精湛透彻的见解，富于独创性 |
| 4 | 《白氏长庆集》 | 《白氏长庆集》又名《白氏文集》《白香山集》，是唐代诗人白居易的诗文合集。此书共 75 卷，现存 71 卷 | 《白氏长庆集》全面反映了白居易的文学创作成就和文学主张，对我国现实主义诗歌理论的发展有巨大贡献 |
| 5 | 《三国演义》 | 全名为《三国志通俗演义》，又称《三国志演义》，由明代罗贯中所著。《三国演义》以描写战争为主，述说了从东汉末年的群雄割据混战，魏、蜀、吴三国之间的政治和军事斗争，一直到司马炎一统三国、建立晋朝的故事，反映了三国时期各类社会斗争与矛盾的转化，并概括了这一时代的历史巨变，塑造了一群叱咤风云的三国英雄人物 | 《三国演义》是中国第一部长篇章回体历史演义小说，全书展现了三国时代的历史巨变，塑造了一批叱咤风云的英雄人物。近二百个人物形象中，最为突出的是"三绝"：智绝诸葛亮、义绝关羽、奸绝曹操 |
| 6 | 《水浒传》 | 《水浒传》是明代文学家施耐庵所著的一部英雄传奇的章回体长篇小说。它以北宋末年宋江起义为主要故事背景，形象地描绘了农民起义从发生、发展直至失败的全过程，深刻揭示了起义的社会根源，满腔热情地歌颂了起义英雄的反抗斗争和他们的社会理想 | 《水浒传》是中国古代第一部描写农民起义的小说。书中的人物众多，各有特色；小说情节跌宕起伏，引人入胜 |
| 7 | 《西游记》 | 《西游记》是明代吴承恩所著，以"唐僧师徒西天取经"这一故事为蓝本，通过艺术加工，深刻地描绘了当时的社会现实 | 《西游记》是中国古代第一部浪漫主义章回体长篇神魔小说 |

续表

| 序号 | 书名 | 内容简介 | 推荐理由 |
| --- | --- | --- | --- |
| 8 | “三言二拍” | “三言二拍”是明代五本著名传奇小说集的合称。“三言”是指明代冯梦龙编纂的《喻世明言》《警世通言》《醒世恒言》，这些作品题材广泛，内容复杂，从各个角度不同程度地反映了当时市民阶层的生活面貌和思想感情。“二拍”是指凌濛初所编的《初刻拍案惊奇》《二刻拍案惊奇》，是作者根据野史笔记、文言小说和当时的社会传闻创作的，反映了市民生活、社会风气及人们渴望平等的自由主义思想 | “三言二拍”是我国文学史上第一部规模宏大的白话短篇小说总集，也是白话短篇小说发展历程上，由民间艺人口头艺术转为文人作家案头文学的第一座丰碑，是中国古典短篇白话小说的巅峰之作 |
| 9 | 《红楼梦》 | 《红楼梦》又名《石头记》，由清代作家曹雪芹所著。小说以贾、史、王、薛四大家族的兴衰为背景，以大荒山青埂峰下顽石幻化的通灵宝玉为视角，以贾宝玉与林黛玉、薛宝钗的爱情婚姻悲剧为主线，展现了中国古代的社会百态 | 这部作品展现了深刻的人性美和悲剧美，是一部具有高度思想性和艺术性的伟大作品，被列为中国古典四大名著之首 |
| 10 | 《古文观止》 | 《古文观止》是清代吴楚材、吴调侯编著的一本供学生学习文言文的文学读本，收录了自春秋战国到明朝间的各类史书记载、名人传记、大臣上疏、皇帝诏书、书信序文、文学小品文等 222 篇文章，体裁多样、类型丰富 | 《古文观止》中的文章难度不一、篇幅较短，可以使读者循序渐进、由易到难，一步一步地走近中国古典文学，欣赏奇美绚烂的文学美景。正所谓：“一册在手，便可与古相接；足不出户，即览历代精华。” |

## 文化实践

### 一、邂逅书卷里的黄河文化

奔腾不息的黄河流经山西 965 千米，不仅滋润着这片土地，还孕育出辉煌灿烂的黄河文化。以农耕文化为底色的黄河文化奠定了中华文明的根脉。尧定立法、舜耕历山这些传说承载和寄托着黄河流域儿女们对文明起源和先祖的认知，也增强了华夏儿女在心理上和情感上的联结，提升了民族凝聚力。

为了深入挖掘和传承黄河文化，鼓励学生走出课堂，在书的海洋中寻找精神食粮、充实自我、丰富生活，请在班级内组织一次书评大会。

（1）每名学生选择一本自己喜欢的，并能体现黄河文化的中国文学作品，写出书评。

（2）全班学生以 5～7 人为一组进行分组，组员将自己的书评在组内进行展示并互评，将相关信息填入表 1-4-2 中。

表 1-4-2　书评展示及评价表

<table>
<tr><td>班级</td><td></td><td>组号</td><td></td><td>指导教师</td><td></td></tr>
<tr><td>小组成员姓名</td><td colspan="2">推荐书目</td><td>展示方式</td><td colspan="2">书评内容</td></tr>
<tr><td></td><td colspan="2"></td><td></td><td colspan="2"></td></tr>
<tr><td></td><td colspan="2"></td><td></td><td colspan="2"></td></tr>
<tr><td></td><td colspan="2"></td><td></td><td colspan="2"></td></tr>
<tr><td></td><td colspan="2"></td><td></td><td colspan="2"></td></tr>
<tr><td></td><td colspan="2"></td><td></td><td colspan="2"></td></tr>
<tr><td></td><td colspan="2"></td><td></td><td colspan="2"></td></tr>
<tr><td></td><td colspan="2"></td><td></td><td colspan="2"></td></tr>
</table>

（3）各组选出本组最佳书评，在全班展示。展示的方式可以是朗诵、解说、多媒体展示、评论等形式。

## 二、读书情况调查

了解身边同学在课外阅读方面的基本情况，通过调查的数据，得出结论，发现阅读中存在的一些问题，有针对性地提出合理化建议，为今后阅读提供指导和帮助。

请根据以下步骤在全校范围内开展“读书情况调查”活动。

（1）全班学生以 5～7 人为一组进行分组，各组选出一名组长。由组长进行任务分工，并制订出具体的工作计划。各组将小组成员及分工情况填入表 1-4-3 中。

表 1-4-3　小组成员及分工情况

<table>
<tr><td>班级</td><td></td><td>组号</td><td></td><td>指导教师</td><td></td></tr>
<tr><td>小组成员</td><td>姓名</td><td>学号</td><td colspan="3">任务分工</td></tr>
<tr><td>组长</td><td></td><td></td><td colspan="3"></td></tr>
<tr><td rowspan="6">组员</td><td></td><td></td><td colspan="3"></td></tr>
<tr><td></td><td></td><td colspan="3"></td></tr>
<tr><td></td><td></td><td colspan="3"></td></tr>
<tr><td></td><td></td><td colspan="3"></td></tr>
<tr><td></td><td></td><td colspan="3"></td></tr>
<tr><td></td><td></td><td colspan="3"></td></tr>
</table>

（2）按照分工计划在全校范围内开展问卷调查活动，统计阅读情况，并将具体的调查情况记录在表 1-4-4 中。

表 1-4-4　学生读书情况调查汇总

<table>
<tr><td>小组成员姓名</td><td></td><td>发放问卷数量</td><td></td></tr>
<tr><td>收回问卷数量</td><td></td><td>每天读书的学生比例</td><td></td></tr>
<tr><td colspan="2">调查情况统计</td><td colspan="2">具体内容</td></tr>
<tr><td colspan="2" rowspan="2">学生最喜欢读的书籍</td><td colspan="2">类型：</td></tr>
<tr><td colspan="2">原因汇总：</td></tr>
<tr><td colspan="2" rowspan="2">学生不喜欢读的书籍</td><td colspan="2">类型：</td></tr>
<tr><td colspan="2">原因汇总：</td></tr>
<tr><td colspan="2">学生读书建议</td><td colspan="2"></td></tr>
</table>

（3）各组根据调查情况，撰写调查报告。

## 学习成果评价

学生和教师根据学生的实际学习成果开展自我评价、组间互评和教师评价，并将评价结果填写在表 1-4-5 所示的学习成果评价表中。

表 1-4-5　学习成果评价表

| 教学过程 | 内容（任务点） | 评价 | | |
|---|---|---|---|---|
| | | 学生自评（20%） | 组间互评（30%） | 教师评价（50%） |
| 课前 | 能够简要叙述古代文学的发展脉络 | | | |
| 课中 | 能够准确说出各个时期文学作品的主要形式，文学代表人物及其代表作品 | | | |
| | 能够准确分析中国古代优秀散文作品中的重点字词，厘清文章脉络，掌握文章主旨 | | | |
| | 能够准确分析中国古代优秀诗词作品的语言、表达技巧和思想内容 | | | |
| | 能够准确分析中国古代优秀小说作品的叙述手法、人物形象、故事情节 | | | |
| 课后 | 能够对中国古代优秀文学作品中的价值观念提出自己独到的见解 | | | |
| | 能够自觉提升自身的文学素养 | | | |
| 专业点评 | | | | |

# 模块五　中国古代技艺

## 学习目标

- 了解剪纸、年画、皮影戏、刺绣等中国传统民间技艺的主要特点。
- 能够深刻理解中国传统民间技艺中的文化内涵。
- 感受传统民间技艺的魅力，培养爱国主义情怀。

## 文化讲堂

中国传统民间技艺是从民间传承下来的手艺或表演艺术，包括剪纸、年画、皮影戏、刺绣、舞龙、舞狮、泥塑等。每一门技艺都用自己特定的表现方式，传达出中国传统文化的内涵和本质。本节主要介绍剪纸、年画、皮影戏和刺绣 4 种传统民间技艺。

### 一、剪纸

剪纸是一种用剪刀或刻刀在纸上剪刻花纹，用于装点生活或配合其他民俗活动的民间艺术。中国剪纸艺术自诞生以来，就充实于多种民俗活动中，是中国民间历史文化内涵最为丰富的艺术形态之一。

剪纸传承赓续的视觉形象和造型格式，蕴含了丰富的历史文化信息，表达了人们的社会认知、道德观念、实践经验、生活理想和审美情趣，具有认知、教化、表意、抒情、娱乐、交往等多重社会价值。

南宋时期，出现了以剪纸为职业的手工艺人。据记载，杭州专门有“剪镞（zú）花样”者，有的善剪“诸家书字”，有的专剪“诸色花样”。南宋周密在《志雅堂杂钞》记载：“向旧都天街，有剪诸色花样者，极精妙，随所欲而成……有少年能手于衣袖中剪字及花朵之类。”此处提到的“剪诸色花样者”表明当时已经出现了职业剪纸手工艺人。明清时期，剪纸手工艺术逐渐发展成熟，并达到鼎盛。

按照地域的不同，我国的剪纸艺术可以分为江苏南京剪纸、扬州剪纸（见图 1-5-1），河北蔚县剪纸（见图 1-5-2），陕西安塞剪纸等；按照纹样的不同，可以分为人物剪纸、鸟兽剪纸、文字剪纸、山水剪纸等；按照寓意的不同，可以分为纳吉祝福剪纸（见图 1-5-3）、祛邪剪纸、除恶剪纸、劝勉剪纸、警戒剪纸、趣味剪纸等；按照用途的不同，可以分为装饰类剪纸、俗信类剪纸、稿模类剪纸、设计类剪纸等。

2006 年 5 月，剪纸艺术经国务院批准列入第一批国家级非物质文化遗产名录；2009 年 9 月，在联合国教科文组织保护非物质文化遗产政府间委员会第四次会议上，中国剪纸项目入选“人类非物质文化遗产代表作名录”。

图 1-5-1　扬州剪纸

图 1-5-2　蔚县剪纸

图 1-5-3　纳吉祝福剪纸

视野纵横

## 山西剪纸

山西剪纸具有北方地区剪纸粗犷、简练、纯朴的特点。然而，由于地域环境、生活习俗、审美观念的差异，山西各地剪纸特色也有着较为明显的差异。例如，晋南、晋中、晋东南、晋西北和吕梁山区的剪纸大多为单色剪纸，风格质朴且粗犷，以中阳剪纸（见图 1-5-4）为代表。而在雁门关以北地区流行的染色剪纸，风格则婉约典雅、富丽堂皇，以广灵剪纸（见图 1-5-5）为代表。

中阳剪纸构图巧妙，往往采用对称、均衡、连续等手法，使画面既有秩序感又不失生动活泼。制作工艺独特，通常采用红纸、绿纸等为原料，运用剪、刻、拼贴等技法，创造出各种各样的剪纸作品。广灵剪纸则以刀刻为主，剪裁为辅，阴刻阳镂结合，色彩深浅相间，冷暖色调对比鲜明，艺术风格独特。广灵剪纸构图生动，刀法细腻，表现力强，形象传神，在材料选择和染色方面也非常考究，且包装制作工艺精细，在世界剪纸艺术长廊中独树一帜。

指尖上的艺术——广灵剪纸

图 1-5-4　中阳剪纸

图 1-5-5　广灵剪纸

## 二、年画

年画始于古代的“门神”，清光绪年间，被正式称为“年画”，多在新年时张贴，蕴含祝福新年吉祥喜庆之意。传统民间年画多用木版水印制作。旧年画因画幅大小、加工繁简和制作时间的不同而有不同称谓：整张大的叫“宫尖”，一纸三开的叫“三才”；加工多而细致的叫“画宫尖”“画三才”；颜色上用金粉描画的叫“金宫尖”“金三才”；六月以前制作的叫“青版”，七、八月以后制作的叫“秋版”。

中国民间年画分布广泛，明中叶以后，刻印年画的作坊几乎遍及全国，年画在历史长河中逐步形成了不同的艺术风格和鲜明的地方特色，开封朱仙镇木版年画（见图 1-5-6）、天津杨柳青年画（见图 1-5-7）、苏州桃花坞木版年画、广东佛山木版年画等都久负盛名，各有千秋。

图 1-5-6　开封朱仙镇木版年画

图 1-5-7　天津杨柳青年画

文化溯源

## 年画

年画是一种古老的民间艺术，起源于古代“门神”。据《隋唐演义》记载，唐太宗李世民生病时，梦里常听到鬼哭神嚎之声，以至夜不成眠。尉迟恭与秦琼得知此事前来探望，大将秦琼说：“陛下宽心，臣戎马一生，杀敌如切瓜，收尸犹聚蚁，何惧鬼魅？臣愿同尉迟恭披坚执锐，把守宫门。”李世民准奏，二人谢恩而出。当晚两位将军各取披挂穿戴整齐，金盔银甲，威风凛凛，持剑举斧在宫门外把守。一夜间，李世民果然安寝无事。自此以后，二将夜夜守卫宫门。后来李世民不忍二将辛苦，便命人寻找丹青妙手，将尉迟恭和秦琼披挂在身的真容绘于纸上，贴在宫门之上，前宫门从此平安无事。这件事很快在民间传开了，此后，人们便将尉迟恭和秦琼二将称为“门神”。

（参考资料：中国政府网，有改动）

视野纵横

## 平阳木版年画

平阳木版年画是流传于山西省临汾市及周边地区的一种民间美术样式，是中国“年文化”的产物。其始于宋金时期，盛于元代，至明清时期进入发展的黄金时期。其制作需要 3 个环节：一是刻制木版；二是染色套色；三是印刷。宋金时期，晋南一带的造纸、刻版、印刷业已相当发达，这是其成为木版雕印发源地的重要原因。明清时期，山西省临汾市及周边地区有大小作坊百余户，每年印刷发行木版年画共计近 1 亿张。

平阳木版年画有以下 3 个特征：一是门神画多，其作用之一是驱邪镇宅，如秦琼、尉迟恭门神画和钟馗年画等，作用之二是降祥纳福，如供奉灶神、财神、天地神、福禄寿三神的年画等；二是戏剧人物画多，晋南是中国元代戏曲的发祥地，为了迎合当地人民的喜好，民间艺人就把戏曲和美术融为一体；三是民俗画多，包括“六畜兴旺”“五谷丰登”“四季平安”“四季美人图”“麒麟送子”“吉庆有余”等民俗年画。

平阳木版年画作为一种综合艺术，将木版雕刻技法、色彩、线条、题材融为一体，是民间艺人智慧的结晶。

（参考资料：中国非物质文化遗产网，有改动）

## 三、皮影戏

皮影戏（见图 1-5-8），又称“影子戏”“灯影戏”，是一种以兽皮或纸板做成的人物剪影来表演民间故事的戏剧。2011 年，皮影戏入选人类非物质文化遗产名录。

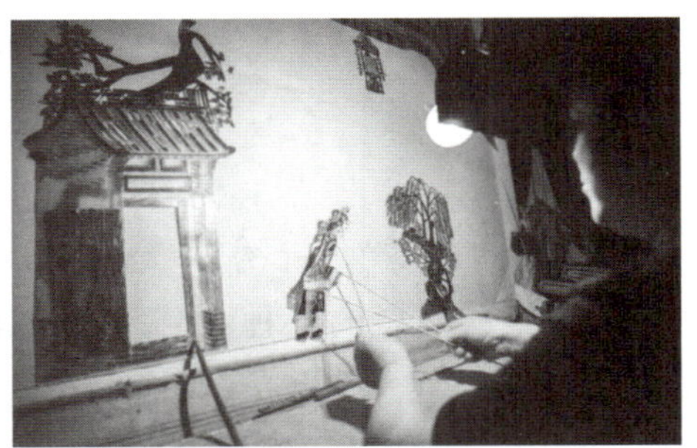

图 1-5-8　皮影戏

皮影的制作通常要经过选皮、制皮、潮皮、过稿、雕刻、敷彩、发汗熨平、缀结装订八道工序。其艺术创意汲取了中国汉代帛画、画像石、画像砖和唐宋寺院壁画的手法与风格，人物造型与戏剧人物一样，生、旦、净、丑等角色齐全。表演时，在打击乐器和弦乐的伴奏配合下，皮影戏艺人在白色幕布后，一边操纵影人，一边用当地流行的音乐唱腔讲述故事，将故事情节演绎得声情并茂、动人心弦，有的武打场面更是枪来剑往、上下翻腾、热闹非凡，具有浓厚的乡土气息。

皮影戏历史悠久。据史书记载，皮影戏始于西汉，兴于唐朝，元代传至西亚和欧洲。清代的皮影戏无论是影人造型、制作水平，还是演技唱腔，都达到了历史巅峰。当时很多官第王府、豪门望族、乡绅大户，都以请名师刻制影人、配置精工影箱、私养影班为荣。民间乡村或城镇，大大小小皮影戏班比比皆是。在当时，无论喜庆丰收、祈福拜神，还是嫁娶宴客、添丁祝寿，都少不了搭台唱影，有时连本戏（连续剧）通宵表演甚至连续表演十天半个月。逢年过节时，一个庙会可能会出现几个影班搭台对擂唱影，热闹非凡，其盛况可想而知。

视野纵横

### 孝义皮影戏

孝义皮影戏是我国皮影戏的重要流派，因其流行于山西省孝义市而得名。据史料记载，孝义皮影戏在宋金时期已有班规、雕簇者存在，表明当时孝义皮影戏已经发展成熟。经过专家考证，孝义皮影戏起源于战国时期，孝义也是我国皮影戏发源地之一。

孝义皮影戏以麻纸糊窗作为投影屏幕，利用悬吊在纸窗后的麻油灯进行投影，因此也被称为“灯影儿”“纸窗子”。纸窗的面积一般为 1.75 米×1.21 米。制作纸窗的工序可分为裁纸、毛边、对口、粘贴、平整等 5 道，其窗面平整无皱，雪白无瑕。

在明代之前，孝义皮影的雕刻材料主要是羊皮，皮影体高为 58～60 厘米，俗称“二尺影”。孝义皮影的造型粗犷，简练夸张，线条遒劲有力，极富韵味。

（参考资料：中国非物质文化遗产网，有改动）

## 四、刺绣

刺绣又称“丝绣”“针绣”，是用绣针引线，将设计的花纹在纺织品上刺绣运针，以绣迹构成图案或文字的一种工艺。在中国古代，由于刺绣多为女性所作，故常被称为“女红”。

据《尚书·益稷》记载，早在远古时期，人们就用刺绣的方法将宗彝、藻、火、粉米等纹样装饰在衣服上。商周时期，已有专门的纺织业和缝纫业，还设有专管蚕事的文官“女蚕”。春秋战国和秦汉时期是中国刺绣发展史上的第一个极盛时期，汉代王充《论衡》记载：“齐郡世刺绣，恒女无不能。”足以说明当时刺绣技艺已经普及。在我国汉代墓葬中出土的文物中，大多都有刺绣绣品，如湖北江陵马山一号出土的战国“龙凤纹绣”、湖南长沙马王堆汉墓出土的刺绣残片（见图 1-5-9）等。这些刺绣虽然在地下埋藏了千年之久，但是它们出土时仍然精美绝伦，配色、针工都运用得恰到好处。

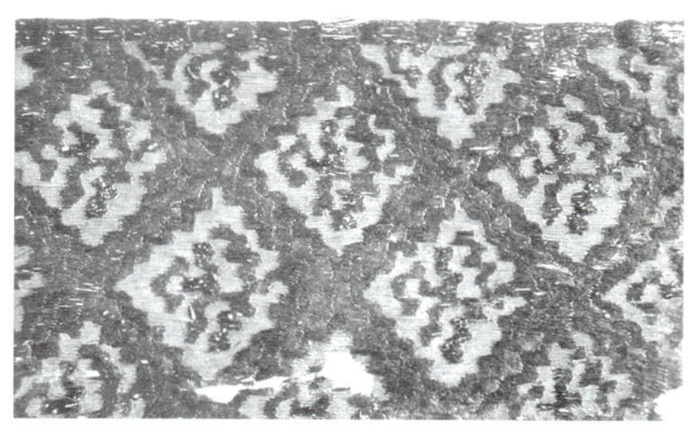

图 1-5-9　马王堆汉墓出土的刺绣残片

宋代是中国刺绣艺术发展的高峰，设立了文绣院，绣工约 300 人。这一时期的刺绣，针法基本齐备，构图简练，形象生动，设色精妙，做工精巧。人们还改良了刺绣工具和材料，开始使用精制钢针和发细丝线，其针法极细密，色彩运用淡雅素净。例如，江苏金坛出土的南宋绛色罗贴绣牡丹纹褡裢（见图 1-5-10），用薄绢剪成牡丹花叶的形状，再用锁绣辫子股针法绣制花叶轮廓和花茎，图案布局匀称，针法严密，反映了当时的刺绣技艺已达到了炉火纯青的地步。

图 1-5-10　南宋绛色罗贴绣牡丹纹褡裢

元代继承了唐宋刺绣的审美与技艺，出现了贴绫绣法，使绣品富有立体感。明清时期，刺绣广泛流行于社会各阶层，逐渐形成了各具特色的地方体系，产生了“四大名绣”，即江苏的苏绣、湖南的湘绣、广东的粤绣、四川的蜀绣。此外，很多少数民族，如维吾尔族、彝族、傣族、布依族、瑶族、苗族、土家族、侗族、白族、壮族、蒙古族、藏族等，也都有各具特色的民族刺绣。这些各具风格的绣种沿传迄今，历久不衰。

**视野纵横**

### 山西刺绣

山西刺绣具有悠久的历史，其题材广泛，图案纯朴，色彩艳丽，针法多样，充分展现了山西的风土人情。其中，忻州刺绣和晋南民间刺绣最具影响力。

忻州刺绣以造型夸张、花色繁多、配线大胆艳丽为特点，主要分为服饰、生活用品、祭品 3 类，以山西省忻州市繁峙县的绣品为代表。忻州刺绣的题材以山水、人物、花鸟为主，通过设计、描稿、上绷、勾绷、配线、刺绣、装裱、检验等 8 道工序，运用直绣、斜针、盘针、戗针、套针、施针、辅针、打籽针、钉金针、擞和针、长短针、虚实针、倒扣针、散错针等近20种针法，使绣品具有吉祥、喜庆的意义和较高的观赏价值。

晋南民间刺绣则以民间喜闻乐见的内容为题材，如孔雀开屏、喜鹊登梅、松鹤延年、二龙戏珠、凤凰牡丹等。在色彩运用上，晋南民间刺绣常采用强烈的对比色，如底色选用红色、绿色、蓝色、黑色等颜色，所绣的纹样则用淡雅的颜色。在刺绣针法的运用上，晋南民间刺绣主要用斜针、平针、散针绣、打子绣、套扣绣、盘金绣等多种针法，创作出许多不同风格的绣品。

## 晋韵华彩

### 一、中阳剪纸

中阳剪纸是山西省吕梁市中阳县的一种民间剪纸艺术，其以精湛的剪纸技艺和丰富的文化内涵成为民间艺术中的瑰宝。

中阳剪纸具有古朴典雅、明快简洁的特点，反映了中阳人民的生活习俗和审美观念。根据表现内容的不同，中阳剪纸主要分为 4 类：① 以人物、植物、动物、器物为内容的剪纸，如《枣山娃娃》（见图 1-5-11）、《坐莲娃娃》（见图 1-5-12）等；② 以岁时节令为题材的剪纸，如《十二月民俗图》、《五月初五过端午》（见图 1-5-13）；③ 以流传在中阳县境内的中华古老神话、中国古代传说和民间故事为题材的剪纸，如《裴宣斩子》（见图 1-5-14）、《张屠夫升仙记》、《猪八戒吃西瓜》等；④ 以象征吉祥的纹样（如囍、寿、福、元宝、葫芦等）为内容的剪纸，表达了劳动人民对美满幸福生活的向往与追求。

图 1-5-11 《枣山娃娃》

图 1-5-12 《坐莲娃娃》

图 1-5-13　《五月初五过端午》

图 1-5-14　《裴宣斩子》

## 二、高平绣活

高平绣活是流行于山西省高平市及周边地区的民间刺绣艺术，是晋绣技艺的代表之一，在中国刺绣艺术中占有一席之地。其在 2006 年被列为山西省第一批省级非物质文化遗产，在 2008 年入选第二批国家级非物质文化遗产保护项目名录。

高平绣活可分为丝线绣和布贴绣。丝线绣有平针绣、打籽绣、盘金绣、披金（银）绣等针法。平针绣比较常用，具有光洁、细腻、表现力丰富的特点。打籽绣是指每绣一针，就将丝线绕成粒状小疙瘩，然后将这些小疙瘩细密地排列成形，具有结实耐磨的特点，一般在儿童的帽尾巴、针线绣包、绣鞋上使用这种针法。盘金绣是一种装饰手法，是指先用金线盘曲成形，再将其爬绣在底缎上。披金、披银绣则是先将金、银箔片剪成形，附在底缎上，然后再用丝线沿形状边缘绣牢，这样，造型的外缘均是由金银箔勾勒成的线条，显得画面艳丽。布贴绣是指对服装裁剪所剩各色布头加以利用的一种艺术，制作时按照构思将布头剪裁成一定的图形，再堆贴在底缎上锁边，完成的绣品朴素大方，色彩艳丽。

高平绣活多以花卉（见图 1-5-15）、瓜果、虫鱼、蝴蝶、吉祥鸟和瑞兽等形象组成各种吉祥图案，如双龙戏珠、凤穿牡丹、贵子折莲、鱼戏莲、猴捧桃、麒麟送子、蝴蝶扑瓜、喜鹊闹梅、鹿衔梅枝、狮子滚绣球、鱼莲娃娃等。此外，高平绣活还经常将戏曲中的人物和情节作为表现内容，如图 1-5-16 所示。

图 1-5-15　高平绣活《花团锦簇》局部

图 1-5-16　高平绣活《牛郎织女》

在色彩运用上，高平绣活的最大特点是色彩鲜艳，对比强烈，一般采用黑、蓝、红、紫或淡蓝为主色，用鱼肚白做衬色，整体色彩明朗而不耀眼，强烈而不刺目，如图 1-5-17 所示。在表现手法上，为了增强装饰效果，高平绣活常将表现内容加以夸张变形，不求形似，只重神采，且构图饱满。

图 1-5-17　色彩鲜艳的高平绣活

## 文化实践

### 一、山西民间技艺体验

（1）全班学生以 5～7 人为一组进行分组，在组内讨论并选择一项山西民间技艺进行体验。

（2）各组根据自己选择的民间技艺，查阅相关资料，了解相关内容。

（3）邀请相关的专业人士进行现场教学，或者观看网上的视频教学进行学习，并动手体验。

（4）体验结束后，将完成的作品在全班展览，并与同学互相交流学习经验。

（5）请学生在活动结束后，写一份心得体会。

## 二、山西非遗调查

非物质文化遗产是指世界各族人民世代相传，并视为其文化遗产组成部分的各种传统文化表现形式，以及与传统文化表现形式相关的实物或场所。它是一个国家和民族历史文化成就的重要标志，是优秀传统文化的重要组成部分。

请按照以下步骤对山西省的非物质文化遗产进行调查，并完成调查报告。

（1）全班学生以 5～7 人为一组进行分组，各组选出组长并进行任务分工，将小组成员及分工情况填入表 1-5-1 中。

表 1-5-1　小组成员及分工情况

| 班级 | | 组号 | | 指导教师 | |
|---|---|---|---|---|---|
| 小组成员 | 姓名 | 学号 | 任务分工 | | |
| 组长 | | | | | |
| 组员 | | | | | |
| | | | | | |
| | | | | | |
| | | | | | |
| | | | | | |
| | | | | | |

（2）按照分工计划开展山西非遗调查，并将具体的实施情况记录在表 1-5-2 中。

表 1-5-2　实施情况

| 时间安排 | 实施步骤 |
|---|---|
| | 1. 确定本组使用的信息搜集方法，包括： |
| | 2. 山西省现有的非物质文化遗产主要包括（至少列举 10 项）： |
| | 3. 山西省正在申请（或有望申请）成为世界非物质文化遗产的有（至少列举 3 项）： |

续表

| 时间安排 | 实施步骤 |
|---|---|
| | 4．山西省的非物质文化遗产对发展和弘扬中华优秀传统文化的意义： |
| | 5．山西省还有哪些传统民间技艺需要得到发展和保护？ |
| | 6．怎样更好地发展和保护山西省的民间传统技艺？ |
| | 7．汇总调查结果，撰写调查报告。 |

## 学习成果评价

学生和教师根据学生的实际学习成果开展自我评价、组间互评和教师评价，并将评价结果填写在表 1-5-3 所示的学习成果评价表中。

表 1-5-3　学习成果评价表

| 教学过程 | 内容（任务点） | 评价 | | |
|---|---|---|---|---|
| | | 学生自评（20%） | 组间互评（30%） | 教师评价（50%） |
| 课前 | 能够简要叙述中国传统民间技艺的文化内涵 | | | |
| 课中 | 能够准确说出剪纸、年画、皮影戏、刺绣等中国传统民间技艺的主要特点 | | | |
| | 能够主动参与课堂活动 | | | |
| 课后 | 能够积极参与传统民间技艺体验项目 | | | |
| | 能够做到结合自身体会，弘扬传统民间技艺 | | | |
| 专业点评 | | | | |

# 模块六　中国传统节日

## 学习目标

- 了解中国传统节日的主要内容和文化内涵。
- 能够注意中国传统节日文化禁忌，用言行举止规范表达基本礼仪礼节。
- 珍视中华优秀传统文化，增强对中国传统节日文化的认同感和保护传统节日文化的使命感。

## 文化讲堂

在中国，每一个传统节日都有其特殊的历史渊源，以及深厚的文化内涵，反映了一个民族的传统习惯、道德风尚和宗教观念，清晰地记录着各民族丰富多彩的社会文化内容，积淀着中华民族博大精深的历史文化内涵，同时也寄托了中国人民对美好生活的向往与追求。

## 一、传统节日

在漫长的历史发展过程中，中华民族逐渐形成了具有民族特色的传统节日，具有代表性的有春节、元宵节、二月二、清明节、端午节、七夕节、中秋节、重阳节、腊八节、祭灶节等。

### （一）春节

春节，俗称“年节”“过年”，是中华民族最隆重、最盛大、最热闹的传统佳节。春节起源于殷商时期年头岁尾的祭神祭祖活动，古称“元旦”，“元”是“初始”的意思，“旦”是一个象形字，表示太阳从地平线上冉冉升起。在我国采用公元纪年后，将公历的 1 月 1 日定为元旦，农历的正月初一定为春节。传统意义上的春节是从腊月初八的腊祭或腊月二十三的祭灶，一直持续到正月十五，其中以除夕和正月初一为庆祝节日的高潮。

春节前夕，家家户户都要掸灰尘、贴春联、贴福字、祭祖、洗头沐浴、张灯结彩。除夕之夜，阖家欢聚，燃爆竹、吃年夜饭、守岁、叙旧话新。岁后亲朋好友拜年、长辈发压岁钱。春节期间，家家户户都洋溢着欢乐祥和的气氛，一些地方的街市上也是热闹非凡，有舞狮子、耍龙灯、游花市、逛庙会等活动，人们逛街游玩、走亲访友，盛况空前。

## 文化溯源

### 除夕

除夕（农历腊月二十九或腊月三十），又称“大年夜”“除夜”。除夕，即岁除之夜，有除旧布新、阖家团圆、祭祀祖先的习俗。

除夕的年夜饭，是人们最看重的家庭宴会。无论相隔多远，人们都希望全家人围坐在一起吃一顿团圆饭，因此，年夜饭也叫“合家欢”。年夜饭通常比较丰盛，有大菜、冷盆、热炒、点心等，且家家户户都少不了“鱼”这道大菜，“鱼”和“余”同音，象征“吉庆有余”“年年有余”。此外，还有各种寓意吉祥的食物，如龙虾、爆鱼等煎炸食物，寓意着家运兴旺；萝卜俗称“菜头”，预示来年有好彩头；豆芽菜形似“如意”，吃后能够事事如意；杏仁中的“杏”和“幸”同音，吃后代表“幸福来”等。年夜饭的主食有南北地区之差，北方吃饺子，有“更岁交子”之意，寓意喜庆团圆、吉祥如意；南方很多地区吃年糕，象征生活年年高升。

除此之外，除夕这天人们还会通宵守夜，待农历旧岁新岁交替时刻一到，一同迎接新岁到来。

### （二）元宵节

元宵节，又称“灯节”，时间为每年的农历正月十五。元宵节的形成有一个较长的过程，据史料记载，正月十五在西汉已经受到重视，汉武帝正月上辛夜在甘泉宫祭祀“太一”的活动，被后人视作正月十五祭祀天神的先声。而东汉佛教文化的传入，对于元宵节的形成有着重要的推动意义。司马迁创建《太初历》，将元宵节列为重大节日。隋、唐、宋以来，更是盛极一时。《隋书·音乐志》曰：“每当正月，万国来朝，留至十五日于端门外建国门内，绵亘八里，列为戏场。”参加歌舞者足达数万，从昏达旦，至晦而罢。

元宵节是新年的第一个月圆之夜，正月是农历的元月，古人称夜为“宵”，所以把一年中第一个月圆之夜正月十五称为元宵节。节日当晚，人们赏花灯（见图 1-6-1）、猜灯谜、看演出，非常热闹。此外，人们在节日期间还有吃元宵的食俗，故称“元宵节”。元宵呈圆形，象征着一家人团团圆圆。另外，因灯与“丁”谐音，民间还有元宵节“送花灯”的习俗，寓意求子添丁。

图 1-6-1　花灯

### （三）二月二

“二月二”即指农历的二月初二，民间有“二月二，龙抬头”的说法，所以，此节日又被称为“龙抬头”。农历二月初二正是惊蛰前后，春回大地，万物复苏，蛰伏在泥土或洞穴中的昆虫蛇兽从冬眠中醒来，传说中掌管云雨的龙也从沉睡中醒来。

大约从唐朝开始，中国人就有过“二月二”的习俗。在这一天，人们习惯用龙来称呼各种食物，如水饺为龙耳、春饼为龙鳞、面条为龙须。此外，民间还有停针、忌磨等禁忌。清代富察敦崇的《燕京岁时记》里写道：“二月二日，古之中和节也。今人呼为龙抬头。是日食饼者谓之龙鳞饼，食面者谓之龙须面。闺中停止针线，恐伤龙目也。”另外，在二月二这天，有剃头的习俗，寓意辞旧迎新。

**文化溯源**

#### 龙的传人

龙是中国古代文化中地位显赫的祥瑞神物，也是和风化雨的主宰。在封建时代，龙是皇权的象征，皇宫使用的器物多以龙为装饰。龙是中华民族的精神象征，因此中国人自称“龙的传人”。

### （四）清明节

清明节原本是二十四节气之一，随着时间的推移，清明逐渐与和它相邻近的上巳、寒食两个节日相融合。到宋元时期，清明节便成为一个以祭祖扫墓、踏青出游等活动为习俗的传统节日。

清明节这一天，人们会铲除祖坟前的杂草、放上供品、上香祷祝、燃纸金锭等，或简单地献上一束鲜花，以表达对祖先或亲人的思念。人们还会在自家的门窗上插杨柳枝，寄托“思青（亲）”之情。清明节期间，天气转暖，草木复苏，人们除了扫墓，还常常结伴到郊外踏青、放风筝，欣赏春天的美丽风光。

## 介之推与寒食节

关于寒食节的起源有多种说法，一般认为与春秋时期的介之推有关。据说，介之推曾随晋国国君的儿子重耳流亡在外。有一年，介之推和重耳逃到卫国，一个叫做头须（一作里凫须）的随从偷光了重耳的资粮，逃入深山。一时间，重耳没有了粮食，饥饿难忍。为了让重耳活命，介之推把自己腿上的肉割下了一块，与采摘来的野菜一同煮成汤给重耳食用。重耳知道后，大受感动，声称有朝一日做了君王，要好好报答介之推。

后来，重耳重回晋国，成为“春秋五霸”之一的晋文公，他赏赐了追随自己流亡的其他臣属，而没有赏赐介之推，于是介之推带着母亲隐入绵山。晋文公得知后，便亲自带广众人马前往绵山寻访。

谁知绵山蜿蜒数十里，重峦叠嶂，谷深林密，难以找到介之推。晋文公求人心切，听信了小人之言，下令放火烧山。没料到大火烧了三天，仍旧不见介之推出来。后来，有人在一棵烧焦的柳树下发现了介之推母子的尸骨。晋文公悲痛万分，下令厚葬母子二人。

为了纪念介之推，晋文公下令把绵山改名为“介山”，在山上建立祠堂，并把放火烧山的这一天定为寒食节，晓谕全国，每年这天禁忌烟火，只吃寒食。

（参考资料：山西省人民政府网，有改动）

### （五）端午节

农历五月初五为端午节，又称“端阳节”“重午节”“浴兰节”“蒲节”等。关于端午节的起源，自古有“辟邪说”“祭龙说”“纪念屈原说”“纪念勾践操演水师说”“纪念伍子胥或曹娥说”等多种说法。其中流传最广、影响最大的说法是纪念屈原。根据史料记载，公元前 278 年的农历五月初五，楚国大夫、爱国诗人屈原听到秦军攻陷楚国都城的消息后，悲愤交加，写下《怀沙》后，毅然决然抱石自投汨罗江，以身殉国。“纪念屈原”的民间传说影响很大，为端午节增添了强大的文化内涵。

端午节的主要习俗有沐兰汤（草药水）、挂菖蒲、系长命缕（见图 1-6-2）、挂钟馗（kuí）像（见图 1-6-3）、饮药酒、吃粽子、赛龙舟等，其中影响最大的当属吃粽子和赛龙舟。

图 1-6-2　长命缕

图 1-6-3　钟馗像

### （六）七夕节

农历七月初七为七夕节，又称“乞巧节”“女儿节”。“七夕”最早来源于人们对自然天象的崇拜。早在远古时代，古人就对牛郎织女的天象有所认识。到东汉时期，牛郎织女星象出现了人格化的描写：“织女七夕当渡河，使鹊为桥。”七夕因牛郎织女的美丽传说成为爱情象征，被认为是中国最具浪漫色彩的传统节日，更被现代人誉为“中国情人节”。

虽然七夕和牛郎织女传说关系密切，但它是以女性为主体的综合性节日，古时候这一日女子会访闺中密友、祭拜织女、切磋女红、乞巧祈福等。

“乞巧”（见图 1-6-4）的习俗始于汉代，东晋葛洪的《西京杂记》有“汉彩女常以七月七日穿七孔针于开襟楼，人俱习之”的记载。其形式多有翻新，如“穿针乞巧”“喜蛛应巧”“投针验巧”等，其中，“穿针乞巧”是最早的乞巧方式，即女子们比赛穿针引线，穿得越快，就意味着乞到的巧越多。

### （七）中秋节

农历八月十五为中秋节。根据我国传统历法，一年分为四季，每季又分为孟、仲、季三个阶段，农历八月为秋季的第二个月，故称为“仲秋”，而八月十五又在“仲秋”之中，故称“中秋”。

关于中秋节的起源有两种说法。一说它起源于古代帝王秋天祭月的礼制。东汉应劭注《汉书》云：“天子春朝日，秋夕月，朝日以朝，夕月以夕。”夕月就是祭月亮，说明早在春秋时期，帝王就已开始祭月拜月。后来，贵族官吏和文人学士也相继效仿，逐步传到民间。直到正式把八月十五定为中秋节后，中秋节才真正从岁时节日成为固定的民间节日，至明清时，中秋节已与元旦齐名，成为我国的主要节日之一。二说中秋节的起源与农业生产有关。秋天是收获的季节，八月中秋，农作物和各种瓜果陆续成熟，农民为了庆祝丰收，就在秋收时祭祀土地神，答谢神的庇护，称为“秋报”，所以中秋节可能是古人“秋报”遗传下来的习俗。

赏月和吃月饼是中秋节的必备习俗（见图 1-6-5）。俗话说：“八月十五月正圆，中秋月饼香又甜。”人们把赏月与月饼结合在一起，圆圆的中秋之月和圆圆的月饼寓意着家人团圆。此外，中秋节这天有的地区还有猜灯谜、观潮、燃灯、烧塔、吃鸭子、吃芋头等习俗。

图 1-6-4　乞巧

图 1-6-5　中秋赏月

### （八）重阳节

农历九月九为重阳节，又称“老人节”“重九节”。在古代，九为阳数，象征着吉祥、幸福、光明，九月初九，两个阳数结合，因而称为“重阳节”。同时，九九和“久久”同音，有长长久久的意思。另外，九在数字中是最大的，有长久、长寿的含义，双九也具有生命长久的意义，因此，重阳节历来受到人们的重视。

重阳节的源头可追溯到远古时期。《吕氏春秋·季秋纪》有载，古人在九月农作物丰收之时祭天帝、祭祖，以谢天帝、祖先恩德。这是重阳节作为秋季丰收祭祀活动而存在的原始形式。“重阳节”之名见于三国时期；至魏晋时，节日气氛渐浓，有了赏菊（见图 1-6-6）、饮酒的习俗，倍受文人墨客吟咏；到了唐代被列为国家法定的节日，此后历朝历代沿袭。重阳祭祖民俗相沿数千年，后来又增加了尊老、敬老、爱老、助老的内容。

图 1-6-6　赏菊

### （九）腊八节

汉朝时，每年的农历十二月会举行年终腊祭，因此，十二月又称为“腊月”。农历十二月初八，俗称“腊八”。据说，这天是释迦牟尼成道的日子，寺院在这一天会煮粥供佛，普济饥民，后来逐渐演变为民间节日。另外，还有一种说法是腊八节起源于元末明初。据说当年朱元璋落难时正值寒冬，又冷又饿的朱元璋从老鼠洞里刨出了红豆、大米、红枣等七八种杂粮，便把这些东西熬成了粥填饱了肚子。后来朱元璋当了皇帝，把自己腊八那天吃的杂粮粥命名为腊八粥。

腊八节有喝腊八粥的习俗，不同地区腊八粥的用料虽有不同，但基本上都是选用大米、小米、糯米、高粱米、紫米、薏米等谷类，黄豆、红豆、绿豆、芸豆、豇豆等豆类，红枣、花生、莲子、枸杞子、栗子、核桃仁、杏仁、桂圆、葡萄干、白果等干果中的几种制作而成。

腊八粥的别样做法
——山西馏米

### （十）祭灶节

腊月二十三为祭灶节，又称“小年”“灶王节”“谢节”。清代中期之前，人们在腊月廿四祭灶，中期以后，由于宫廷腊月二十三举行祭天大典时一并祭祀“灶王爷”，后来民间也于腊月二十三祭灶。祭灶，是一项在古代民间影响很大、流传极广的习俗。古时在外做官、经商或读书者，都要在祭灶节前赶回家团圆，吃自家做的祭灶糖果，以求灶神赐福、全家来年平安。

图 1-6-7　灶神像

古代，几乎家家灶间都设有“灶王爷”神位，人们称之为“司命菩萨”“灶君司命”，负责管理各家的灶火，两旁贴上“上天言好事，下界保平安”的对联，如图 1-6-7 所示，以保佑全家平安。相传，每年腊月二十三，灶王爷都要上天向玉皇大帝禀报这家人的善恶，让玉皇大帝赏罚。为了让灶王爷多说好话，民间在这一天要举行祭灶和送灶的仪式。祭灶所用的供品多为甜食，如麦芽糖、枣、柿饼、糯米饼、枣糕等。现在，人们在腊月二十三这天，除了祭灶，还会打扫庭院、吃灶糖、洗浴等。

## 二、少数民族传统节日

### （一）蒙古族

#### 1. 那达慕大会

那达慕大会（见图 1-6-8）是蒙古族历史悠久的传统节日，一般于每年七八月份牲畜肥壮的季节举行。“那达慕”，蒙语的意思是娱乐或游戏。那达慕大会上有惊险动人的赛马、摔跤、射箭等比赛，还有引人入胜的歌舞。

图 1-6-8　那达慕大会

#### 2. 蒙古族年节

“白”在蒙古人心目中具有“开元”之意，故蒙古族年节亦称“白节”“白月”。自元朝起，蒙古族也采用了汉族历法，因此，蒙古族白月与汉族春节时间基本一致。在白月之夜，蒙古族人民一般都要吃手扒肉，点篝火。在初一凌晨，晚辈向长辈敬“迎新酒”，平辈间互赠哈达，恭贺新年吉祥如意，长辈向晚辈表示祝福。天一亮，家族亲友间开始互相串门拜年。整个白月里，在草原上常会看到穿着节日盛装的牧民伴着酒香和歌声，骑马结伴，走亲访友的热闹景象。

### （二）藏族

#### 1. 藏历新年

藏历新年是藏族一年中最盛大的节日，从藏历正月初一开始连续庆祝十五天。藏历十二月初，人们便开始准备年货。十二月中旬，每家每户陆续用酥油和白面制作卡赛（油炸面食），每家还要准备一个画有彩图的长方体五谷斗，斗内装满酥油拌成的糌粑（zān ba）、炒麦粒、人参果等食品，并准备一个彩色酥油塑的羊头，以庆祝丰收，预祝来年风调雨顺、人畜兴旺。除夕前人们大扫除、贴年画。到了除夕晚上，各家在佛像前摆好各种食品，并为新年准备充足丰富的食品。

藏历初一，人们将青苗、卡赛、羊头、五谷斗等摆于佛龛茶几上，预祝新的一年人寿粮丰。初二亲友之间相互登门拜年祝贺，互赠哈达。初三至十五，人们会开展丰富多彩的活动。在城乡，人们演唱藏戏，跳锅庄和弦子舞。在牧区，牧民们点燃篝火，尽情歌舞。另外，还有角力、投掷、拔河、赛马、射箭等娱乐活动。

### 2. 雪顿节

雪顿节（见图 1-6-9）一般于每年藏历的七月初举行，为期三至五天。雪顿即酸奶宴。在雪顿节期间，有隆重而热烈的藏戏演出和规模盛大的晒佛仪式，所以雪顿节又叫“藏戏节”“展佛节”。节日期间，拉萨附近的居民身穿鲜艳的节日服装，扶老携幼，带上酥油茶，席地而坐，一边饮茶，一边欣赏藏戏，享受节日的欢乐。

图 1-6-9　雪顿节

## （三）回族

### 1. 开斋节

开斋节也称“肉孜节”。回历九月是斋戒之月，凡是符合条件的成年男女都要进行为期一个月的斋戒。斋戒结束的第二天即为开斋节。开斋节这天，人们早起沐浴、更衣、燃香，然后到清真寺做礼拜。此外，人们还要挨家挨户地互致节日问候，宰杀牛羊用来招待宾客亲朋。

### 2. 古尔邦节

古尔邦节也称“宰牲节”，于伊斯兰教历十二月十日庆祝。在这一天，人们身着盛装参加聚会，缅怀先人，宰牛宰羊共餐以示庆祝。

### 3. 圣纪节

圣纪节是伊斯兰教历三月十二日，是纪念伊斯兰教先知穆罕默德诞辰和逝世的节日。在这一天，穆斯林要穿戴整齐，到清真寺听阿訇们念经。

## （四）傣族

泼水节（见图 1-6-10），又称“浴佛节”，一般在傣历六七月期间举行，是傣族人民的传统节日。节日期间，傣族男女老少穿上节日盛装，妇女们各挑一担清水为佛像洗尘，求佛灵保佑。“浴佛”完毕，人们就开始相互泼水，希望用圣洁的清水冲走疾病和灾难，迎来美好的生活。除了泼水之外，还有赛龙船、放高升（用整棵的大竹子，在竹节里装上火药，点燃以后可以把整个大竹子崩上天空）、放孔明灯等传统娱乐活动。

### （五）彝族

火把节是彝族最隆重、最盛大的节日，一般在农历六月二十四举行。节日清晨，彝族男女老少都穿起节日盛装，聚集在一起，白天饮酒庆贺，举行斗牛、摔跤、赛马、射箭等活动；晚上举行篝火晚会，小伙子们吹起笛子，弹起动听的月琴和大三弦，姑娘们跳着优美欢快的“阿细跳月”舞蹈。此外，还有高举火把游行活动（见图 1-6-11），无数火把在田间、山林穿越游动，景色十分壮观。

图 1-6-10　泼水节

图 1-6-11　火把游行活动

### （六）壮族

每年农历三月初三是壮族盛大的歌会，称为“三月三歌会”。歌会以未婚男女青年为主体，老人小孩前来旁观助兴。一个较大的歌会，方圆几十里的男女青年都前来参加，人山人海，歌声此起彼伏，非常热闹。人们到歌会场上赛歌、赏歌；男女青年对歌，如果双方情投意合，就互赠信物。此外，还有抛绣球、碰彩蛋等活动。

### （七）朝鲜族

老人节是朝鲜族的盛大节日。延边朝鲜族自治州将每年八月十五日定为老人节。当天，六十岁以上的老人都要佩戴大红花，接受人们的祝福。人们尽情地歌舞、踩跳板、荡秋千、打球、摔跤，让老人们感受节日的欢乐。另外，有老人的家庭会备制“麻克烈”（一种米酒）、打糕、冷面等食物供老人享用，以表达对老人大半生的辛勤劳碌的尊重和感激之情。

## 晋韵华彩

## 山西年节习俗

俗话说：“百里不同风，千里不同俗。”除了汉族传统的节日习俗，山西省有许多极具地方特色的年节习俗。这些年节习俗因其独特的价值被列为国家级非物质文化遗产。

### （一）怀仁旺火习俗

怀仁旺火是流行于山西省怀仁县（今山西省朔州市怀仁市）的民俗活动。

怀仁旺火（见图 1-6-12），俗称“拢火龙”，又称“大旺火”。每逢春节除夕和元宵节，家家户户院落门前都要将大块煤炭垒成塔状，名曰旺火，以图吉利，有祝贺全年兴旺之意。旺火里面放上柴火，外面贴上红色字条，字条的内容为“旺气冲天”“火树银花”等。等到凌晨鞭炮齐鸣时，人们将旺火点燃。点燃后，火苗从无数小孔中喷出，既御寒，又壮观。男女老少都要来烤火，以图“旺气冲天”。人们也会走街串巷，观看和评论各家的旺火。谁家的火堆大，燃烧得旺，谁家的旺气就大。

图 1-6-12 怀仁旺火

### （二）介休寒食清明习俗

介休寒食清明习俗是流传于山西省晋中市介休市及周边地区的清明节习俗。自唐代起，寒食节传说、上巳祓禊与清明节习俗融为一体，形成了以祭祖扫墓为中心的介休寒食清明习俗，传承至今。

介休寒食清明习俗存续着中华民族深刻的历史文化记忆，主要活动有禁烟火、吃冷食、祭祀、扫墓、插柳、踏春、踢蹴鞠、荡秋千、放风筝、斗鸡、赏花、咏诗、发黑豆芽、采柳芽、蒸面塑、戴柳圈、扫房顶、唱大戏等。

### （三）泽州中秋习俗

泽州中秋习俗的流传地以山西省晋城市泽州县的珏山为中心，辐射山西省其他地区。珏山是晋城名山，被誉为“中国赏月名山”。自南北朝时期，珏山中秋赏月之俗已见于记载。宋金时期，中秋祭月、拜月、赏月之风就已盛行。

泽州中秋的主要活动有祭月、拜月、看望外祖母、吟诗颂月、举办庙会等。节日期间，当地民众携亲伴友、欢庆团圆。

### （四）皇城村重阳习俗

皇城村重阳习俗是流行于山西省晋城市阳城县，以皇城村为中心的传统民俗。自明正德十年（1515）起，皇城村就形成过重阳的习俗。人们祭祖敬老、登高望远、赏菊饮酒、吟诗唱词，传承至今。

重阳节期间，全县所有乡镇与沁水、泽州的村镇都有丰富多彩的以“养老、敬老、爱老、助老”为主题的活动。例如，当地在重阳节前后三天会举办重阳庙会，参加庙会的人会为老人采买过冬的衣物、买蜜酒、山茱萸酒及祭祀器物等。此外，重阳节主要活动还有采菊花、制作九层重阳花糕、炸油糕、炸油角等。

### （五）柳林盘子会

图 1-6-13　盘子

柳林盘子会，又称“天官会会”“小子会会”，主要在山西省吕梁市柳林县城及其附近的穆村一带流行。柳林盘子会的一系列民俗活动均围绕“盘子”开展。“盘子”是一种组合型阁楼式仿古建筑模型，设有几个甚至几十个神龛（见图 1-6-13），因此被称为“放大了的神龛、浓缩了的庙宇”。

柳林盘子会的起源可以追溯到古代的搭棚祭神活动。活动时间在每年的农历正月十三至正月二十六，以元宵节最为热闹。其间，各街巷分段轮值，张灯结彩，高搭彩盘，遍点社火，或配以秧歌、弹唱，或佐以转九曲、斗活龙。人们聚集在一起，共同庆祝这个节日，并祈求来年风调雨顺。

### （六）河曲河灯会

河曲河灯会是山西省忻州市河曲县的地方传统民俗。每年的农历七月十五，黄河两岸三省的民众纷纷赶到河曲县会合，共同参加河灯会活动。活动首先以隆重的仪式祭奠大禹，祈求神禹保佑风调雨顺，消灾免难。晚间，河路社、渡口社、炭船社等河运组织出面举办大规模的放河灯活动，祈祷平安。整个活动持续 3 天，每晚除了放河灯，还有戏乐助兴。

### （七）山西社火

社火又称“演社火”，是指在传统节日里扮演的各种杂戏，属于民间的一种自演自娱活动。随着历史的发展，社火还用作民间节庆日所有游乐活动的总称，传统节日、庙会等都可以组织社火活动。

山西省的社火活动内容丰富，形式多样，可分为锣鼓类、秧歌类、车船轿类、阁跷类、灯火类、模拟禽兽类、武技类等。其中，阁跷类是晋南地区最富特色的社火。它以道具制作精妙神奇、表演技巧惊险动人而为广大群众喜爱。山西省临汾市襄汾县的中黄高台就是其中的一种。

在进行中黄高台的表演时，先由锣鼓队开道，接着是许多装饰艳丽的旗伞，后面是精彩的高台（见图 1-6-14）。高台一般由 8 人抬着，高台上富有经验的成年演员背上铁棍，铁棍的另一端绑在一到两名孩童的腰间，他们进行相应装扮后，就能开展令人叹为观止的表演：有的是荷花在高空盛开，一名孩童站在荷花上面左右旋转；有的是成年演员两臂伸开，一手抓着一名孩童的辫子，孩童悬在空中一动不动。高台上的演员漫舒广袖，轻轻摆动身体，抬高台的人稳步向前，密切配合。这些民间艺人依据一定的物理原理，利用人们的视错觉，完成虚实相生、真假混同的“空中舞蹈”，令观者提心吊胆，而表演者则神态自如。

图 1-6-14　高台

## 文化实践

### 一、制作传统节日文化校园报

中华传统节日是中华民族悠久历史文化的重要组成部分，清晰地记录了中华民族丰富而多彩的社会生活文化内容。为了弘扬中华传统节日文化，展现丰富多彩的节日习俗，激发学生对传统文化的兴趣，营造探索节日文化内涵、继承和发扬传统节日文化的良好氛围，请结合学校实际情况，制作一期宣传传统节日的校园报。

（1）请根据表 1-6-1 进行分组，并将具体情况填入表中。

表 1-6-1　小组分工表

<table>
<tr><th colspan="2">组织设置</th><th>工作内容</th><th>岗位设置</th><th>岗位职责</th></tr>
<tr><td colspan="2" rowspan="2">管理小组</td><td rowspan="2">负责统筹整个活动的各个环节，协调各小组的工作</td><td>组长：</td><td>负责活动中的指导、监督、检查、协调等工作</td></tr>
<tr><td>副组长：</td><td>协助组长管理组内工作，监督小组成员的任务执行情况</td></tr>
<tr><td rowspan="10">工作小组</td><td rowspan="2">资料检索组</td><td rowspan="2">利用互联网、图书馆等搜集相关资料，准备校报的资料</td><td>组长：</td><td rowspan="10">组长：负责落实本组工作的执行情况、管理组员、合理安排组员的工作任务<br>组员：服从组长管理，自觉遵守活动纪律，积极参与组内工作，与组内成员团结协作</td></tr>
<tr><td>组员：</td></tr>
<tr><td rowspan="2">外联组</td><td rowspan="2">负责联系排版、印制单位</td><td>组长：</td></tr>
<tr><td>组员：</td></tr>
<tr><td rowspan="2">编写组</td><td rowspan="2">根据资料检索组查到的资料，安排校报各个板块的内容</td><td>组长：</td></tr>
<tr><td>组员：</td></tr>
<tr><td rowspan="2">排版审校组</td><td rowspan="2">对已完成的校报进行排版、审读、校对</td><td>组长：</td></tr>
<tr><td>组员：</td></tr>
<tr><td rowspan="2">发行组</td><td rowspan="2">选取合适的时间和地点，发行本期校园报</td><td>组长：</td></tr>
<tr><td>组员：</td></tr>
</table>

（2）校园报发行之后，可通过随机采访的方式，了解收到校园报的同学对校园报内容、版面是否满意及有何建议等。将采访的建议进行整理，作为制作下一期校园报的参考意见。

## 二、传统节日现状调查

随着社会的快速发展和人们生活方式的改变，传统节日习俗也发生了很大的改变。通过开展传统节日现状调查活动，可以深入了解传统节日的基本情况，更好地探索弘扬和传承传统节日文化内涵的方法，有针对性地提出校园文化建设的建议，进而帮助学生树立文化自信。

请根据以下步骤开展“传统节日现状调查”活动。

（1）全班学生 5～7 人一组，设计一份传统节日现状调查问卷，并填写表 1-6-2。

表 1-6-2　小组成员及分工情况

| 班级 | | 组号 | | 指导教师 | |
|---|---|---|---|---|---|
| 小组成员 | 姓名 | 学号 | 任务分工 | | |
| 组长 | | | | | |
| 组员 | | | | | |
| | | | | | |
| | | | | | |
| | | | | | |
| | | | | | |
| | | | | | |

（2）按照分工计划选择就近的社区开展问卷调查活动，统计调查结果，并将具体的调查情况记录在表 1-6-3 中。

表 1-6-3　传统节日调查情况汇总

| 小组成员姓名 | | 发放问卷数量 | |
|---|---|---|---|
| 收回问卷数量 | | 有效问卷份数 | |
| 调查情况统计 | | 具体内容 | |
| 节日 | | 名称： | |
| | | 现状： | |
| 原因 | | 原因一： | |
| | | 原因二： | |
| | | 原因三： | |
| | | 原因四： | |
| | | 原因五： | |
| 建议 | | 建议一： | |
| | | 建议二： | |
| | | 建议三： | |
| | | 建议四： | |
| | | 建议五： | |

（3）各组根据调查情况，撰写调查报告。

## 学习成果评价

学生和教师根据学生的实际学习成果开展自我评价、组间互评和教师评价，并将评价结果填写在表 1-6-4 所示的学习成果评价表中。

表 1-6-4　学习成果评价表

<table>
<tr><th rowspan="2">教学过程</th><th rowspan="2">内容（任务点）</th><th colspan="3">评价</th></tr>
<tr><th>学生自评<br>（20%）</th><th>组间互评<br>（30%）</th><th>教师评价<br>（50%）</th></tr>
<tr><td>课前</td><td>能够准确说出汉族传统节日的名称、时间、起源和习俗</td><td></td><td></td><td></td></tr>
<tr><td rowspan="2">课中</td><td>能够列举几个少数民族传统节日的名称</td><td></td><td></td><td></td></tr>
<tr><td>能够简要概述传统节日文化的价值</td><td></td><td></td><td></td></tr>
<tr><td rowspan="2">课后</td><td>能够自觉弘扬中华传统节日文化</td><td></td><td></td><td></td></tr>
<tr><td>能够主动参与中国传统节日文化项目</td><td></td><td></td><td></td></tr>
<tr><td>专业点评</td><td colspan="4"></td></tr>
</table>

# 模块七　中国歌舞戏曲

## 学习目标

- 了解中国古代歌舞、传统戏曲、民族器乐的发展脉络及主要类型。
- 能够深刻体会中国传统歌舞、戏曲和器乐中所体现的文化内涵。
- 弘扬中华优秀传统文化，增强民族自信心和自豪感。

## 文化讲堂

### 一、古代歌舞

歌舞艺术是人们最早创造和运用的表演形式之一，从诞生那天起，歌与舞便相互补充、水乳交融，在共同的思想内容要求下，逐渐结合成为一种集音乐、舞蹈、诗歌等为一体的艺术形式。中国的歌舞艺术是在劳动人民长期的社会生活和劳动实践中形成的，是劳动人民集体创作的结晶。概括地说，中国古代歌舞的发展经历了以下几个阶段。

#### （一）古乐舞

远古时期，人们为了统一劳动节奏，在集体劳作的过程中常常用节奏感极强的“劳动号子”来喊口号，这种劳动号子伴随着劳动而生，是古代歌舞的雏形。《淮南子·道应训》记载：“今夫举大木者，前呼‘邪许’，后亦应之，此举重劝力之歌也。”其中的“劝力之歌”就指劳动号子。

原始氏族时期，音乐形式一般都是歌、舞、乐三位一体的古乐舞，主要表现的是繁衍生息、祭祀典礼、战争武功等内容。例如，《吕氏春秋·古乐篇》记载的“昔葛天氏之乐，三人操牛尾，投足以歌八阕”，形象地描述了葛天氏部落边舞边歌的场景。

#### （二）周代的六代乐舞

西周建立了一套严格又复杂的礼乐制度，古乐舞也由原来的崇拜“图腾”、歌颂祖先转变为宴会和祭祀中的主要活动。六代乐舞是该时期歌舞艺术的代表，它主要用于祭祀大典和重大宴飨（xiǎng）活动，被后世儒家尊奉为雅乐（古代帝王朝贺、祭祀天地等大典活动时所用的一种传统宫廷音乐）的最高典范。

六代乐舞大部分由周代以前各时期的代表性乐舞整理而成，包括黄帝时期的《云门》、尧时期的《大咸》、舜时期的《大韶》、夏禹时期的《大夏》、商代的《大濩（hù）》和周代的《大武》。其中，《云门》《大咸》《大韶》《大夏》称为“文舞”，舞者需左手执龠（yuè，是一种形状像排箫的乐器），右手秉翟（dí，用野鸡羽毛作装饰的道具）；《大濩》和《大武》称为“武舞”，舞者需手里拿着朱干（盾）和玉戚（斧）。

## 文化溯源

### 山西民歌

民歌是最能代表和体现某个地域人们生活状态与文化特色的有声符号。早在先秦时期，人们便用歌声记录着生活，用歌声表达着哀怨，用歌声抒发着豪情，绵延千年，不曾断绝。

山西民歌有着悠久的历史，我国最早的诗歌总集《诗经》中的《唐风》《魏风》，大都记录有山西地区的古老民歌。

山西民歌由于曲调优美、词意广博、情感深沉而流布极广。据相关统计，已被收集整理的山西民歌多达 2 万余首，不乏山歌、劳动号子、小调和套曲等门类。

山歌是人们在山间野外放牧、砍柴、挑担、锄草、行路等个体劳动生活中随意咏唱的一种短小民歌。歌者完全不受正在从事的劳动节奏的限制，兴之所至，引吭而歌。山歌一般音调悠长，节奏自由，结构简单，善于表现热情、坦率、真诚的性格，具有很强的抒情性。山西的“山曲”为较具代表性的地方山歌之一。小调又称“小曲”，内容多反映世态风情，曲调流丽抒情，结构比较整齐，以咏唱历史传说、描绘自然、抒写离情者较多。小调的代表曲目有晋北民歌《绣荷包》《五更调》等。套曲是指由多首民歌组成的民歌作品。

《伐檀》赏析

山西民歌具有自己独特的艺术风格和鲜明的地方特色。由于全省各个地区的地理环境、经济状况、文化传统（尤其是音乐传统），以及地方语言、风俗习惯和受邻近省区的影响等均不相同，所以各地民歌在音阶调式、调式骨干音和旋律特征等方面都具有不同的特点，呈现着各自的风格色彩。晋东南壶关、晋城、阳城、沁水一带的民歌，调式古朴；晋北河曲、保德、偏关的民歌，高亢辽阔，有塞上高原特有的雄浑憨直；晋南的民歌感情热烈；晋中祁县、太谷、寿阳、太原地区的民歌，则灵活自由、富于变化。

（参考资料：央视网，有改动）

### （三）汉代盘鼓舞

汉代经济发达、国力昌盛，俗乐开始发展起来。俗乐即世俗音乐，是指流行于民间的歌舞音乐。它继承了先秦道家的美学思想，提倡自然之美，强调人的内在情感，注重人的情感抒发。俗乐的出现从根本上打破了歌舞艺术由雅乐统治的局面，开创了雅乐与俗乐并存、共同发展的新气象，使歌舞艺术进入了一个新的发展时期。

盘鼓舞是汉代歌舞的代表，是一种踏在盘子或鼓上表演的中国传统舞蹈，舞时将盘子和鼓排列在地上，一般鼓为一面或两面，盘为六个或七个，舞者有男有女，他们在盘、鼓上高纵轻蹑，踏出有节奏的音响，并表演各种舞蹈技巧。在我国河南新野汉墓和山东嘉祥宋山东汉墓出土的汉代乐舞画像石（见图 1-7-1）中，都有对盘鼓舞的形象描绘：他们或飞舞长袖，或踩鼓下腰，或按鼓倒立，或身俯鼓面，或单腿立鼓上，或正从鼓上纵身跳下，形态各异，舞姿优美。

汉代还沿用秦制设立了专门的音乐机构——乐府。乐府通过采录和整理民间歌舞曲目，了解各地的民情动态。乐府的设立使我国歌舞艺术开始走上专业化的道路，大量的民间歌舞作品也得以流传下来。

图 1-7-1　汉代乐舞画像石

### （四）唐代歌舞大曲

唐代是一个百花争艳的时代，各种不同形式的歌舞艺术都得到了发展。其中，最能代表唐代歌舞艺术成就的是歌舞大曲。

唐代歌舞大曲是一种综合器乐、歌唱和舞蹈，含有多段结构的大型乐舞，在唐代宫廷音乐中占有重要地位，也代表着唐代音乐艺术的最高水平。《霓裳羽衣舞》是唐代最著名的歌舞大曲，相传由唐玄宗李隆基根据《婆罗门曲》改编而成。这部作品共 36 段，主要描写唐玄宗向往神仙生活，去月宫见到仙女的故事，其舞蹈、音乐、服饰都非常华美，生动地描绘了虚无缥缈的仙境和舞姿婆娑的仙女形象，给人以身临其境的艺术感受。白居易曾作《霓裳羽衣舞歌（和微之）》，对此曲的结构和舞姿做了细致的描绘。

### （五）宋元词曲

词曲是宋代和元代重要的音乐创作体裁，包含“文”与“乐”两种艺术形式。宋元时期的文人常常将诗词文章作为歌词，并用古琴、琵琶等乐器配乐，以便更好地表达自己的思想情感。

词调歌曲是宋代词曲的主要形式，它在民间歌曲的基础上发展而成，其音乐部分称“曲子”，歌词部分称“词”，所以又称“曲子词”。曲子词还有明显的风格流派之分，如以姜夔（kuí）为代表的清雅派，以柳永、周邦彦为代表的婉约派和以苏轼、辛弃疾为代表的豪放派等，代表作品有柳永的《雨霖铃·寒蝉凄切》、周邦彦的《风流子·新绿小池塘》和苏轼的《念奴娇·大江东去》、辛弃疾的《破阵子·为陈同甫赋壮词以寄之》等。宋代民间歌舞艺术的发展为元杂剧、明清戏曲等艺术表演形式奠定了良好的基础。

元代歌舞艺术的发展成就是曲子。曲子分为杂剧和散曲。其中，杂剧是一种用北曲（宋元时期北方各种曲调的统称）演唱的传统戏曲形式，其内容以揭露社会黑暗，反映人民疾苦为主，是现实主义与浪漫主义的结合；散曲是元代最具时代特色的艺术歌曲，一般用抒情、写景、叙事等方式填词，并采用清唱形式表演，十分短小精致。元代曲子的代表作品有关汉卿的《窦娥冤》、郑光祖的《倩女离魂》、马致远的《汉宫秋》、白朴的《梧桐雨》等。

#### 窦娥冤

《窦娥冤》全名为《感天动地窦娥冤》，是元代关汉卿创作的杂剧，刊行于明万历十年（1582）。

《窦娥冤》全剧四折，描写寡妇窦娥在无赖陷害、昏官毒打下，屈打成招，成为杀人凶手，被判斩首示众。临刑前，满腔悲愤的窦娥许下血溅白练、六月飞雪、大旱三年三桩誓愿。果然，窦娥的冤屈感天动地，三桩誓愿一一实现，这也让所有人都开始相信窦娥是真的被冤枉的。最后，窦娥的父亲窦天章在京城做官返乡，窦娥的冤案得到昭雪，杀人凶手被处以死刑，贪官知府也得到了应有的惩罚。

《窦娥冤》是中国古代悲剧成熟的标志和中国古代悲剧的典范作品。它生动刻画出窦娥这个敢于反抗的女性形象，展示了当时生活在社会底层的人们有苦无处诉的处境，控诉了贪官草菅人命的黑暗现实。在艺术上，《窦娥冤》用丰富的想象和夸张手法，设计六月飞雪的情节，使得故事情节更加生动，主题思想更加深刻，既洋溢着浓郁的生活气息，又充满奇异的浪漫色彩，同时还暗示着广大人民伸张正义、惩治邪恶的愿望一定会实现，具有震撼人心的艺术效果。

### （六）明清俗曲

明清时期，俗曲在各地民歌的基础上逐渐发展起来，并流行于城镇市民阶层。俗曲也称“俚曲”，是对宋元词曲的直接继承和发展。它突破了宋元词曲的框架，常用重复、对比、问答等表现手法，以及独唱、对唱、合唱等演唱形式，曲调细腻流畅，内容以反映城镇人民生活为主，代表作品有明代的《锁南枝》《山坡羊》《打枣竿》，清代的《闹五更》《剪靛花》《鲜花调》等。

这一时期，许多文人还对民间流传的俗曲进行了编辑、整理和再创作，使其得到了更好的发展。例如，明末文学家、戏曲家冯梦龙从民间搜集、整理了800余首歌词，编成歌曲专集《山歌》《挂枝儿》；清代文学家蒲松龄根据自己搜集的资料，配用俗曲50多种，编著了《聊斋俚曲集》；等等。

## 二、传统戏曲

戏曲是一种由文学、音乐、舞蹈、美术、武术、杂技及表演等多种形式汇集而成的艺术，是中国特有的艺术类型，在世界戏剧史上独树一帜。中国传统戏曲约有360多个剧种，以京剧、越剧、黄梅戏、豫剧、晋剧最负盛名。

### （一）京剧

京剧是中国影响最大的戏曲剧种，以历史故事为主要演出内容，被视为中国的国粹，深受广大群众喜爱。其场景布置注重写意，念白的音乐性强，腔调以西皮、二黄为主，在表演上歌、舞并重，动作上融合了多种武术技巧，主要伴奏乐器有京胡、京二胡、月琴、三弦，以及鼓、锣、铙钹等打击乐器。

**名词解释**

**西皮**即黄陂调，是戏曲腔调之一，它的唱腔明快高亢、刚劲挺拔，适合表达欢乐、激情、奔放的情感。

**二黄**包括导板（倒板）、慢板（慢三眼）、原板、垛板、散板、摇板、回龙等板式，适合表达沉着稳重、凝练严肃的情感。

在京剧中，西皮常与二黄并用，合称“皮黄”。

京剧一般分为生、旦、净、丑、杂、武、流等行当（后三行已不再立专行），各行当都有一套表演程式，其唱、念、做、打的技艺也各具特色。京剧还有流派之分，各流派都有自己的代表作品、代表角色、唱法等。例如，京剧旦角主要分为梅派、程派、尚派、荀派四大流派。其中，以梅兰芳为代表的梅派唱腔尾音自然、角色女性化，代表作品有《贵妃醉酒》（见图 1-7-2）、《打渔杀家》等；以程砚秋为代表的程派唱腔虚音上提、音色浑厚，代表作品有《锁麟囊》（见图 1-7-3）、《四郎探母》等；以尚小云为代表的尚派唱腔清亮激越、吐字清楚，代表作品有《新玉堂春》、《汉明妃》（见图 1-7-4）等；以荀慧生为代表的荀派唱腔尾音婉转、转音较多，代表作品有《红娘》（见图 1-7-5）、《香罗带》等。

图 1-7-2　《贵妃醉酒》（剧照）

图 1-7-3　《锁麟囊》（剧照）

图 1-7-4　《汉明妃》（剧照）

图 1-7-5　《红娘》（剧照）

### （二）越剧

越剧是在浙江一带的山歌、小调与余姚秧歌班的影响下而形成的，主要流行于浙江、上海、江苏、江西和福建等地区。越剧长于抒情，以唱为主，声腔清幽婉丽、优美动听，表演真切动人，极具江南灵秀之气。其题材以“才子佳人”为主，流派众多，常见的伴奏乐器有二胡、扬琴、三弦、笛、箫及打击乐器等。越剧的经典剧目有《梁山伯与祝英台》（见图 1-7-6）、《红楼梦》、《西厢记》（见图 1-7-7）、《五女拜寿》、《打金枝》、《白蛇传》、《孔雀东南飞》、《穆桂英挂帅》、《陆游与唐琬》、《狸猫换太子》等。

图 1-7-6　《梁山伯与祝英台》(剧照)

图 1-7-7　《西厢记》(剧照)

名词解释

**秧歌**是一种用锣鼓等乐器伴奏，将舞蹈和歌唱融为一体的汉族民间艺术，深受人们的喜爱。秧歌在不同的地区有不同的风格样式，比较著名的有湖北秧歌、东北秧歌、陕北秧歌等。

### （三）黄梅戏

黄梅戏是流行于安徽、江西和湖北部分地区的戏曲剧种，其表演质朴细腻，曲调丰富，唱腔淳朴流畅，以明快抒情见长，具有丰富的表现力、浓郁的生活气息和清新的乡土风情，雅俗共赏。黄梅戏最初只有打击乐器伴奏，即所谓“三打七唱”。中华人民共和国成立初期，黄梅戏逐渐确定用高胡作为主要伴奏乐器，并逐步建立起以民族乐器（包括高胡、二胡、琵琶、竹笛、扬琴、唢呐、司鼓等）为主，西洋乐器（包括电子琴、单簧管、口琴等）为辅的混合乐队，以增强音乐的表现力。黄梅戏的经典剧目有《天仙配》、《牛郎织女》、《槐荫记》、《女驸马》（见图 1-7-8）、《孟丽君》、《夫妻观灯》等。

图 1-7-8　《女驸马》(剧照)

### （四）豫剧

豫剧又称“河南梆子”“河南高调”，流行于河南及邻近各省的部分地区，是河南省的主要剧种之一。其唱腔有豫东调、豫西调、祥符调和沙河调四种流派，现主要流派为豫东调和豫西调。豫东调以商丘为中心，发声多用假嗓，男声高亢激越，女声活泼激荡，擅长表现喜剧风格的剧目；豫西调以洛阳为中心，发声全用真嗓，男声苍凉悲壮，女声低回婉转，擅长表现悲剧风格的剧目。

豫剧的常用伴奏乐器有板胡、二胡、小三弦、笛子和打击乐器，以梆子击拍，节奏明快、欢畅，现代的豫剧伴奏中又加入了琵琶、竹笛、笙等民族乐器和小提琴、大提琴等西洋乐器，增强了音乐的表现力。

豫剧的传统剧目有 1 000 多个，其中很大一部分取材于历史小说和演义，如封神戏、三国戏、瓦岗戏、包公戏、杨家将和岳家将等，还有很大一部分剧作描写爱情、婚姻、道德伦理，传统代表剧目有《桃花庵》、《对花枪》、《三上轿》、《花木兰》（见图 1-7-9）、《穆桂英挂帅》、《五世请缨》等。20 世纪 50 年代后，豫剧还出现了不少描写现实生活的现代戏和新编历史剧，新编优秀剧目有《朝阳沟》（见图 1-7-10）、《小二黑结婚》等。

图 1-7-9 《花木兰》（剧照）

图 1-7-10 《朝阳沟》（剧照）

### （五）晋剧

晋剧是山西省的代表性剧种，为山西省四大梆子剧种（蒲剧、晋剧、北路梆子、上党梆子）之一，因形成于晋中一带，又称“中路梆子”，主要流行于山西、陕西北部、内蒙古和河北北部等地。晋剧的特点是旋律婉转、流畅，曲调优美、圆润、亲切，道白清晰，具有晋中地区浓郁的乡土气息。

清代初年，蒲剧流入晋中，其后几经变化，进而演变成山西晋剧。清末民初的近百年间是山西晋剧的发展时期。当时班社众多，人才辈出，使得山西晋剧艺术提升到了一个新的阶段。在发展过程中，晋剧在保留蒲剧慷慨激昂的艺术特色的同时，也形成了婉转细腻的抒情风格。

晋剧角色行当主要有须生、正旦、大花脸“三大门”和小生、小旦、小花脸“三小门”，表演粗犷豪放，富于激情。晋剧唱腔丰富，包括乱弹、腔儿、曲子几种，板式多变，表现力强，如乱弹板路就分平板、夹板、二性、流水、介板、倒板、滚白7种。晋剧传统乐队由9人组成，分为文场和武场，文场伴奏乐器为呼胡、二弦、三弦、四弦，武场则采用鼓板、铙钹、小锣、马锣、梆子等乐器。

《金水桥》赏析

晋剧的传统剧目十分丰富，经常上演的有200多出，包括《渭水河》（见图1-7-11）、《白水滩》、《金水桥》、《梵王宫》、《双锁山》、《三关点帅》（见图1-7-12）、《蝴蝶杯》等。

图1-7-11 《渭水河》（剧照）

图1-7-12 《三关点帅》（剧照）

## 文化溯源

### 山西临汾元代古戏台

中国的古戏台，不仅是一种建筑形制，更是一方文化展台。戏台见证着我国戏曲产生发展和走向辉煌的全过程，同时作为实物载体，推动和延续着千百年来的戏曲文化。

山西省临汾市是中国戏曲文化之乡，现存元代古戏台4座，即尧都区魏村镇魏村的牛王庙戏台（见图1-7-13）、尧都区土门镇东羊村的后土庙戏台（见图1-7-14）、尧都区吴村镇王曲村的东岳庙戏台（见图1-7-15）、翼城县南梁镇武池村的乔泽庙戏台（见图1-7-16）等。

图 1-7-13　牛王庙戏台

图 1-7-14　后土庙戏台

图 1-7-15　东岳庙戏台

图 1-7-16　乔泽庙戏台

牛王庙戏台建于元初至元二十年（1283），它是全国发现的有确切纪年的最早的古戏台。戏台坐南向北，平面呈方形，单檐九脊歇山顶，四角立柱，为全木构亭台式建筑。整座戏台没有使用一根钉子，全部由木材榫卯结合而成。戏台台基高 1 米，台身面阔 7.45 米，进深 7.55 米，建筑结构为“井”字形框架。舞台区分为前台和后台两个部分，前台两边无山墙，可三面观看。

后土庙戏台建于元至正五年（1345），距离魏村不到 10 千米。这座古戏台红墙灰瓦，坐南向北，正面敞朗，三面封闭，檐顶为十字歇山式。戏台的顶部没有一根大梁，而是在内檐梁上用斗拱和井口枋层层相叠，架起了 3 层斗拱，形成了“八卦攒顶”，故有“八卦亭”之称。戏台台基高 1.75 米，台宽 7.75 米，深 3.5 米，呈扁方形。戏台的后墙上还保留着珍贵的元代壁画《钟馗降贪图》，寓意深远，以警示后人。

东岳庙戏台坐南向北，三面封闭，一面敞开，与大殿相对，单檐歇山顶，屋顶由鲜艳的黄绿琉璃瓦和筒瓦铺设。戏台外形古朴秀丽，挺拔舒展，结构精巧，别具特色。戏台分为前后两个部分，前半部分为清末民初时增建的硬山卷棚顶抱厦，并于两侧增设影壁，改变了元代戏台的原貌，变三面观的“舞亭”为一面观的“乐楼”，后半部分才是真正的元代遗构。

乔泽庙戏台始建于元泰定元年（1324），为祭祀晋国大夫栾成而建，是我国现存元代戏台中规模最大的一座。戏台坐南向北，台基高 1.6 米，沿袭宋金舞亭建筑规制。其平面为方形，面阔 9.4 米，进深 9.35 米，单檐歇山顶，以筒瓦和板瓦覆盖。台前及两侧前部敞朗，四角立角柱 4 根，两侧后半部与背面墙内立撑柱 4 根，共 8 根柱子支撑顶部荷载。角柱之上施大额枋结成井字形框架，8 根木骨架由外向内支撑着结构精巧的八卦藻井。

## 三、民族器乐

中国民族器乐历史悠久。早在远古时期，我们的祖先就已经开始使用骨哨作为乐器。在贾湖遗址出土的“贾湖骨笛”，河姆渡遗址出土的骨哨，半坡遗址出土的埙（xūn），殷墟出土的石磬，曾侯乙墓出土的编钟、编磬、悬鼓、笙、瑟等，都证明了中国人早在先秦时期就已经开始制作和使用乐器，展示了中国古代人民的智慧和创造力。

文化溯源

### 骨哨与骨笛

骨哨与骨笛都是用禽类的一截骨管制成的，一侧有孔。浙江省宁波市余姚市河姆渡遗址出土的骨哨（见图 1-7-17），距今约 7 000 年。这些骨哨长 4～12 厘米不等，器身略有弧度。其中的一件骨哨出土时，腔内插有一肢骨，将有孔的一段放入嘴里轻吹，同时抽动腔内肢骨，就可以吹出简单的音调。在一些骨哨上，还留有磨制的痕迹。可见当时的人们已经有了审美意识，在条件许可的情况下，会尽量将骨哨打磨得光滑、平整。

河南省漯河市舞阳县贾湖遗址出土的“贾湖骨笛”（见图 1-7-18）是目前出土的世界上最古老的吹奏乐器，距今约 9 000 年。由于其结构比河姆渡骨哨复杂，所以被命名为“骨笛”。

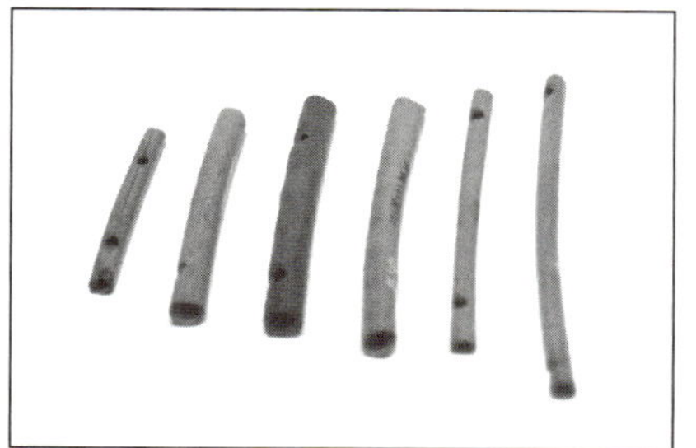
图 1-7-17　河姆渡骨哨

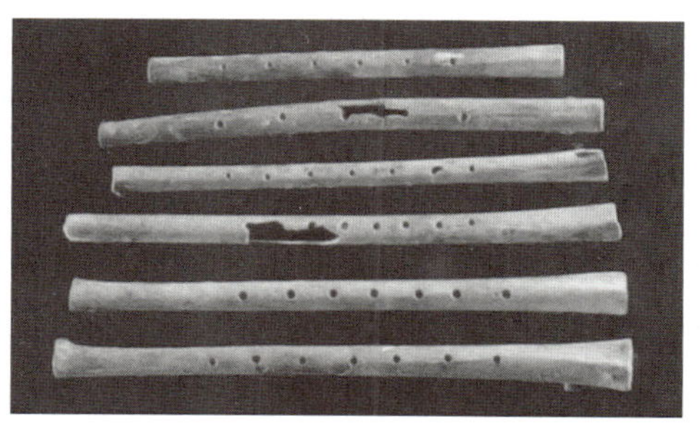
图 1-7-18　贾湖骨笛

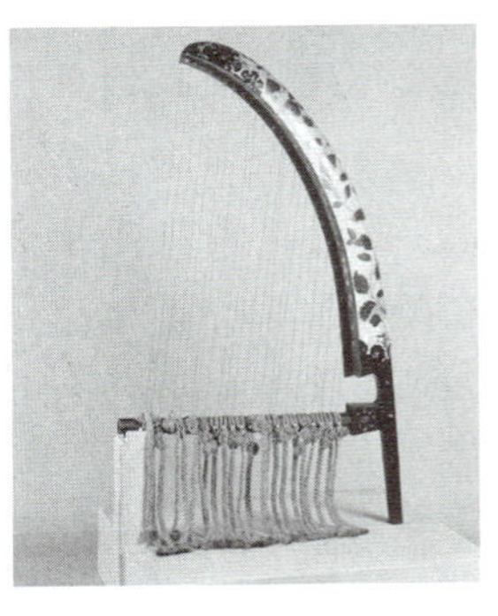

图 1-7-19　竖箜篌

西周时期，我国古代艺人还创造出了世界上最早的乐器分类法，即八音分类法。八音分类法中的“八音”是指金、石、土、革、丝、木、匏（páo）、竹八种材质。其通过乐器的材质进行分类，具有音色归类的作用。

到了汉代，我国同周边国家的联系加深，吸收了大量外来乐器，如横笛、竖箜篌（见图 1-7-19）、琵琶等。由于乐器种类越来越丰富，汉代乐器已经可以初步分为打击乐器、管乐器和弦乐器。其中，打击乐器包括编钟、编磬、建鼓等，管乐器包括竽、笙、箛（gū）等，弦乐器包括瑟、琴、筝等。

文化溯源

## 汉代画像石上的乐器

汉代是中国历史上一个辉煌的时代，它的艺术和文化都对后世产生了极其深远的影响。在山东出土的汉代画像石（见图 1-7-20）上，刻有许多“乐舞图”和“宴饮图”。通过这些图，可以直观地感受到音乐在当时人们生活和娱乐中的重要地位。图中所展现的乐器，大多流传至今。

图 1-7-20　汉代画像石

从汉墓出土的画像石中可以看出，汉代乐器的基本配器原则是以瑟、笙、排箫等演奏旋律，以鼓控制节奏。画像石中还经常出现吹奏排箫的场面。例如，山东临沂市吴白庄画像石，就呈现了汉代贵族观看排箫表演的场景。

古人认为，琴为乐器之首。琴在画像石中最为常见，据《风俗通义·声音》记载，汉代琴有七根弦，依次为宫、商、角（jué）、徵（zhǐ）、羽、少宫、少商。“瑟”也是画像石中较为常见的乐器，其外形类似于今天的古筝，为木制，体型比琴稍大。瑟的音色比较凄凉，除了与琴合奏之外，还能和鼓、箫、笛等乐器合奏。

在我国山东沂南、沂水、嘉祥武梁祠、海阳、临淄、凤凰岭等地出土的画像石中，还可以见到“竽”。在汉代，这种乐器是人们非常喜爱的乐器之一。据《风俗通义·声音》记载，竽的外形是“管三十六簧也，长四尺二寸。今二十三管”。遗憾的是，竽从南北朝时就已经越来越罕见，最终消亡。我国现代的专家根据典籍的记载，并参考和竽外形相似的乐器“笙”，成功复原了“竽”的外形，如图 1-7-21 所示。

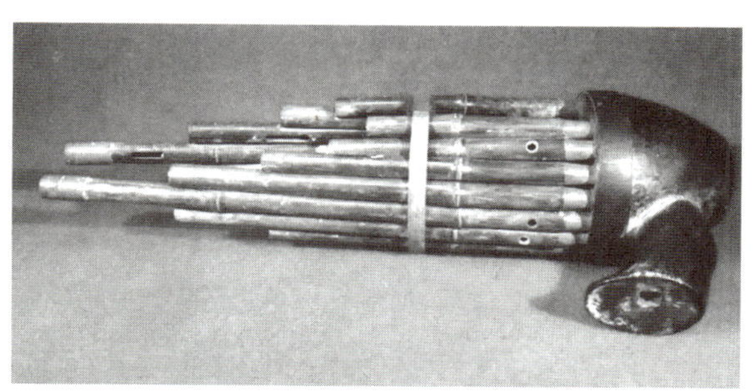

图 1-7-21 竽

汉代画像石中的乐器既是一个独立的艺术天地，又和其他的石刻画像共同组成了精巧绝伦的石刻艺术世界，充分展示了汉代艺术特有的魅力。

唐代的乐器种类非常丰富，琴、瑟、箜篌、琵琶等弹奏乐器得到了空前的发展。由于唐代各民族之间的关系密切，中外文化交流频繁，民族器乐中还融合了大量不同地域、不同民族风格的艺术成分，逐渐形成了十部乐，即燕乐、清商乐、西凉乐、天竺乐、高丽乐、龟兹乐、安国乐、疏勒乐、康国乐和高昌乐。唐玄宗李隆基还多次提高俗乐（世俗的音乐，与十部乐相对）的地位，下令把少数民族和外国的乐曲名改为汉文曲名，从而加速了中外音乐的融合，促进了唐代器乐艺术的繁荣。

宋代和元代的器乐艺术继承和发展了唐代的弹奏乐器艺术，同时，羌笛、筚管等吹奏乐器，葫芦琴、马尾胡琴等弦乐器也开始流行。此外，随着商业和手工业的发展，以市民阶层为主体的市民文化成为这一时期音乐的主体，民间开始出现以艺术为生的艺人。器乐艺术从宫廷皇族走向了普通民众，逐渐成为娱乐大众、愉悦身心的重要手段。市民音乐的兴起，使得这一时期产生了大量优秀的民间器乐艺术作品，如郭沔（miǎn）的《潇湘水云》《秋鸿》，刘志方的《忘机曲》《吴江吟》，毛敏仲的《渔歌》《樵歌》《山居吟》《列子御风》《庄周梦蝶》等。

明清时期，器乐艺术有了进一步的发展。器乐合奏的形式在各地广泛流行，产生了许多大型合奏曲。其中，比较突出的有打击乐器与吹奏乐器合奏的陕西鼓乐，用笛、管、弦、云锣等多种乐器合奏的十番鼓等。这一时期，器乐曲的创作还受到了戏曲、说唱等音乐形式的影响，许多曲牌被引入器乐。同时，琵琶、三弦等乐器也在戏曲、说唱等多种艺术形式中广泛运用。

## 文化溯源

### 威风锣鼓

威风锣鼓最早的名称为“锣鼓”，俗称“家伙”，是由锣、鼓、铙、镲 4 种乐器共同演奏的一种打击乐艺术形式，主要分布在山西省临汾市市区及霍州、洪洞、浮山等县。威风锣鼓作为民间锣鼓艺术的一个品类，在临汾市不仅有着长远的历史渊源，更有广泛的群众基础。在漫长的发展过程中，威风锣鼓汲取不同时代的艺术精华，使自身渐趋完美。

威风锣鼓融音乐、舞蹈、技艺于一体，其表演形式主要有两种：一种是挎鼓表演，多由鼓手挎一面圆形大鼓敲打表演；另一种表演形式是架子鼓，这种形式主要盛行于浮山县，表演时队形变化较少，在行进中边走边打。由于传承的变化和地域的差异，威风锣鼓形成了河东、河西两个流派，常见的曲目有《七牌子》《牛腰子》《乱如麻》《风搅雪》《银扭丝》《倒垂帘》等。

威风锣鼓表演者强悍矫健的身姿、粗犷豪放的性格、朝气蓬勃的气势，处处体现了生活在黄土高原上的北方汉子豪爽奔放的性格。在民俗学、历史学、社会学、美学的研究中，威风锣鼓都显示出重要的价值。

（参考资料：中国非物质文化遗产网，有改动）

## 晋韵华彩

### 晋剧《赵氏孤儿》

晋剧《赵氏孤儿》（见图 1-7-22）是根据元代纪君祥的杂剧《赵氏孤儿》改编而成的历史剧，其剧情如下。

在春秋时期，晋国的晋灵公荒淫无道，残害臣民。赵盾作为忠臣，多次进谏，晋灵公不但不听，反而对他怀恨在心。奸臣屠岸贾利用晋灵公的昏愦，进谗言陷害赵盾，导致赵氏一家 300 余口惨遭灭门。赵盾的儿子赵朔被逼自尽，赵朔的妻子庄姬公主在幽禁中生下了赵氏孤儿赵武，被门客程婴、将军韩厥救出。

屠岸贾为了追查赵氏孤儿的下落，向全国发布了悬赏令：如果有人报告孤儿下落，将得到重赏，否则，全国与孤儿同龄的婴儿将被全部杀死。为了保护孤儿和无辜的婴儿，程婴想用自己刚出生的孩子换下赵氏孤儿，并将后者交由公孙杵臼抚养成人。公孙杵臼认为自己年迈，无力抚养孤儿，愿舍命保护忠良后代。二人商议后，决定由程婴舍子，公孙舍命，随后程婴去向屠岸贾报告了“赵氏孤儿”的下落。

程婴也因此获得了屠岸贾的信任，他忍辱负重，让孤儿改名为程武，并认屠岸贾为义父。15 年后，孤儿赵武长大成人，程婴将实情告诉了他。赵武联合戍边回朝的大将军魏绛杀掉了屠岸贾，为赵家报仇雪恨。

图 1-7-22 晋剧《赵氏孤儿》(剧照)

整部戏剧围绕着救孤、藏孤和育孤等情节展开，通过鲜明的艺术形象、扣人心弦的剧情和深刻的主题思想，歌颂了以程婴为首的一群古代英雄坚守忠义、舍生取义、不屈不挠、勇于献身的精神。

## 文化实践

### 一、山西民乐探寻

在漫长的历史进程中，山西人民脚踏厚重的黄土高原，面对奔腾不息的黄河，创作和发展了丰富多彩的民间歌曲。山西民歌也被誉为“黄土地里种出来的歌”。此外，山西还有极具特色的地方舞蹈和乐器。请调查山西民乐的种类和发展情况等，并按照要求完成以下任务。

(1) 全班学生以 5～7 人为一组进行分组，各组选出组长并进行任务分工，将小组成员及分工情况填入表 1-7-1 中。

表 1-7-1　小组成员及分工情况

| 班级 | | 组号 | | 指导教师 | |
|---|---|---|---|---|---|
| 小组成员 | 姓名 | 学号 | | 任务分工 | |
| 组长 | | | | | |
| 组员 | | | | | |
| | | | | | |
| | | | | | |
| | | | | | |
| | | | | | |
| | | | | | |

（2）小组商议，制订出具体的分工计划，填入表 1-7-2 中。

表 1-7-2　工作计划

| 步骤 | 工作内容 | 时间安排 | 负责人 |
|---|---|---|---|
| 1 | | | |
| 2 | | | |
| 3 | | | |
| 4 | | | |
| 5 | | | |

（3）按照分工计划，开展调查活动。将具体的实施情况记录在表 1-7-3 中。

表 1-7-3　调查步骤

| 时间安排 | 实施步骤 |
|---|---|
| | 1．确定本组使用的信息搜集方法，包括： |
| | 2．列举至少 3 个山西民乐的特征： |
| | 3．介绍山西民乐的现状和发展情况： |
| | 4．介绍山西民间乐器目前的应用情况： |
| | 5．汇总调查结果，撰写一篇不少于 800 字的调查报告。 |

## 二、展风采，唱晋剧

为丰富基层精神文化生活，推进乡村文化振兴，培育时代新风新貌，山西省晋剧院在 2023 年分赴 9 个地市开展“免费送戏下乡进村”活动，把精彩纷呈的“晋剧文化盛宴”送到百姓家门口。

为继承好、发展好晋剧艺术，不断壮大晋剧艺术新生力量，请学生在课后查找相关资料，排演晋剧节目。

（1）学生按照特长进行分组，将分组情况填入表 1-7-4 中。

表 1-7-4 小组分工表

<table>
<tr><th colspan="2">组织设置</th><th>工作内容</th><th>岗位设置</th><th>岗位职责</th></tr>
<tr><td colspan="2" rowspan="2">管理小组</td><td rowspan="2">领导小组全面统筹各工作小组的工作</td><td>组长：</td><td>负责活动中的指导、监督、检查、协调等工作</td></tr>
<tr><td>副组长：</td><td>协助组长管理，落实安全保障，监督工作小组的执行推进情况</td></tr>
<tr><td rowspan="14">工作小组</td><td rowspan="2">资料检索组</td><td rowspan="2">利用互联网、图书馆等搜集相关资料，提供支持</td><td>组长：</td><td rowspan="14">组长：负责落实本组工作的执行情况、管理组员、合理安排组员的工作任务<br>组员：服从组长管理，自觉遵守活动纪律，积极参与组内工作，与组内成员团结协作</td></tr>
<tr><td>组员：</td></tr>
<tr><td rowspan="2">导演组</td><td rowspan="2">负责选取晋剧选段，进行角色分配、组织排练，演出时进行统筹安排等工作</td><td>组长：</td></tr>
<tr><td>组员：</td></tr>
<tr><td rowspan="2">演出组</td><td rowspan="2">根据剧本和角色的需求，按照导演要求进行排练和演出</td><td>角色：</td></tr>
<tr><td>演员：</td></tr>
<tr><td rowspan="2">服装组</td><td rowspan="2">租借或制作合适的戏服</td><td>组长：</td></tr>
<tr><td>组员：</td></tr>
<tr><td rowspan="2">化妆组</td><td rowspan="2">为演员化妆</td><td>组长：</td></tr>
<tr><td>组员：</td></tr>
<tr><td rowspan="2">道具组</td><td rowspan="2">负责租借、搬运道具</td><td>组长：</td></tr>
<tr><td>组员：</td></tr>
<tr><td rowspan="2">后勤组</td><td rowspan="2">负责场地联系、宣传等其他工作</td><td>组长：</td></tr>
<tr><td>组员：</td></tr>
</table>

（2）各组在课后商讨并制订详细的排练计划和时间表。

（3）在排练过程中，要不断完善表演技巧、动作和台词等内容，使整个表演更加流畅和生动。

（4）各组轮流进行正式演出。演出时，可以邀请一些专业的老师或嘉宾前来观看并提供反馈。

## 学习成果评价

学生和教师根据学生的实际学习成果开展自我评价、组间互评和教师评价，并将评价结果填写在表 1-7-5 所示的学习成果评价表中。

表 1-7-5　学习成果评价表

| 教学过程 | 内容（任务点） | 评价 | | |
|---|---|---|---|---|
| | | 学生自评（20%） | 组间互评（30%） | 教师评价（50%） |
| 课前 | 能够简要叙述中国古代歌舞的发展脉络 | | | |
| | 能够简要叙述传统戏曲的主要类型 | | | |
| | 能够简要描述中国传统器乐的发展历程 | | | |
| 课中 | 能够简要分析古代歌舞、传统戏曲和民族器乐的文化价值与艺术价值 | | | |
| | 能够分析不同类型古代歌舞、传统戏曲和民族器乐的表演风格与艺术特点 | | | |
| 课后 | 能够深刻感悟中国传统音乐中的文化内涵 | | | |
| | 不断提升中国传统音乐艺术的审美能力和艺术鉴赏水平 | | | |
| 专业点评 | | | | |

# 职业能力提升

## 课前任务表

全班学生以 5～7 人为一组进行分组，组长组织小组成员开展课前自学活动，并将相应的信息填写在表 2-1-1 所示的课前任务表中。

表 2-1-1 课前任务表

| 班级 | | | 小组 | |
|---|---|---|---|---|
| 课前任务及学习要求 | 预习课本知识，了解中医“四诊”和中医特色疗法的主要内容 | | | |
| | 观看相关视频，领会中医与众不同的治疗理念 | | | |
| | 观看五禽戏的动作演示，预习五禽戏的基本动作 | | | |
| | 与同学交流，说说自己对中医的认识 | | | |
| 小组构成与分工 | | 姓名 | 学号 | 任务分工 |
| | 组长 | | | |
| | 组员 | | | |
| | | | | |
| | | | | |
| | | | | |
| | | | | |
| | | | | |
| 课前存疑 | | | | |

## 文化讲堂

### 一、中医“四诊”

“四诊”即望、闻、问、切，是中医搜集临床资料的主要方法，也是获得病情信息的手段。中医通过四诊，可以在感官所及的范围内，直接获取病情信息并即刻进行分析，从而做出判断。

### （一）望诊

望诊是运用视觉观察患者外部神、色、形、态及各种排泄物来断疾的方法。其内容主要包括观察病人的五官、神形、面色、皮肤、舌象，以及排泄物、分泌物的形、色、质量等。因面色和舌象可以较为准确地反映内脏病变，实用价值较高，所以望诊中医生特别注重对病人面色和舌象的观察，面色诊和舌诊也逐渐成为望诊中最为重要的内容。

### （二）闻诊

闻诊是通过听声音和嗅气味来诊察疾病的方法。

听声音主要是根据病人声音的大小、高低、清浊来区别寒热虚实，包括诊察病人说话声音的高低粗细、呼吸的轻重缓促，以及是否有鼻塞音，是否咳嗽、是否有哮喘音等。通常来说，声高气粗重浊多属实证，反之则属虚证。

嗅气味包括嗅病人病体、病室散发的各种气味，以及分泌物、排泄物等的异常气味，以此来辨别病情的虚实寒热。通常，病体气味酸腐臭秽者，多属实热证；无臭或略有腥气者，多属虚寒证。病室有腐臭气味，病人可能患有瘟疫；病室有尿骚味，病人可能患有水肿。

### （三）问诊

问诊是通过询问病人或其陪诊者了解病情的方法。问诊内容包括一般项目（如姓名、性别、年龄、婚姻状况等）、主诉、现病史、既往史、家族史及个人生活史等。

问诊在四诊中占有重要地位。通过问诊，医者能够充分收集其他三诊无法取得的资料，如有关疾病发生的时间、原因、经过、既往病史、患者的病痛所在，以及生活习惯、饮食爱好等与疾病有关的情况，从而围绕患者突出的感觉、症状、体征，深入查询其特点及可能发生的兼证，以了解病情，进而提高判断的准确性。

### （四）切诊

切诊包括脉诊和按诊两部分。脉诊又称“切脉”“诊脉”，是指用指腹按患者一定部位的脉搏，借以体察患者的脉象变化，以辨别脏腑功能的盛衰、气血津液虚滞等。按诊是指在患者身躯上一定的部位触、摸、推、按，以了解疾病的内在变化或体表反应，从而获得辩证资料。

### 扁鹊见蔡桓公

扁鹊在诊视疾病过程中，全面应用了中医四诊法。当时扁鹊称之为望色、听声、写影和切脉。“扁鹊见蔡桓公”就是扁鹊通过望诊技术诊断疾病的案例，在史书上有所记载。

有一次，扁鹊见到蔡桓公，站着看了一会儿后，对蔡桓公说：“您的皮肤纹理间有点小病，不医治恐怕要加重。”蔡桓公自我感觉良好，不认为自己有病，于是说：“我没有病。”扁鹊离开后，蔡桓公又对旁边的人说：“医生总喜欢给没病的人治病，以此来炫耀自己的功劳。”

过了几天，扁鹊又见到蔡桓公。他对蔡桓公说：“您的病已到了肌肉里，再不医治，会更加严重的。”蔡桓公不理睬，扁鹊只好离去。几天后，扁鹊又来见蔡桓公，对蔡桓公说：“您的病已到了肠胃，再不医治，终将难治。”蔡桓公还是不理睬。扁鹊只好又走了。

不久后，扁鹊遇到蔡桓公，他远远看了蔡桓公一眼后转身就跑。蔡桓公觉得很奇怪，就派人去问扁鹊为什么跑。扁鹊回答：“皮肤纹理间的病，用热水焐、用药热敷，可以治好；肌肉里的病，可以用针灸治好；肠胃的病，可以用火剂治好；骨髓里的病，那是司命神的事情了，医生是没有办法的。现在他的病已到了骨髓，所以我不再过问了。”

果然，几天之后蔡桓公浑身剧痛，马上派人去寻找扁鹊为其治病，可是扁鹊已逃到秦国去了。蔡桓公病入膏肓，最后不治而亡。

## 二、中医特色疗法

中国的历代医者创造与发展出了一些独具特色的中医治疗和保健的方法，如针灸、推拿、刮痧、拔罐等，充分体现了中医与众不同的治疗理念。

### （一）针灸

针灸（见图 2-1-1）是针法和灸法的合称。针法是把毫针（一种由金属制作而成的治疗器）按一定穴位刺入患者体内，用捻、提等手法来治疗疾病。灸法是用燃烧着的艾绒（由艾叶经过反复晒杵、捶打、粉碎，筛除杂质、粉尘，而得到的软细如绒的物品）熏灼穴位皮肤，利用热来刺激穴位治疗疾病。

针灸是一种“内病外治”的医术，它利用经络、穴位的传导作用及一定的操作方法，激发经络之气，通经脉，调气血，使机体阴阳相对平衡，脏腑功能趋于调和，进而达到治疗全身疾病或保健养身的目的。针灸具有鲜明的民族文化与地域特征，是基于中华民族传统文化而产生的宝贵遗产。

### （二）推拿

推拿（见图 2-1-2）也称“按摩”“推拿按摩”，是指运用推、拿、按、摩、揉、捏、点、拍等手法，作用于人体的经络、穴位，以期达到疏通经络、推行气血、扶伤止痛、祛邪扶正、调和阴阳等疗效的一种治疗方法。推拿可用于治疗多种临床疾病，也可用于减肥、美容与养生保健等方面。

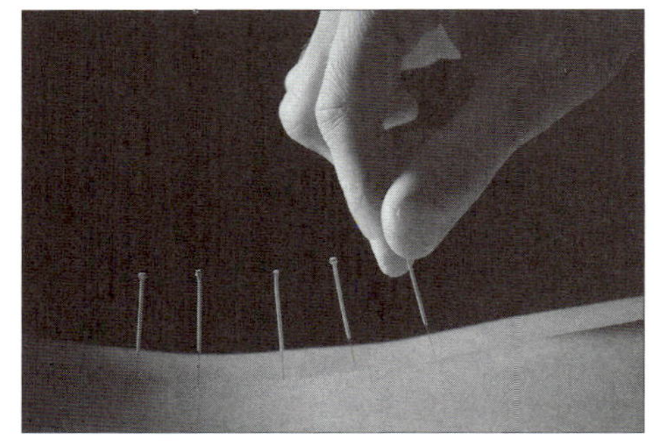

图 2-1-1　针灸

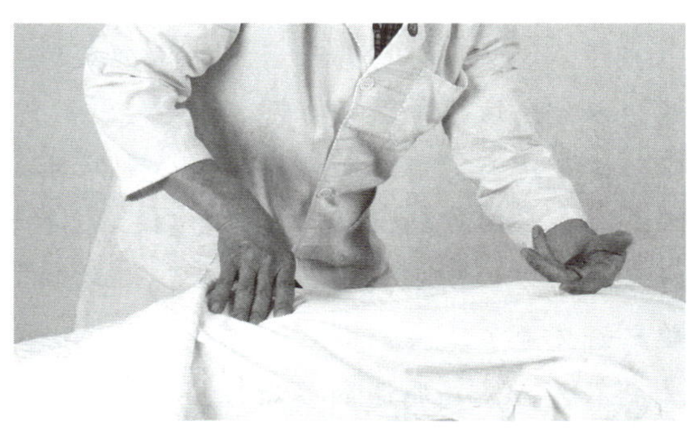

图 2-1-2　推拿

### （三）刮痧

刮痧（见图 2-1-3）是指以中医经络理论为指导，用边缘钝滑的器具（如刮痧板）蘸取适量的润滑介质（如刮痧油），在体表的特定部位反复刮动，使局部皮下出现粟粒状瘀斑或痧痕，以防治疾病的一种治疗方法。刮痧疗法具有解表祛邪、行气止痛、开窍醒神等作用，在临床治疗和保健等方面应用较广，常用于外感疾病中的中暑发热、呕吐、晕厥，以及夏秋季节的伤暑、伤食、腹泻、腹痛等。刮痧还可配合针灸、拔罐等疗法使用，可加强活血化瘀、祛邪排毒的效果。

### （四）拔罐

拔罐（见图 2-1-4），又称“角法”，是指以罐为工具，利用燃火、抽气等方法产生负压，使之吸附于身体体表，造成局部瘀血，以达到通经活络、行气活血、消肿止痛、祛风散寒等作用的疗法。拔罐工具主要为罐具、排气工具和针具（必要时用于浅表刺血）。其中，罐具为竹罐、玻璃罐或抽气罐等，排气工具为燃料或抽气筒，针具可为毫针、梅花针等。

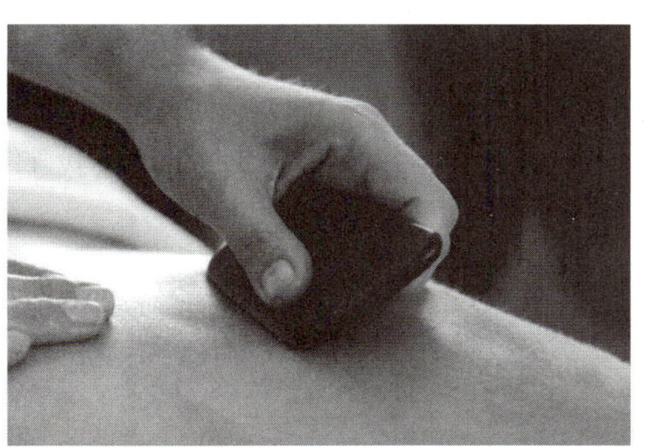

图 2-1-3　刮痧

图 2-1-4　拔罐

## 泽被后世

### 一、中医的主要成就

中国传统医学在漫长的发展过程中，形成了一套完整的思想理论体系，取得了举世瞩目的医学成就，涌现出了许多优秀的中医著作，是中华民族几千年的医学积累。

中国上古时期就有神农氏尝百草、辨药性，帮助人们治病的故事，是中医发展之始。先秦时期，人们已有了较丰富的医药学知识，在商代遗址中出土的石砭（biān）镰（砭镰是古代一种手术用具，见图 2-1-5）等医疗用具、甲骨文上记载的数十种疾病，都是对这一时期医学发展的有力证明。战国时期，扁鹊还提出了四诊法，即望、闻、问、切，是传统中医诊疗方法的基础。

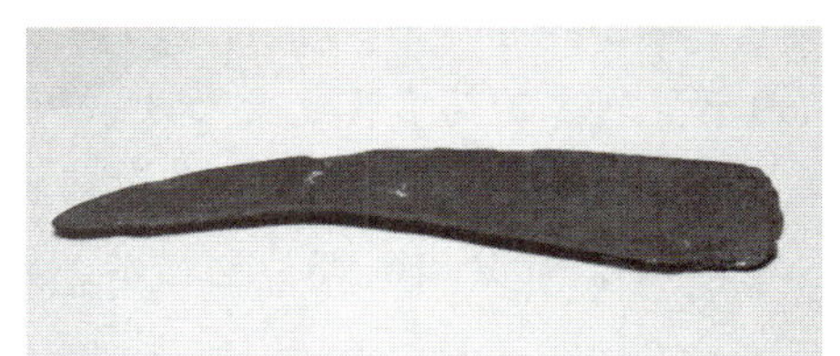

图 2-1-5　石砭镰

《黄帝内经》

汉代时，中医得到了极大发展，取得了很多成就。例如，东汉的《神农本草经》，是我国现存最早的药物学专著；成书约在战国时期的《黄帝内经》，初步建立了中医学的“阴阳五行”“经络气血”等理论体系，奠定了中医生理、病理、诊断及治疗的理论基础，被称为“医之始祖”；“医圣”张仲景的《伤寒杂病论》，为中医临床进行辨症、施治奠定了基础；“神医”华佗发明的“麻沸散”，是世界上最早的“全麻”法，比西方早了 1 600 多年；等等。

到了唐代，唐高宗下令编纂了《唐本草》。《唐本草》是世界上第一部由国家编定和颁布的药典。“药王”孙思邈全面总结历代的医药学成果，编写了医学专著《千金要方》。《千金要方》是中国历史上第一部临床医学百科全书，被国外学者推崇为“人类之至宝”。与此同时，藏族医学家宇妥·元丹贡布等编著的《四部医典》也对当时的医学发展有着重要影响。

明代李时珍编著的《本草纲目》是一部集中国古代医学之大成，内容最丰富、考订最翔实的药物学著作。它全面地总结了 16 世纪以前的中国医药学理论，记载了药物 1 800 多种，方剂上万个，被誉为“东方医药巨典”。

## 《本草纲目》

《本草纲目》由明代医学家李时珍所著，是几千年来中国传统药物学的总结，是中国医药宝库中的一份珍贵遗产。

《本草纲目》共 52 卷，190 多万字，载有药物 1 892 种，其中新药 374 种；收集医方 1 万多个。它在药物分类上改变了原有上、中、下三品分类法，采取了“析族区类，振纲分目”的科学分类方法。

卷 1 和卷 2 相当于总论，讲述本草要籍与药性理论，记载了明代以前的主要本草 41 种，以及有关药物气味阴阳、五味宜忌、标本阴阳、升降浮沉、补泻、各种用药禁忌等。

卷 3 和卷 4 为“百病主治药”，沿用《证类本草》“诸病通用药”旧例，以病原为纲罗列主治药名及主要功效，相当于一部用药手册。

卷 5 至卷 52 为各论，收录药物 1 892 种，附图 1 109 幅。其以部为“纲”，以类为“目”，计分 16 部，包括水、火、土、金石、草、谷、菜、果、木、服器、虫、鳞、介、禽、兽、人共 16 部。各部按“从微至巨”“从贱至贵”检索，又可以细分为 60 类。各类常将许多同科属生物排列在一起，各药“标名为纲，列事为目”，即一药名下列“释名”“集解”“辨疑”“修治”“气味”“主治”“发明”“附方”8 个项目。其中，“释名”列举别名，解释命名意义；“集解”介绍药物出产、形态、采收等；“辨疑”（或“正误”）类集诸家之说，辨析、纠正药物疑误；“修治”述炮制（即药材加工处理）方法；“气味”“主治”“发明”，则阐述药性理论，提示用药要点；“附方”以病为题，附列相关方剂。

《本草纲目》不仅在药物学方面有巨大成就，在化学、地质、天文等方面，也有重要贡献。例如，《本草纲目》较早地记载了纯金属、金属、金属氯化物、硫化物等一系列的化学反应，以及蒸馏、结晶、升华、沉淀、干燥等现代化学中常用的一些操作方法；书中还指出“窃谓月乃阴魂，其中婆娑者，山河之影尔”，即月球和地球一样都是具有山河的天体。

## 二、中医“四时养生”

中医关于养生的理论和方法是极其丰富的，其中最为重要的养生观念和原则就是要“顺四时而适寒暑”，即四时养生。四时养生是顺应四时阴阳气候的自然变化而养生的方法。

《黄帝内经》记载，“人与天地相参也，与日月相应也”，“人以天地之气生，四时之法成”。意思是说，自然界四季的交替和昼夜晨昏的变化，都可能会对人体产生影响，所以养生就是要顺应自然，并根据自然环境和四季气候的变化采取相应的养生方法。中医还认为，春、夏、秋、冬四时寒热温凉的变化，是根据一年中阴阳消长形成的。冬至阳生，由春到夏是阳长阴消的过程，所以有“春之温”“夏之热”之说；夏至阴生，由秋至冬是阴长阳消的过程，所以有“秋之凉”“冬之寒”之说。人类作为自然界的一部分，不能脱离客观自然条件而生存，而是要顺应四时的变化以调摄人体，从而使得阴阳平衡、经络通达、情志舒畅。

“四时养生”有以下几条原则。

（1）春夏养阳，秋冬养阴。《周易・系辞》记载：“变通莫大乎四时。”意思是四时阴阳的变化规律，直接影响着万物的荣枯生死。人们如果能顺从天气的变化，就能保全“生气”，延年益寿，否则就会生病或夭折。所以，春夏两季，天气由寒转暖、由暖转暑，是人体阳气生长之时，故应以调养阳气为主；秋冬两季，气候逐渐变凉，是人体阳气收敛、阴精潜藏于内之时，故应以保养阴精为主。春夏养阳，秋冬养阴，是建立在阴阳互根规律基础之上的养生防病措施。

（2）春捂秋冻。春季，阳气初生而未盛，阴气始减而未衰，人体肌表虽因气候转暖而开始疏泄，但其抗寒能力相对较差。此时，人们应注意保暖、御寒，有如保护初生的幼芽，使阳气不致受到伤害，逐渐得以强盛，这就是“春捂”的道理。秋天，阴气初生而未盛，阳气始减而未衰，人体肌表处于疏泄与致密交替之际。此时，若能适当地接受一些冷空气的刺激，有利于增强人体的应激能力和耐寒能力，所以秋天宜“冻”。春捂秋冻的道理，与“春夏养阳，秋冬养阴”是一脉相承的。

（3）慎避虚邪。中医认为，人体适应气候变化以保持正常生理活动的能力，有一定限度。在天气剧变，出现反常气候之时，很容易感邪发病。因此，人们在四时养护正气的同时，有必要对外邪审识避忌。《素问・八正神明论》记载：“四时者，所以分春秋冬夏之气所在，以时调之也，八正之虚邪而避之勿犯也。”这里所谓的“八正”，又称“八纪”，是指二十四节气中的立春、立夏、立秋、立冬、春分、秋分、夏至、冬至八个节气，是季节气候变化的转折点。天有所变，人有所应，故节气前后，气候变化对人的新陈代谢也有一定影响。体弱多病的人往往在交节时刻感到不适，而一些急病重症往往在节气前后发病。因此，一定要注意交节变化，重视交节前后的自我调护，避免外邪入侵。例如，节气前后数日要注意保存体力，不要熬夜，不要过分劳累，尤其不可汗出当风；要注意保持情绪的稳定乐观，尽量避免情绪冲动；要注意饮食适度，不吃过寒、过热及不易消化的食物；要注意及时增减衣物，谨防外邪侵袭机体；等等。

## 实践活动

### 五禽戏主题活动

五禽戏是中医导引养生的一种重要健身方法，由神医华佗所创。其动作编排按照《三国志》的虎、鹿、熊、猿、鸟的顺序，分别仿效虎之威猛、鹿之安舒、熊之沉稳、猿之灵巧、鸟之轻捷，力求蕴含“五禽”的神韵。

请查找关于五禽戏的视频资料，分组学习五禽戏的动作，感受五禽戏的魅力。

（1）全班学生以 5～7 人为一组进行分组，查找关于五禽戏的相关资料，并将表 2-1-2 填写完整。

表 2-1-2　小组成员及讨论情况

| 班级 | | 组号 | | 指导教师 | |
|---|---|---|---|---|---|
| 组长： | | 组员： | | | |
| 相关资料 | 五禽戏的历史发展 | | | | |
| | 五禽戏的动作要点 | | | | |
| | 五禽戏的传承流派 | | | | |

（2）各组从虎、鹿、熊、猿、鸟中选择一组动作进行练习，熟练后在班会时展示。

## 学习成果评价

学生和教师根据学生的实际学习成果开展自我评价、组间互评和教师评价，并将评价结果填写在表 2-1-3 所示的学习成果评价表中。

表 2-1-3　学习成果评价表

| 教学过程 | 内容（任务点） | 评价 | | |
|---|---|---|---|---|
| | | 学生自评（20%） | 组间互评（30%） | 教师评价（50%） |
| 课前 | 能够简要叙述中医“四诊”的含义 | | | |
| | 能够简要叙述中医特色疗法的主要内容 | | | |
| 课中 | 能够领会望、闻、问、切四种诊断方法的主要内容 | | | |
| | 能够领会针灸、推拿、刮痧、拔罐等中医特色疗法的操作技巧 | | | |
| 课后 | 认识到传统中医文化的价值，具备弘扬中医文化的意识 | | | |
| | 具备钻研精神，能够主动了解更多的中医基本理论和诊疗方法 | | | |
| 专业点评 | | | | |

# 模块二　社交篇——传统礼仪文化

## 课前任务表

全班学生以 5～7 人为一组进行分组，组长组织小组成员开展课前自学活动，并将相应的信息填写在表 2-2-1 所示的课前任务表中。

表 2-2-1　课前任务表

<table>
<tr><td>班级</td><td colspan="3"></td><td>小组</td><td></td></tr>
<tr><td rowspan="4">课前任务及学习要求</td><td colspan="5">预习课本知识，了解中国传统的饮食礼仪、待客礼仪、人生礼仪和外交礼仪</td></tr>
<tr><td colspan="5">观看相关视频，领会传统礼仪在日常生活中的应用</td></tr>
<tr><td colspan="5">记录预习过程中遇到的问题</td></tr>
<tr><td colspan="5">与同学交流，感受传统礼仪在不同地区传承过程中的异同</td></tr>
<tr><td rowspan="8">小组构成与分工</td><td></td><td>姓名</td><td>学号</td><td colspan="2">任务分工</td></tr>
<tr><td>组长</td><td></td><td></td><td colspan="2"></td></tr>
<tr><td rowspan="6">组员</td><td></td><td></td><td colspan="2"></td></tr>
<tr><td></td><td></td><td colspan="2"></td></tr>
<tr><td></td><td></td><td colspan="2"></td></tr>
<tr><td></td><td></td><td colspan="2"></td></tr>
<tr><td></td><td></td><td colspan="2"></td></tr>
<tr><td></td><td></td><td colspan="2"></td></tr>
<tr><td>课前存疑</td><td colspan="5"></td></tr>
</table>

## 文化讲堂

### 一、饮食礼仪

《礼记·礼运》记载：“夫礼之初，始诸饮食。”我国的饮食礼仪制度在周代就已经建立。这些礼仪在日后的社会实践中不断得到完善，进而成为文明时代的重要行为规范。中国传统的饮食礼仪主要包括座次礼仪、菜品摆放礼仪、进餐礼仪等。

### （一）座次礼仪

在传统的饮食礼仪中，座次是十分重要的。主人在安排座次时，应当将客人安排在尊位上。尊位的确定方法通常遵循“尚左尊东”“面门为尊”的原则。对于圆桌，以正对大门的座位为主座，主座两侧的座位以其与主座的距离来判断，距离主座越近的位置越尊贵，距离相同时，则左侧的位置比右侧的位置更尊贵。对于长桌，主座讲究居前、居中，主座左侧依次为 2、4、6 席，右侧依次为 3、5、7 席，根据客人的身份，以及与主人的亲疏关系进行分坐。

### （二）菜品摆放礼仪

《礼记・曲礼》记载：“凡进食之礼，左殽（yáo）右胾（zì），食居人之左，羹居人之右。脍炙处外，醯（xī）酱处内，葱渿（yì）处末，酒浆处右。以脯脩（xiū）置者，左朐右末。”意思是说，在摆放菜品的时候，带骨头的菜要放在左侧，切好的肉要放在右侧；干的食物摆放在食客的左手边，羹汤要放在其右手边；烧烤的肉类要放得远一些，味碟酱料要放在近处；葱一类的调味料要放在酱、醋的旁边，酒水饮料要放在右边。对于肉干、肉脯一类的菜品，形状弯曲的要放在左边，形状直的要放在右边。

### （三）进餐礼仪

与他人一起用餐时，不可只顾着自己吃，应先请客人或长者动筷子。夹菜时，应遵循“少量、多次”的原则，优先夹取距离自己较近的菜。不要专吃一个菜，也不要与他人争抢着夹菜。若主人亲自布菜，则应拜谢后再吃。

不出洋相，越吃越漂亮

对于有菜的汤，要用筷子；对于没有菜的汤，则可不用筷子。在喝汤时，如果汤中有菜，应当细嚼慢咽，不要大口吞咽。尽量不要啃咬骨头。吃烤肉时不要将一大块肉直接塞进嘴里。对于一般的肉类，可直接用牙齿咬断；但对于肉干，则要用手将其撕开。

在用餐时，还需要注意以下几个细节。首先，不要将手上粘的食物或已经吃过的食物再放回食器中。其次，吃饭时嘴巴不要发出吧唧声，喝汤时也不要发出声响。最后，不要用手扬去饭的热气，也不要当众剔牙齿。

## 二、待客礼仪

我国传统的待客流程大体上可以分为准备、迎客、待客、送客 4 个阶段。

### （一）准备

在客人到来之前，主人应整理房间，打扫好客人要坐的床榻，备齐用品，以示对客人的到来表示欢迎。成语“扫榻以待”生动地展现了这个准备过程。主人也需要精心地洒扫庭院，杜甫的“花径不曾缘客扫，蓬门今始为君开”就表现了主人对重要客人的重视。

### （二）迎客

《礼记·曲礼》记载："凡与客入者，每门让于客。客至于寝门，则主人请入为席，然后出迎客。客固辞，主人肃客而入。主人入门而右，客入门而左。主人就东阶，客就西阶。客若降等，则就主人之阶。主人固辞，然后客复就西阶。主人与客让登，主人先登，客从之，拾级聚足，连步以上。上于东阶，则先右足，上于西阶，则先左足。"

意思是说，凡是主人与客人一起进门，每经过一个门，主人都要让客人先进。当客人到达主人的内室门前时，主人要先入内铺设席位，然后出来迎接客人。即使客人主动辞让，主人仍要恭敬地邀请客人进入。主人从门的右边进入，而客人从门的左边进入。主人走东边的台阶，客人走西边的台阶。如果客人的地位比主人低，那么客人应该走主人的台阶，但主人要拒绝并请客人回到西边的台阶。在上下台阶时，主人和客人要相互谦让，主人先上，客人随后跟上。上台阶时，要一个台阶一个台阶地往上走。上东阶就先迈右脚，上西阶就先迈左脚。

但在日常生活中，迎客主要以自然、真诚、亲切为主。客人来时，主人应主动到门外拱手相迎，然后视客人的来向，伸出右手或左手，掌心向上斜对客人请客人入内。若有他人在场，则应予以相互介绍，介绍的顺序一般为先宾后主。

### （三）待客

客人进入房间后，主人应先请客人落座，然后为其送上饮品或点心。在提供饮品或点心时，应遵循"先奉老后奉少，先奉生后奉熟"的顺序，以示尊重和关心。同时，主人应主动与客人交谈，做到话题有共鸣，目光有交流。例如，李白在他的诗歌中描述了款待朋友的场景，"烹羊宰牛且为乐，会须一饮三百杯。岑夫子，丹丘生，将进酒，杯莫停"，展现了主人热情好客、宾至如归的待客之道。

主人为了助兴，进餐过程中也会开展各种活动，如活跃宴会气氛的行酒令、猜测物品的数目或颜色的猜枚令、随着节奏抛传信物的传递令、报数拍桌的拍七令、两人对猜的划拳令、抽筹行令的筹令、展现才华的文字令，以及射箭、投壶、掷骰等活动。

### （四）送客

送客是待客礼仪的最后一环，也是主人表达对客人的尊重和不舍之情的重要方式。在起席送客时，主人要待客人先站起来，然后才能站起来，并恰如其分地表达挽留之意和感谢之情。送客时，主人必须将客人送出门，同时应挥手致意，目送客人远去。

古代车马为行，山川阻隔，再见很难，送行是情感表达的重要时刻。因此，送客时的礼仪非常重要。我国古代有许多描写送别的诗句，这些诗句表达了不同的情感和气氛，既有"西峰带晓月，十里犹相送"的长送，也有"挥手自兹去，萧萧班马鸣"的短送；既有"劝君更尽一杯酒"的豪气，又有"挥手泪沾巾"的温情。

## 三、人生礼仪

人生礼仪是指在人生的重要阶段举行的仪式性活动，主要包括诞生礼、成年礼和婚礼等。人生礼仪是将个体生命加以社会化的程序规范和阶段性标志，与生产和生活经验等民俗文化相交织，体现出不同文化类型中的生命价值观。

### （一）诞生礼

在我国，婴儿降生又叫做“添喜”，生男孩称为“弄璋之喜”，生女孩称为“弄瓦之喜”。在婴儿出生后，主人就要到亲戚、朋友、邻居家去报喜，并在自家门外悬挂相应的标志：如果生的是男孩，主人就在门前左侧挂一张弓，所以生男孩也称为“悬弧”；如果生的是女孩，主人就在门前右侧挂帨（shuì），即佩巾，类似于现在的手帕。

婴儿出生的第三天要举行沐浴仪式，俗称“洗三”“洗三朝”“三朝”等。这个仪式不仅具有祈求福祉的象征意义，也有实际的保健作用，能帮助婴儿保持身体清洁，预防疾病。

婴儿满月时，主人会宴请亲友，称为“满月酒”。亲朋来贺通常会送不同的礼物，女性长辈的礼品多是婴儿衣物。有俗谣称：“姑姑家的帽子，姨姨家的鞋，老娘家的铺盖搬过来。”此外，婴儿满月时还会开展剃胎发、兜喜神圈（抱着婴儿走街串户）等活动。

婴儿百天时也要举行庆祝仪式，意在祝福婴儿健康长寿。这一天的主要习俗有“吃百家饭、穿百家衣、挂百家锁”，以及宴饮宾客等。

到了婴儿 1 周岁的时候，人们会为婴儿举行周岁礼。周岁礼是诞生礼结束的标志，预示着婴儿阶段的结束、幼儿阶段的开始。周岁礼的主要习俗是“抓周”（见图 2-2-1），即陈列各种生活用品和玩具，任由婴儿抓取，从其抓取物品的种类或特征来预判其未来的性情和志趣。

图 2-2-1　抓周

视野纵横

### 三朝礼

在民间的“三朝”习俗中，人们通常使用艾叶、花椒、槐枝等草药煎汤，由父母或接生婆为婴儿洗身，边洗边念祝词。洗后用红布擦干婴儿的身体，再将姜片、艾叶捣碎后涂抹在婴儿的关节部位，意在避瘟驱邪。

“三朝”这天，产妇要吃长豆面（以豌豆和小麦为原料的面食，俗称“展腰面”），婴儿要佩戴银锁。邻里好友也会前来祝贺，送上红鸡蛋、颈锁和婴儿衣服等礼物，表达对婴儿的祝福和喜爱。

### （二）成年礼

成年礼是指青年人进入法定（或由习俗规定）的成年期时举行的庆典仪式。它是汉族重要的人文遗产，对于个体成长的激励和鼓舞作用非常之大。我国传统的成年礼以男子的冠礼、女子的笄（jī）礼为代表。

冠礼起源于周代。冠礼意味着男子成年，并且可以作为氏族的一名成年人参加各项活动。按照周制，男子 20 岁行冠礼。古代冠礼通常在家庙内举行。主人（受冠者的父亲）会在家庙前占卜，确定冠礼的举行日期，然后将吉日告知亲友。冠礼前 3 日，主人选定一位来宾为正宾，为受冠者加冠命字，并约请一人来赞唱主持。行礼之日的基本环节如下：主人、正宾及受冠者都要穿礼服；正宾在主持的协助下，为受冠者行“三加”之礼［先加缁（zī）布冠，再加皮弁（biàn），最后加爵弁］，每次加冠完毕，皆由正宾对受冠者读祝词；受冠者拜见其母亲；正宾为受冠者取字，并致祝词；受冠者拜见各位亲戚、长辈；主人宴请、接待宾客；主人送客，并派人将祭品送到宾客家。

笄礼是我国古代汉族女子的成人礼。笄，即簪（zān）子。笄礼的象征意义和冠礼一样重大，标志着女子开始承担人生责任。

笄礼一般在女子 15 岁时举行，最迟 20 岁。笄礼的主要内容是将女子的发辫盘至头顶，用簪子插住，以示其成年。笄礼的程序与冠礼大体相同。主行笄礼者为女子的家长，由其约请的女宾为女子加笄。女子受笄后，一般要接受成人教育，学习为人处世的准则，学会侍奉长辈、待人接物，以及女红、劳作的技能等。

### （三）婚礼

古时，男子和女子成婚，需要完成“三书六礼”的礼仪程式。“三书”即聘书、礼书、迎书。聘书即订亲文书，在纳吉（男女订立婚约）时，男家交予女家之书柬，用来证明两家已经定下了婚约。礼书即在纳征时所用的文书，列明纳征的物品和数量。迎书即迎娶新娘之文书。“六礼”即纳采、问名、纳吉、纳征、请期和亲迎。纳采，即男方请媒人去女方家里提亲，女方答应议婚后，男方备礼前去求婚。问名，即男方请媒人问女方的名字和出生日期。纳吉，即男方将女子的名字、八字等取回后，在祖庙进行占卜，卜得吉兆后，备礼通知女方，决定缔结婚姻。纳征也称“纳币”，即男方将聘礼送到女方家里。请期，即男方择定婚期，备礼告知女方，求其同意。亲迎，即新郎亲自去女方家里迎娶新娘，女方在婚前一两天送嫁妆、铺床。

### （四）祝寿礼

长寿自古便是人们的美好愿望和精神追求，我国古代的“五福”（即福、禄、寿、喜、财）中便有“寿为先”的说法。此外，蟠桃盛会、八仙庆寿等神话传说，彭祖、寿星等经典的年画、窗花形象，无不体现着古人对长寿的向往和对生命的尊重。人们庆祝寿诞以祝愿老人长寿，由此产生了祝寿礼。子孙给老人祝寿，也称为“做寿”“庆寿”“贺寿”，是孝文化的表现形式之一。

整寿的庆祝活动通常较为盛大。整寿，即老人的年龄为整数，如六十、七十、八十、九十、一百。某些地区庆祝整寿并非真正逢十，而是提前一年，即在逢九之年庆祝。因为九在十个数字中数值最大，人们为讨个吉利，逐渐形成了这种“庆九不庆十”的风俗。另一种说法是因为天妒寿星，逢九庆祝是为了让上天忽略老人将过整寿。还有人认为，人生逢九即为生死关，此时对外宣称过整寿是为了瞒天过海。无论说法如何，其本意皆是希望老人健康长寿。除整寿外，若老人年龄为七十三、七十七、八十四、八十八，也可隆重庆祝。

当决定为老人举行祝寿活动时，其子女、亲属会派发请帖。接到邀请后，被邀请者通常会准备祝寿礼物。常见的祝寿礼物有寿糕、寿烛、寿面、寿桃、寿联、寿屏、“寿”字吉祥物等，也可以送鸡鸭鱼肉等。

寿宴上必有长寿面与寿桃。在寿宴席间，亲朋好友要向老人敬酒，因“酒”与“久”谐音，象征老人长命百岁。寿宴之外，老人还会身穿新衣，朝南坐于寿堂之上，接受亲友、晚辈的祝贺和叩拜。古代祝寿的行礼仪式通常如下：同辈抱拳打躬，儿孙行跪拜礼，其他晚辈鞠躬。祝寿活动结束后，老人要适当给儿孙或客人回礼，常有银戒指、小红包等。

## 四、外交礼仪

亲仁善邻、协和万邦是中华民族一贯的处世之道。而周边部族及诸国遣使朝贡，不仅可以彰显统治者“天下共主”的地位和威望，还可以体现王朝的强盛。因此，中国历代王朝都十分重视发展对外交往。

先秦时期，天子对诸侯采取“厚往薄来”的朝贡政策。这种政策体现了天子对诸侯的关怀和优待，同时也加强了天子与诸侯之间的联系。《礼记·中庸》记载：“厚往而薄来，所以怀诸侯也。”孔颖达疏：“厚往，谓诸侯还国，王者以其材贿厚重往报之。薄来，谓诸侯贡献使轻薄而来。如此，则诸侯归服。故所以怀诸侯也。”此后，历代王朝将“厚往薄来”的理念推广至与周边部族、诸国的交往中，并作为维持朝贡体系的基础。在朝贡体系下，中央统治者通过册封、互市、赠予、赏赐等形式，与朝贡国建立较为紧密的政治、经济与文化联系，由此促进了中央与朝贡国的友好往来。

古代诸侯亲自或派使臣定期朝见天子的礼仪被称为“朝聘”礼仪。《礼记·王制》记载：“诸侯之于天子也，比年一小聘，三年一大聘，五年一朝。”而古代最为隆重的外交礼节被称为“九宾”之礼。“九宾”之礼是指由 9 位迎宾赞礼的官员从殿内向外依次排列，在迎接宾客时高声呼唤，上下相传，并延引宾客上殿的礼仪。

此外，《礼记·曲礼》中对大夫、士人与国君交往的礼仪也做出具体规定：“大夫士见于国君，君若劳之，则还辟，再拜稽首；君若迎拜，则还辟，不敢答拜。大夫、士相见，虽贵贱不敌，主人敬客，则先拜客；客敬主人，则先拜主人。凡非吊丧，非见国君，无不答拜者。大夫见于国君，国君拜其辱。士见于大夫，大夫拜其辱。同国始相见，主人拜其辱。君于士，不答拜也；非其臣，则答拜之。大夫于其臣，虽贱必答拜之。男女相答拜也。”

意思是说，大夫和士人去拜见他国的国君，如果国君慰劳他们，他们应向后退避，然后俯首至地，行两次稽首礼；如果国君迎面拜他们，他们就要退身避开，不用回拜。与他国的大夫和士人相见，虽然身份贵贱不同，但若主人尊重客人，就先拜客人；若客人尊敬主人，就先拜主人。只要不是吊丧，不是见国君，就都要回拜的。大夫去见他国的国君，国君下拜，表示承蒙他屈驾光临；士人去见他国的大夫，大夫下拜，也表示承蒙他屈驾光临。同一个国家的人初次相见，主人回拜；国君对士人不必回拜；但如果这个士人不是他的臣下，就需要回拜他。大夫对于自己的臣下，即使对方地位低下，也要回拜。男女之间见面，要相互拜。

**视野纵横**

### 千里送鹅毛

“千里送鹅毛”的故事发生在唐代。当时，西域回纥国国王为了表示友好，派遣特使缅伯高向唐太宗敬献一只珍贵的天鹅。

在前往长安的路上，缅伯高在一条河边停下来休息。他把天鹅从笼子里放出来，想给它洗个澡。不料，天鹅突然展翅飞向了天空。缅伯高急忙伸手去捉，但只扯下了几根鹅毛。缅伯高急得捶胸顿足，号啕大哭。随从劝他说：“天鹅已经飞走了，哭也没有用，还是想想补救的方法吧。”缅伯高思索一番后，决定继续前行，他拿出一块洁白的绸子，小心翼翼地把鹅毛包好，又在绸子上题了一首诗。诗中写道：“天鹅贡唐朝，山重路更遥。沔阳河失宝，回纥情难抛。上奉唐天子，请罪缅伯高。礼轻情意重，千里送鹅毛。”

到了长安，缅伯高拜见唐太宗，并献上礼物。唐太宗打开礼物，发现里面只有几根鹅毛和一首小诗。唐太宗看了这首诗，又听了缅伯高的诉说，非但没有怪罪他，反而觉得缅伯高忠诚、老实，不辱使命，于是，称赞了他的勇气和智慧，并奖赏给他很多东西。

后来，“千里送鹅毛，礼轻情意重”这句话成了千古名言，表达了人们对于真诚和情感的重视。

## 晋韵华彩

### 山西传统吉庆礼仪

吉庆礼仪是各地民俗与禁忌的重要体现，展示了各地不同的风俗民情。而山西的传统吉庆礼仪以其独特的风格和内涵，成为了中华文化瑰宝中的重要组成部分。

#### （一）添喜

在山西，人们称婴儿降生为“添喜”，在晋中和晋南地区，人们又称婴儿降生为“落草”“临盆”。婴儿诞生后，女婿要在婴儿出生的当天或次日去岳父家报喜，去时多带煮熟的红鸡蛋，生男孩带单数，生女孩带双数。有些地区流行带一壶酒，若生男孩，则酒壶上拴红绳；若生女孩，则拴红绸。娘家要馈送各种食物，雁门关以北地区流行送小米和芝麻盐，运城市闻喜县流行送烙饼，临汾市浮山县等地流行送“饽馍馍”“面合子”。此外，女婿还要到亲友家报喜并设席款待亲友，亲友会送些礼品给产妇或婴儿。晋中市祁县等地讲究生男孩吃饺子，生女孩吃烙饼，同时会让报喜人带上小米、红糖等让产妇下奶。晋南地区有给产妇送“火肋”（也叫“杠子”，一种发面饼）的习俗。

向邻居报喜俗称“挑红”“门标”“忌门”。晋中市祁县等地的人们要在产房门帘上用红布条交叉成十字，中间缝上一枚“嘉庆通宝”铜钱。晋中市灵石县及周边地区的人们是在窗台上放一块炭，若生男孩则将炭竖着放，若生女孩则将炭横着放。临汾市浮山县流行在窗户上挂一张箩，箩底上贴一张红纸，称为“圈箩”，祈望婴儿好养活。忻州市河曲县及周边地区的人们会在街门或街门对面的墙上贴“喜贴”，若生男孩则贴两张葫芦形红纸，若生女孩则贴两寸见方的红纸。忻州市定襄县等地有“挂红字”（又叫“看葫芦”）的习俗，即用带根的谷子和红布扎成一束，悬挂在产房门口。若生男孩，则在“红字”上配以弓箭和大蒜；若生女孩，则只配以大蒜。吕梁地区的人们会在大门、小门、厕所等处张贴红纸，若生男孩则正着贴，若生女孩则斜着贴。

### （二）婚嫁

山西传统婚礼的第一步是议婚，即由一方家长托媒人拜访另一方家长，商量双方缔结婚姻关系。在男女两家对婚事都持肯定意见的情况下进行订婚，这在山西被称为“过帖”“换帖”，雁门关以北一带的人们称之为“下茶”，晋南地区的人们称之为“过大礼”“许亲”“定亲”。男女双方订婚，一般选择农历三、六、九等吉日。订婚时，男方要往女方家中送去聘礼，双方家长要在选定的吉日分别设筵款待亲友，俗称“定亲饭”。山西还讲究在订婚时互换“龙凤帖”（一种印有龙、凤的大红纸帖）。太原市、大同市等地流行将“龙凤帖”叠成九折，象征婚姻天长地久。

山西称成婚为“迎亲”“娶媳妇”。成婚这天，男方请人帮忙搭喜棚，贴对联，摆酒席，请亲朋，张灯结彩。亲朋好友纷纷馈赠礼品，一同向新人道喜。宾客来后先吃喜面，后吃酒席。此席称为“正席”“正筵”。桌上的菜品一般讲究“七个碟子八个碗”，或者“九碟、六小碗、八大碗”，荤素的摆放位置也很有说法。在菜品摆好的时候开始上酒。酒过数巡后，接着上“碗”。最后上四碗配馍菜，然后上馍，奉茶，奉烟。酒席结束后，新郎“披红、簪花”去迎亲。所谓披红，是指身披挽有绣球的大红绸条。所谓簪花是指将一对金花分别插在礼帽两侧。

新郎到女方家后，首先要向女方亲戚中的长辈一一磕头认亲。女方设筵盛情款待以示诚意。筵席结束后，新郎向岳父、岳母叩头辞行。临行前，女方也要给新郎“披红、簪花”。山西新娘出嫁讲究插头花，穿上一身大红色的衣服。迎亲队伍一般讲究走大回环，回时不走去时路。

迎亲队伍回到男方家时，村里锣鼓喧天，鞭炮齐鸣，村民夹道围观，男方亲友一拥而出，迎接新娘。男方家门前从落轿处通往花堂的路上铺设红毡，新娘脚踩红毡，由捏姑（男方家专接新娘的少妇）搀扶缓缓步入花堂。新娘手抱宝瓶，表示守口如瓶，怀揣男方家蒸的花馍，表示多寿、多福、多子。新郎和新娘面对花堂的神位并立，司仪高唱拜堂（见图 2-2-2）。

图 2-2-2　拜堂

拜堂后，新郎新娘拉上同心结（红绸条）在众人的簇拥下步入洞房，还有人手抓五谷杂粮，不时地撒向新娘，边撒边呼："一撒金，二撒银，三撒媳妇进了门。"入洞房时，新娘要一跨马鞍，表示勤劳，二跨火盆，表示红红火火过日子。入洞房后，新郎会将新娘的盖头揭掉。也有的地方讲究用秤杆挑掉，取"吉星合到，大吉大利"之意。

### （三）开锁

在山西省晋城市及周边地区，有给初生的孩子戴长命锁的习俗，通常是在孩子满月时，由孩子姥姥准备长命锁并挂在孩子的脖子上，表示牢牢地将孩子的生命锁住，希望孩子长命百岁。

开锁又称"圆锁"，是当地的人们在孩子 12 岁左右为其举办的祈福仪式。开锁仪式一般由家中有德行威望的长辈来主持。在"开锁"过程中，主持者一般会念叨一些顺口溜，如"一开天，二开地，三开聪明又伶俐""一打聪明伶俐，二打荣华富贵，三打长命百岁"等。意思是希望孩子开启智慧，在今后的学习和生活中越来越聪明。孩子的母亲或者奶奶会拿着葱或扫把在孩子的脊背上轻轻拍打几下，用葱拍打孩子是期望孩子以后变得更加聪明伶俐，用扫把拍打孩子则是为了扫掉孩子身上的晦气和霉运，期望其未来生活幸福。

接下来，孩子需要将铺着红布的盘子托在胸前，由长辈依次往盘子里放钱币，钱币的数目没有具体规定。每当有长辈往盘子里放钱币时，孩子需要表示感谢。随后由长辈把孩子的长命锁放到灶神的牌位前，孩子和家人祭拜祖先、神灵，希望祖先、神灵能够保佑孩子开启智慧，健康顺遂。

开锁仪式结束后，主家及其亲戚朋友会一同聚餐，其间，父母会带着孩子逐桌敬酒，庆祝孩子长大成人并感谢大家的祝福与帮助。宴席结束后，主家为感谢亲朋好友的鼎力相助，会按照关系的亲疏回礼，或是再次宴请，以表达自己的谢意与回报之情。

## 实践活动

### 传统礼仪应用情景模拟

为了让学生深入体验传统礼仪的魅力，并在现代社会中灵活运用这些礼仪。请学生结合实际情况，组织一次传统礼仪应用的情景模拟活动。

（1）全班学生以 5～7 人为一组进行分组，各组选出一名组长。

（2）各组自由选择一个情景主题，如宴会、婚嫁、婴儿诞生或祝寿等，然后根据所选主题开展情景模拟活动。

（3）各组成员通过讨论确定各自扮演的角色，如主人、客人、主持人等。由组长将小组成员及分工情况填入表 2-2-2 中。在活动过程中，确保各自言行举止符合传统礼仪的要求。

表 2-2-2　小组成员及分工情况

| 班级 | | 组号 | | 指导教师 | |
|---|---|---|---|---|---|
| 小组成员 | 姓名 | 学号 | 任务分工 | | |
| 组长 | | | | | |
| 组员 | | | | | |
| | | | | | |
| | | | | | |
| | | | | | |
| | | | | | |
| | | | | | |
| | | | | | |

（4）活动结束后，学生进行反思，分享情景模拟活动的体验和感受。每组选派一名代表分享传统礼仪对人际关系的影响，以及如何将传统礼仪运用到现代社交中。

## 学习成果评价

学生和教师根据学生的实际学习成果开展自我评价、组间互评和教师评价，并将评价结果填写在表 2-2-3 所示的学习成果评价表中。

表 2-2-3　学习成果评价表

<table>
<tr><th rowspan="2">教学过程</th><th rowspan="2">内容（任务点）</th><th colspan="3">评价</th></tr>
<tr><th>学生自评（20%）</th><th>组间互评（30%）</th><th>教师评价（50%）</th></tr>
<tr><td rowspan="4">课前</td><td>能够简要叙述饮食礼仪的基本内容</td><td></td><td></td><td></td></tr>
<tr><td>能够简要叙述待客礼仪的基本内容</td><td></td><td></td><td></td></tr>
<tr><td>能够简要叙述人生礼仪的基本内容</td><td></td><td></td><td></td></tr>
<tr><td>能够简要叙述传统外交礼仪的基本内容</td><td></td><td></td><td></td></tr>
<tr><td rowspan="2">课中</td><td>能够掌握传统饮食礼仪和待客礼仪的要点和流程</td><td></td><td></td><td></td></tr>
<tr><td>能够理解人生礼仪和外交礼仪的文化内涵</td><td></td><td></td><td></td></tr>
<tr><td rowspan="2">课后</td><td>能够理解和尊重不同文化背景下的传统礼仪</td><td></td><td></td><td></td></tr>
<tr><td>在社交场合中，能够热情、礼貌地与他人交往</td><td></td><td></td><td></td></tr>
<tr><td>专业点评</td><td colspan="4"></td></tr>
</table>

# 模块三　健康篇——传统饮食文化

## 课前任务表

全班学生以 5～7 人为一组进行分组，组长组织小组成员开展课前自学活动，并将相应的信息填写在表 2-3-1 所示的课前任务表中。

表 2-3-1　课前任务表

<table>
<tr><td>班级</td><td colspan="3"></td><td>小组</td><td></td></tr>
<tr><td rowspan="4">课前任务<br>及学习要求</td><td colspan="5">预习课本知识，了解中国传统的食文化、茶文化、酒文化和醋文化</td></tr>
<tr><td colspan="5">查阅相关资料，了解醋的制作方法及其在中国饮食中的应用</td></tr>
<tr><td colspan="5">观看相关视频，了解中国传统茶艺的流程及技巧</td></tr>
<tr><td colspan="5">与同学交流，比较不同地区醋文化的异同</td></tr>
<tr><td rowspan="8">小组构成<br>与分工</td><td></td><td>姓名</td><td>学号</td><td colspan="2">任务分工</td></tr>
<tr><td>组长</td><td></td><td></td><td colspan="2"></td></tr>
<tr><td rowspan="6">组员</td><td></td><td></td><td colspan="2"></td></tr>
<tr><td></td><td></td><td colspan="2"></td></tr>
<tr><td></td><td></td><td colspan="2"></td></tr>
<tr><td></td><td></td><td colspan="2"></td></tr>
<tr><td></td><td></td><td colspan="2"></td></tr>
<tr><td></td><td></td><td colspan="2"></td></tr>
<tr><td>课前存疑</td><td colspan="5"></td></tr>
</table>

## 文化讲堂

### 一、食文化

饮食对人们的重要意义不言而喻。中国饮食调味精益、膳食繁盛、肴器华贵、烹饪技艺巧妙，处处体现着中华文化的精要，不仅是中华民族的绚丽瑰宝，也是人类文明史上重要的文化遗产。

### （一）饮食发展

中国古代饮食自发端起绵延至今已 170 多万年，历经生食、熟食和烹饪三个发展阶段。“有巢氏”时期，人类处于茹毛饮血的生食阶段。“燧人氏”时期，人类利用钻木取火的方式炙烤食物，开始食用熟食。“伏羲氏”时期，伏羲教授部落族人渔猎，人们能获得更多食材，饮食逐渐丰富起来。“神农氏”时期，陶器诞生，由“炮生为熟”到蒸煮食物，烹饪技术获得了突破性的发展。“黄帝”时期，出现了灶，灶可集中火力，使食物速熟。“蒸谷为饮，烹谷为粥”表明人们用烹制方法区别食品，并发明了甑（zēng，即蒸锅）（见图 2-3-1）。同一时期，人类还发现了盐，从此有了烹调之说。

图 2-3-1　双耳甑

周秦时期是中国饮食文化的成型时期，此时人们的食物以谷物、蔬菜为主。春秋战国时期，我国的谷物、蔬菜结构与现在不同，但主要包括“稻、黍、稷、麦、菽”，称为“五谷”。

汉代是中国饮食文化的丰富时期，主要归功于汉代中西（西域）饮食文化的交流。这一时期，引进了石榴、芝麻、葡萄、胡桃（核桃）、黄瓜、菠菜、胡萝卜、茴香、胡豆、大蒜等果蔬，还传入了一些烹调方法，并发明了新的菜品，如炸油饼、烧饼。东汉时期，还出现了植物油（在此之前都用动物油，叫脂膏）。植物油主要是杏仁油、麻油，但很稀少，南北朝以后植物油的品种逐渐丰富。

唐宋时期饮食文化达到高峰，菜品种类极其丰富、拼摆技艺水平高超，最具代表性的是烧尾宴。

**视野纵横**

#### 烧尾宴

烧尾宴是指新官上任或官员升迁，招待前来恭贺的亲朋同僚的宴会。烧尾宴（见图 2-3-2）是极尽奢华的唐代五宴之一，但仅仅流行了二十年。据史料记载，唐中宗时，韦巨源于景龙年间官拜尚书令，便在自己的家中设“烧尾宴”宴请唐中宗。宴会共上 58 道菜，包括冷盘、热炒、烧烤、汤羹、甜品、面点，一应俱全。其中有些菜品颇有情趣，如贵妃红，是一种精制的红酥点心；甜雪，即用蜜糖煎大例面；白龙，即鳜鱼丝；御黄王母饭，是肉、鸡蛋等做的“盖浇饭”。

图 2-3-2　烧尾宴

明清时期是饮食文化发展的又一高峰，其在继承唐宋食俗的同时，又融合了满蒙的特点，饮食结构有了很大变化。主食方面，菰（gū）米被彻底淘汰；麻籽退出主食行列，改为榨油的原料；豆料也不再作为主食，而成为菜肴。蔬菜方面，明代大规模引进外来蔬菜，马铃薯、甘薯的种植达到较高水准，成为主要菜肴。肉类方面，人工畜养的畜禽成为肉食主要来源。清代继承历朝饮食之精华，将饮食文化推向巅峰，满汉全席代表了清代饮食文化的最高水平。

### （二）饮食层次

人类社会在结束了平等而漫长的原始共产主义社会形态阶段后，便进入了阶级对抗的社会历史阶段。这种等级结构体现在饮食文化中，便形成了三个基本层次：平民、官府和宫廷。这三个层次在选材用料、烹调技艺、风格口味等方面，均存在着明显差异。

#### 1. 平民饮食

平民饮食是中国烹饪规模最大、消费人口最多、最普遍、最常见的类型，是中国烹饪最雄厚的土壤和基础。从一定意义上来说，平民饮食是中国饮食文化的根。

平民饮食简单、朴实且富有趣味，或就地取材加工食用，或入山林采鲜菇嫩叶、捕飞禽走兽，或就河网鱼鳖蟹虾、捞莲子菱藕，或居家宰家禽家畜，或下地择禾黍麦粱、野菜地瓜，食材随见随取，随食随用。正因如此，一些稀奇古怪的山珍海味、野菜山果被平民大胆尝试后，才发现了其食用价值。由于选材随意，烹调方法也简单易行，一般是因材施烹，煎炒蒸煮、烧烩拌泡、脯腊渍炖，皆因时因地。

由于地域差异、民族信仰不同，平民饮食在取材、口味上有着明显的地域差别，如江南地区习惯放糖提鲜，南部沿海地区喜用鱼露拌菜，四川喜用辣椒、豆豉调味等。

#### 2. 官府饮食

官府菜是王府、皇亲国戚、富豪商贾、达官显贵、社会名流等官邸的私家菜。官府菜主要有以下几种：孔府菜、东坡菜、云林菜、随园菜、谭家菜、段家菜等。其中，孔府菜因自成一套完善的饮食结构，成为官府菜的典型代表。

视野纵横

## 孔府菜

孔府菜为曲阜孔府家厨烹饪的菜肴，是中国典型的官府菜。曲阜的孔府，是孔子嫡系后裔“衍圣公”的府第，孔府内设有两个厨房，一是专为“衍圣公”及其家人烹饪的内厨，二是服务于大型筵席、祭祀和庆典活动等的外厨。这些烹饪活动，长期以来形成了孔府菜独特的风格。

孔府菜中，有相当一部分菜肴是用名贵的山珍海味烹制的，如燕窝、鱼翅、熊掌、驼蹄、鹿筋、猴头、哈士蟆等。有些菜品还有孔府自己的典故和独到之处，如“一品丸子”“一品豆腐”“一品海参”等菜，寓意孔府家主是“当朝一品官”；“怀抱鲤”“通天鱼翅”“御笔猴头”“带子上朝”“御带虾仁”等，蕴含孔府家辈辈为官、代代上朝的愿望。

官府菜风味品高质优，即使是普通食材，也能烹制得异常精致，因此，官府菜又被称作“功夫菜”，如“黄焖鱼翅”（见图 2-3-3），从发料到成菜大约需要两至三天时间。

图 2-3-3　黄焖鱼翅

官府菜不仅讲究菜肴的精美，还非常注重就餐环境，如古代豪门贵族所食各种珍贵食品需用鼎盛着，且吃饭时要奏乐击钟，故用“钟鸣鼎食”形容权贵之家饮食活动的豪奢排场。

官府菜的烹饪技艺经过不断改进、创造，兼容了不同时期人们的喜好和对饮食的追求。“食中至尊，味之巅峰”是中国人对官府饮食文化的赞誉。

### 3. 宫廷饮食

宫廷饮食体现了中国饮食史上的最高文化层次，其以御膳为中心，充分展示了中国饮食文化的技术水准和文化色彩，体现了帝王饮食的华贵尊荣、精细奢华、程仪庄严。从周代开始，宫廷菜便讲究“食必稽于本草，饮必合乎法度”。汉代宫廷饮食承袭秦制，等级森严，显示出皇帝的饮膳之制神圣不可僭越。魏晋南北朝时期，宫廷饮食出现了胡汉交融的特点，面食日益丰富，饮茶习俗也在宫中形成。隋唐时期，帝王将自己的饮食生活推向奢靡的极致。宋代宫廷饮食，北宋较简约，南宋较奢侈。元代宫廷饮食庞杂，以蒙古菜肴为主。明代的宫廷饮食则带有强烈的南味色彩。清代总结并汲取了历代的光辉成就，宫廷筵席规模不断扩大，烹调技艺水平不断提高，将中国宫廷饮食推向顶峰。满汉全席便是集满族与汉族菜点之精华而形成的中华大宴。

视野纵横

**满汉全席**

满汉全席是清朝时期的宫廷盛宴，既有宫廷菜肴之特色，又有地方风味之精华；既突出满族菜点的特殊风味，又展示了汉族烹调的特色（扒、炸、炒、熘、烧等兼备），乃中华菜系文化之瑰宝。

满汉全席分为六宴，即蒙古亲藩宴、廷臣宴、万寿宴、千叟宴、九白宴和节令宴。满汉全席汇集满汉众多名馔，择取时鲜海味，搜寻山珍异兽。满汉全席一般有108道菜，包括54道南菜和54道北菜，合用全套粉彩万寿餐具，并配以银器，富贵华丽。席间专请名师奏古乐伴宴，沿典雅遗风，礼仪严谨庄重，承传统美德，令客人流连忘返。

宫廷菜非常注重文化内涵，不仅食器精美、菜名风雅，还非常注重就餐气氛的营造。例如，清代宫廷宴会上，皇帝及皇室成员所用食器多为金银、玉石、象牙等贵重材质，并由专门的工匠精工制作。这些食器一般都有专名，如“大金盘”“青白玉无盖葵花盒”“双凤金碗盖”“大紫龙蝶金盖”等。可以说，每一件餐具从外形到材质，都充分体现出皇家的“尊”“荣”“富”“贵”“典”“威”等独有的气派和权势。此外，宫廷菜肴都会被赋予一个吉祥的名字，如“金凤呈祥”“宫门献鱼”“鹤鹿同春”“百鸟朝凤”等，以此彰显宫廷菜的典雅高贵、内涵丰富。

### （三）地方菜系

地方菜系是指受地理环境、气候物产、文化传统等因素的影响，在中国的某一地区产生的有一定亲缘关系、菜点风味相近、知名度较高，并为群众所喜爱的地方特色风味。其中，影响最大、最具有代表性的有鲁、川、苏、粤、闽、浙、徽、湘菜系，俗称“八大菜系”。

#### 1. 鲁菜

鲁菜起源于山东的齐鲁风味，是历史最悠久、技法最丰富、难度最大、最见功力的菜系。鲁菜以清香、鲜嫩、味醇而著称，十分讲究清汤和奶汤的熬制，清汤色清而鲜，奶汤色白而醇，如著名的清汤什锦、奶汤蒲菜等。除了汤品外，鲁菜的代表菜品有糖醋鲤鱼、葱烧海参、油焖大虾、宫保鸡丁、扒原壳鲍鱼、汤爆双脆、鲅鱼水饺、九转大肠（见图 2-3-4）、八仙过海闹罗汉等。

#### 2. 川菜

川菜是有“天府之国”美誉的四川以其丰富的物产条件所形成的独特风味菜系，具有浓郁的地方特色。川菜品种丰富、味道多变、适应性强，享有“一菜一格，百菜百味”之美誉，许多人发出“食在中国，味在四川”的赞叹。川菜重视选料，讲究规格，分色配菜，突出麻、辣、香、鲜，油大、味厚，重用“三椒”（辣椒、花椒、胡椒）和鲜姜。川菜的调味方法有鱼香、怪味、椒麻、红油、姜汁、糖醋、荔枝、蒜泥等复合味型。其代表菜肴有水煮鱼、夫妻肺片（见图 2-3-5）、回锅肉、麻婆豆腐、鱼香肉丝、水煮肉片、辣子鸡、酸菜鱼、宫保鸡丁、毛血旺等。

图 2-3-4　九转大肠

图 2-3-5　夫妻肺片

### 3．粤菜

粤菜即广东菜，菜品选料较广，飞禽走兽一应俱全。粤菜的口味随季节而变，一般夏秋力求清淡，冬春偏重浓醇。调味有“五滋（香、松、臭、肥、浓）、六味（酸、甜、苦、咸、辣、鲜）”之别。粤菜的代表菜品有明炉烤乳猪、挂炉烧鹅、白切鸡、红烧乳鸽、蜜汁叉烧、煲仔饭、菠萝咕噜肉、客家酿豆腐、梅菜扣肉、盐焗鸡、猪肚包鸡、盆菜（见图 2-3-6）等。

### 4．闽菜

闽菜即福建菜，以福州、闽南、闽西三地的地方菜为主。其中，福州菜清鲜、爽淡，偏于酸甜，尤其讲究调汤，且善于用红糖作配料，以去腥、增香、生味、调色、防变质。闽菜以烹制海鲜而著称，且汤菜居多，具有鲜、香、烂、淡并捎带甜酸辣的独特风味。其烹饪技艺多采用细致入微的片、切、剞（jī，雕刻）等刀法，使所有原料均能达到入味透彻的效果。闽菜的代表菜品有佛跳墙（见图 2-3-7）、福州鱼丸、鼎边糊、漳州卤面、海蛎煎、厦门沙茶面、兴化米粉、荔枝肉、乌柳居、红糟鱼排等。

图 2-3-6　盆菜

图 2-3-7　佛跳墙

5．苏菜

苏菜即江苏菜，以扬州、淮安、南京、苏州等地的地方菜为主。苏菜总体特点是选料严谨、制作精细、注意配色、讲究造型，菜肴四季有别。其烹调方法以炖、焖、蒸、烧、炒为主，且重视调汤，保持原汁。其口味清鲜，肥而不腻、淡而不薄，酥烂脱骨而不失其形、滑嫩爽脆而不失其味。苏菜的代表菜品有盐水鸭肫、金陵盐水鸭（见图 2-3-8）、叉烤鸭、芙蓉鲫鱼、菊花青鱼、松鼠鳜鱼、碧螺虾仁、雪花蟹斗、清汤鱼翅、香炸银鱼、无锡肉骨头、常州糟扣肉、霸王别姬、蟹黄鱼肚、彭城鱼丸、文思豆腐等。

6．浙菜

浙菜即浙江菜，是以杭州、宁波、绍兴和温州四地风味为代表的地方菜系。浙菜原料十分广泛，其注重原料的新鲜与合理搭配，以求味道的互补，充分发掘出普通原料的美味与营养。浙菜的代表菜品有龙井虾仁、西湖醋鱼、东坡肉、油焖春笋、虾爆鳝背、冰糖甲鱼、剔骨锅烧河鳗、苔菜小方烤、雪菜大黄鱼、腐皮包黄鱼、荷叶粉蒸肉、黄鱼海参羹、彩熘全黄鱼、嘉兴肉粽、绍兴臭豆腐、舟山虾爆鳝面等。

7．徽菜

徽菜即安徽菜，以烹调河鲜、家禽见长，讲究刀工，注重色、形，善用糖调味，尤以烟熏菜肴别具一格。徽菜的代表菜品有毛峰熏鲥（shí）鱼、火腿炖甲鱼、腌鲜鳜鱼（见图 2-3-9）、黄山炖鸽、雪冬烧山鸡、虎皮毛豆腐、中和汤、双脆锅巴、徽州圆子、蛏干烧肉、青螺炖鸭等。

图 2-3-8　金陵盐水鸭

图 2-3-9　腌鲜鳜鱼

8．湘菜

湘菜即湖南菜，其特色是油重色浓，讲求实惠；在品味上偏重香辣、香鲜、软嫩；烹饪技巧以炖、煨、腊、蒸、炒诸法见长，尤以煨菜和腊菜著称。湘菜的代表菜品有组庵豆腐、剁椒鱼头、辣椒炒肉、湘西外婆菜、牛肉粉、东安鸡、金鱼戏莲、永州血鸭、宁远酿豆腐、腊味合蒸、姊妹团子、岳阳姜辣蛇、味合蒸、冰糖湘莲、发丝牛百叶、干锅牛肚、平江火焙鱼等。

文化溯源

## 山西面食文化

山西地处黄河中游，是中国面食文化的发祥地之一。山西面食的种类之多、用料之广、花样之繁、制法之巧、食法之殊，即使在以面食为主的北方地区，也是独树一帜的。因此其享有“世界面食在中国，中国面食在山西”的美誉。

山西美食——莜面栲栳栳

山西面食大致可以分为蒸制面食、煮制面食和煎烤面食等。

山西的蒸制面食有馒头、莜（yóu）面栲（kǎo）栳栳（见图 2-3-10）、高粱面鱼鱼、烧麦（见图 2-3-11）、面塑（见图 2-3-12）等。其中，山西面塑是以上等的白面为原料，经过揉面、造型、笼蒸、点色而成，造型夸张、生动，用色明快、大方，风格粗犷、朴实，并富有雅拙的美感，具有鲜明的民间和地方特色。

图 2-3-10　莜面栲栳栳

图 2-3-11　烧麦

图 2-3-12　面塑

山西的煮制面食品种丰富，大体可分为 50 多种，其中具有代表性的煮制面食有刀削面、剪刀面、包皮面、扯面、臊子面、揪片、剔尖、猫耳朵等。刀削面作为山西人民日常喜爱的面食，是山西煮制面食的代表。曾有诗赞其曰：“一叶落锅一叶飘，一叶离面又出刀。银鱼落水翻白浪，柳叶乘风下树梢。”

山西的煎烤面食有一窝酥、甩饼、锅贴、锅魁等。

此外，山西面食的制作还有三大讲究：一讲浇头，二讲菜码，三讲小料。浇头有炸酱、打卤、蘸料、汤料等。菜码的选材范围很广，山珍海味、土产小菜等都可以作为菜码。小料则因季节而异，但都会做到酸甜苦辣咸五味俱全，除了特殊风味的山西醋，还有辣椒油、芝麻酱、韭菜花等。

## 二、茶文化

茶文化起源于中国。中国茶文化在漫长的孕育与成长过程中，不断融入民族优秀传统文化精髓，以其独特的审美情趣和鲜明的个性风采成为中华民族灿烂文明的一个重要组成部分。

### （一）中国名茶

中国茶叶历史悠久，茶类品种繁多，竞相争艳。根据茶叶加工工艺中鲜叶是否经过酶性氧化及氧化程度的不同，可分为绿茶、黄茶、黑茶、白茶、青茶和红茶等。

#### 1. 绿茶

绿茶是中国最普遍饮用的茶类，其历史悠久，产量最大，种类最多，属于不发酵茶。绿茶因在加工过程中较多地保留了茶鲜叶中的原有化学成分，故而保留了其“清汤绿叶”的品质风格。绿茶的代表品种有西湖龙井（见图 2-3-13）、太湖碧螺春（见图 2-3-14）、信阳毛尖（见图 2-3-15）、六（lù）安瓜片（见图 2-3-16）等。

图 2-3-13　西湖龙井

图 2-3-14　碧螺春

图 2-3-15　信阳毛尖

图 2-3-16　六安瓜片新叶与茶汤

**视野纵横**

**六安瓜片**

六安瓜片产于安徽省六安市大别山一带。在所有茶叶中，六安瓜片是唯一无芽无梗的茶叶。因采用单叶为原料，其成品形如瓜子，叶片边缘卷翘，宝绿润亮，大小匀整。冲泡后，茶汤黄绿清透，茶香扑鼻，入口鲜醇，回甜甘润。

### 2．黄茶

黄茶是我国独有的茶类，主要产于湖南、湖北、四川、安徽、浙江和广东等地，属轻发酵茶类。黄茶因其在制作过程中加入了闷黄的工艺，因此具有“三黄”，即色黄、汤黄、叶底黄的特点。黄茶的代表品种有君山银针（见图 2-3-17）、蒙顶黄芽（见图 2-3-18）等。

### 3．黑茶

黑茶主产于四川、云南、湖北、湖南、广西等地，因成品茶的外观呈黑色故得名。黑茶属于后发酵茶，在一定条件下，越陈越香。黑茶的代表品种有普洱茶（见图 2-3-19）、安化黑茶等。

图 2-3-17　君山银针叶底

图 2-3-18　蒙顶黄芽

图 2-3-19　普洱茶

### 4．白茶

白茶是我国茶品中的特殊珍品，属微发酵茶，最早出现于宋代福建茶产区的贡茶园中。白茶因其外表满披白毫、如银似雪而得名。白茶的代表品种有白毫银针（见图 2-3-20）、贡眉（见图 2-3-21）等。

图 2-3-20　白毫银针

图 2-3-21　贡眉

### 5．青茶

青茶又名“乌龙茶”，主要产于福建、广东及台湾等地。其色泽青褐，属于半发酵茶。青茶的制作精细，成品茶具有特殊的香气和韵味。青茶的代表品种有安溪铁观音、大红袍（见图 2-3-22）、东方美人（见图 2-3-23）、冻顶乌龙（见图 2-3-24）等。

图 2-3-22　大红袍

图 2-3-23　东方美人

图 2-3-24　冻顶乌龙

6. 红茶

中国是红茶的原产地，也是世界红茶的发源地。红茶属全发酵茶，由适宜的茶树新芽叶为原料精制而成。红茶因其冲泡后的茶汤和叶底呈红色而得名。红茶的代表品种有祁红工夫茶（见图 2-3-25）、正山小种等。

图 2-3-25　祁红工夫茶

## （二）茶艺

要想品尝到令人心旷神怡的好茶，除了选择好茶叶、好水、好茶具外，茶艺的好坏也起着重要作用，它决定着茶的口感。因不同历史时期人们的饮茶方式不同，茶艺也随之不断演变。

1. 古代茶艺

唐代及之前较为普遍的饮茶方式是煮茶，即直接将茶叶放在锅中烹煮，茶汤煮好之后斟入众人的茶碗中，以示同甘共苦。到了宋代，演化成点茶，为宋代斗茶所用，即将饼茶碾磨成粉末，置于碗中，以沸水冲点入碗，以茶筅（xiǎn，打茶的工具）用力打击，使茶末溶于水，并渐起沫饽（茶水煮沸时产生的浮沫）。斗茶的胜负优劣以沫饽出现、水纹露出的快慢来评定。沫饽洁白，水纹慢出而不散者为上。

2. 现代茶艺

明清时期的茶艺起到了承上启下的作用，其冲泡方式成为主流延续至今。冲泡的过程基本经过烫杯—倒水—置茶—注水—倒茶—分茶—奉茶—闻香—品茶—清渣—洗器这 11 个步骤。茶艺中，常见的冲泡方法有以下三种。

1）凤凰三点头

高提水壶让水直泻而下，接着利用手腕的力量上下提拉注水三次，让茶叶跟着变化的水流在杯中上下翻腾，这种冲泡技艺称为“凤凰三点头”。此法像是对客人鞠躬行礼，能够体现对客人的尊敬。

2）高冲低斟

高冲，即冲茶时要沿着茶壶口内缘冲入沸水，水柱不能从壶心直冲而入，以免冲破壶胆，从而破坏茶的味道。由于热水距离茶壶较高，所以水流冲下来被称为“高冲”（见图 2-3-26）。高冲能使热力直透罐底，茶沫儿上扬，不仅美观而且美味。低斟，即倒茶时茶壶尽量靠近茶杯，不会激起泡沫，不出声音，并能有效防止热气流失。

图 2-3-26　高冲

3）关公巡城与韩信点兵

在冲泡工夫茶时，要巡回斟茶，即茶杯紧靠在一起，茶壶沿着小杯子打转将茶水注入茶杯。巡回斟茶可以保证茶的浓淡、分量、香气均匀。由于茶壶的壶身大部分是红色，刚从茶池中提出时热气腾腾，如关公一般威风凛凛，仿佛在茶杯当中巡视，犹如“关公巡城”。在“关公巡城”后，茶壶中最后几滴茶往往比较浓，所以要一滴一滴地滴入每个茶杯，以防厚此薄彼，即为“韩信点兵”。

### 3. 地方茶艺

1）工夫茶茶艺

工夫茶茶艺以广东潮汕地区最为出名，是由唐宋时期散茶的冲泡饮茶习惯发展而成，也是我国茶艺中最具代表性的一种。工夫茶对茶叶、茶具、水质、沏茶、斟茶和饮茶都十分讲究。工夫茶所用的茶壶都是小壶，杯子只有半个乒乓球大小，一般一拳可握住。茶壶多用薄胎瓷，半透明，隐约可见壶内茶叶。茶叶选用色香味俱全的乌龙茶。放茶叶时要把壶内塞满，并用手指压实；沏茶时要将刚烧开的沸水立刻灌进壶里，开头的一两浇要倒掉；斟茶时使用“关公巡城与韩信点兵”的方法，以免浓淡不一；品饮的时候要慢慢品尝。工夫茶的茶汁浓厚，碱性大，刚饮时不免觉得苦涩，越品越觉得香气逼人，味有回甘。

2）盖碗茶茶艺

盖碗（见图 2-3-27）是指上有盖、下有托、中有碗的茶具。盖碗茶又称“三才碗”，即道为天，托为地，碗为人，天地人即为“三才”。北京地区的人偏好饮盖碗茶。盖碗茶的茶盖放在碗上，若要茶汤浓些，可用茶盖在水面轻轻刮，使整碗茶水上下翻转，轻刮则淡，重刮则浓。除了北京地区，成都地区也喜饮用盖碗茶，在当地称为“三炮台”，茶具包括茶盖、茶碗和茶船子三部分，茶船子又叫“茶舟”，即承碗的茶托。蜀地的盖碗茶饮法还有特别的风俗，即品茶时将茶盖置于桌面，表示茶杯已空需要续水；茶客短暂离位时将茶盖扣在竹椅上，表示短暂离开，稍后就回，一来保留座位，二来跑堂会代为看管茶水小吃。

茶博士（旧时茶店伙计的雅号）的斟茶也是四川茶楼内亮眼的风景：水柱临空而降，泻入茶碗，翻腾有声，须臾之间戛然而止，茶水与碗口平齐，碗外却没有一滴水，如图 2-3-28 所示。

图 2-3-27　盖碗

图 2-3-28　茶博士斟茶

## 三、酒文化

中国是世界三大酒系的发源地之一。在中国，酒不仅具有食用价值，还凝结了人类的物质生产与精神创作，上升为一种饮食文化——酒文化。

### （一）酒的发展

原始社会，人们就已经学会了酿酒，至商代，贵族饮酒已极为盛行，酿酒技术甚为发达。周王灭商后开始禁酒，从王亲贵族到黎民百姓都不能纵酒，但酒仍作为祭祀的重要物品。西汉建立之初，统治者提倡戒酒，并颁布了禁酒令。汉景帝时期，天下安定，经济发展，酿酒业开始大规模发展。魏晋南北朝时期，名士借酒抒发对人生的感悟、对社会的忧思，出现了“曲水流觞”的习俗。

唐代是中国酒文化高度发达的时期，各阶层人士都喜爱饮酒，并以聚众参宴为好，同时诗歌文化繁荣昌盛，诗歌与酒珠联璧合，使得酒文化的内涵更加丰富多彩，酿酒、饮酒活动更加活跃。宋朝延续并发展了唐朝酒文化，酒业繁盛，政府对酒业的鼓励及酒税对财政的重大影响，促进了酒的生产和技术的革新，形成了传统的酿造理论。

用粮食制作的烧酒（相当于现代蒸馏白酒）在元代获得飞速的发展和普及。明代是酿酒业快速发展的时期，民间以酒作为日常生活必备的消费品。清代酒的种类空前发达，出现了青稞酒和枣酒，清末，我国开始酿造啤酒。

明清以后，“专用酒”十分流行，如元旦饮椒柏酒、端午饮菖蒲酒、中秋饮桂花酒、重阳饮菊花酒等。在这一时期，饮酒讲究“陈”（酒的味道，酒储存时间长，沉淀陈化，使酒的风味更加醇厚）字，酒令（酒席上的一种助兴游戏）五花八门且雅令（文人雅士饮酒时行的酒令）很多，把中国的酒文化从高雅的殿堂推向了通俗的民间。

**文化溯源**

### 山西汾酒

汾酒是产于山西省吕梁市汾阳市杏花村，因此也被称“杏花村酒”。汾酒是清香型白酒的典型代表，以其入口绵、落口甜、饮后余香、回味悠长等特点而广受赞誉，在国内外消费者中享有较高的知名度、美誉度和忠诚度。

汾酒具有悠久的酿造历史、精湛的酿造技艺和卓越的清香品质，被誉为“中国白酒产业的奠基者、传承中国白酒文化的火炬手、中国白酒酿造技艺的教科书、见证中国白酒发展历史的活化石”，是“国酒之源，清香之祖，文化之根”，是当之无愧的“中国酒魂”。

## （二）酒之礼仪

中国很多的礼节都源自周礼，酒礼也一样，“无酒不成席，无酒不成礼”的酒文化就是从古代沿袭下来的。

### 1．古代祭祀中的酒礼

殷周以神权维护统治地位，因此事事占卜、时时祭祀，这一时期的酒礼主要为祭祀之礼。这一时期，不论是贵族祭祀还是普通百姓祭祀，都必须做完“以酒酹（lèi）地”的仪式后才可饮酒。其流程大致为主祭祀的人在祭桌前端庄肃立，双手举杯，默念祭辞；分三次将酒倾倒，并有所剩余；将剩余的酒绕身前洒成半圆形，礼毕。

### 2．古代宴请中的酒礼

古代宴会上饮酒的礼仪约有四步：拜、祭、啐、卒爵。即先做出拜的动作，表示敬意；接着把酒倒出一点洒在地上，祭谢大地生养之德；然后尝酒味，并加以赞扬，令主人高兴；最后仰杯而尽。主人和宾客一起饮酒时，要相互跪拜。晚辈在长辈面前饮酒，叫“侍饮”，通常要先行跪拜礼，再坐入次席；长辈命晚辈饮酒，晚辈才可举杯；长辈酒杯中的酒尚未饮完，晚辈不能先饮尽。在酒宴上，主人要向客人敬酒，客人也要回敬主人，敬酒时还应说敬酒辞。客人之间也可相互敬酒，敬酒时，双方都要起立。

传说故事

### “偷”酒——礼与非礼

一天中午，钟会和哥哥钟毓想趁父亲钟繇（yáo）午睡时偷喝家中的酒。不想其父只是假寐，看到了他们的所有举动：钟毓端了酒，先作个揖，然后才开始饮；钟会则举起酒瓢一饮而尽。钟繇遂叫住他们二人问其中的原因。钟毓说“酒以成礼，不敢不拜”，意思是饮酒便应尊礼，钟繇点头，再问钟会，钟会则说“偷本非礼，所以不拜”，他的理由是，盗酒已是非礼，还谈何酒礼呢？

### （三）酒与文学艺术

自古以来，诗酒同风众所周知。在我国的诗歌中，到处都可以“看”到酒的影子，“闻”到酒的醇香。如果没有酒，就不会成就陶渊明的“田园诗酒”、岑参的“边塞诗酒”、李白的“浪漫诗酒”、杜甫的“民间诗酒”。

唐代和宋代是我国古代诗词发展的鼎盛时期，也是酒文化迅速发展的时期。唐宋诗歌很多与酒有关联，其代表人物当推“斗酒诗百篇”的李白，其诗中将饮酒的情趣表现得淋漓尽致，譬如“看花饮美酒，听鸟临晴山”“且就洞庭赊月色，将船买酒白云边”等，可谓诗酒风流。宋代欧阳修，自称“醉翁”，他不仅爱喝酒，且喜酿酒，其文章《酒经》用寥寥数字，就将酿酒的过程写得一清二楚。

高度发达的文化事业与高速发展的酿酒业、饮酒习俗相结合，创造了绚丽多姿的酒文化。随着历史的发展，酒与文学的缘分更深，几乎每一种美酒背后都会跟着一串美妙的传说故事，成为文人墨客写作的素材；酒与警句的关系也日益亲密，借酒喻理，意在酒外；而行酒令作为饮酒的一种文化形式更与文学紧密联系。

## 四、醋文化

醋在古代又被称为“酢、醯、苦酒”等。中国各地物产气候不同，产生了各具特色的地方食醋，其中以山西老陈醋、江苏镇江香醋、福建永春老醋等较为知名。

山西地处黄土高原，日照强烈，昼夜温差大，所产杂粮的糖分含量较高，拥有酿醋的天然优势。

山西人擅于制作醋，并且酿醋的历史悠久。山西的醋品种繁多，有老陈醋、名特醋、双醋、陈醋、特醋、晋醋、味醋、熏醋等。其中，山西老陈醋是中国“四大名醋”之一，已有 3 000 余年的历史，以色、香、酸、醇、浓五大特点而著称，不仅具有香酸适口、色浓味厚的特点，而且过夏不霉、过冬不冻，颜色深橙，还含有多种对人体有益的微量元素，既可调味，又具有保健功效，被誉为“天下第一醋”。

山西民间至今仍有做醋的遗风。人们会在烈日下放置一口麻纸闷着的大缸来晒醋，并根据太阳的位置不停地搬动醋缸。山西人擅于制醋的原因之一是他们非常喜欢吃醋。对于山西人而言，没有醋的饭菜就像没有灵魂一样。古时，人们把吃醋叫作“吃醯”。由于山西人对酿醋的特殊贡献及他们对醋的热爱，加上“醯”和“西”同音，所以外省人尊称山西人为“山西老醯”。

近年来，在传承与创新的过程中，一系列以陈醋为基础的衍生品（如陈醋油条、陈醋元宵、陈醋冰激凌等）为人们的味蕾带来了新的享受。同时，醋工业园、醋博物馆的建立和醋文化节的兴起，让人们通过形、声、闻、味、触五感，沉浸式地体验了山西老陈醋的独特魅力。

山西人对醋的热爱深深地刻在骨子里，并形成了一种独特的文化。山西人以他们淳朴的品格，保证了老陈醋独特的风味。这种历久弥醇、历久弥新的味道，不仅是一种饮食习俗，更是几千年历史的深厚情怀。它充分展现了中国文化的丰富多彩与博大精深。

## 晋韵华彩

### 山西传统美食

山西地理环境独特，气候适宜，物产丰富，因此形成了许多独具特色的地方美食。下面列举几种山西传统美食。

#### （一）过油肉

过油肉（见图 2-3-29）是山西著名的传统菜肴，被誉为“山西家常菜第一菜”，号称“三晋一味”。其起源于明代晋东名城平定（今山西省阳泉市平定县），原是官府中的一道名菜。过油肉因过油而得名，因点醋而独具风味，其色泽金黄、味道咸鲜、质地香酥软嫩，深得各方食客赞誉。

#### （二）头脑

头脑又称“八珍汤”（见图 2-3-30），是山西省太原市特有的风味早餐，采用黄芪、煨面、莲菜、羊肉、长山药、黄酒、羊尾油等制作而成，外加腌韭菜做引子，不仅美味可口，而且具有滋补作用。因为人们经常天不亮就起来吃头脑（也叫“赶头脑”），吃时需要挂灯笼照明，所以经营头脑的饭店门前都挂一盏纸灯笼作为标志。

图 2-3-29　过油肉

图 2-3-30　头脑

### （三）荞面灌肠

荞面灌肠又称“荞面碗饦”（见图 2-3-31），是盛行于山西省晋中市的祁县、太谷区、榆社县及周边地区的传统美食。传统的荞面灌肠是在猪血中掺入荞面，灌入肠衣并上笼蒸熟后制成。现在的荞面灌肠只将荞面糊放入碗碟中蒸熟，故被称为“素灌肠”。荞面灌肠口感筋道细腻，爽滑利口，久吃不腻，调制简单，随吃随切，加入秘制卤汁，口感更佳。

### （四）定襄蒸肉

定襄蒸肉（见图 2-3-32）是以精瘦猪肉为主料，辅以精制淀粉、精炼植物油及各种调味品，采取特殊方法精制而成，具有肉香扑鼻、口感绵润、回味无穷、多食不腻等特点。定襄蒸肉是家用、宴席的理想菜肴，也是旅行野餐的方便食品，更可做访亲探友的馈赠礼品。

图 2-3-31　荞面灌肠

图 2-3-32　定襄蒸肉

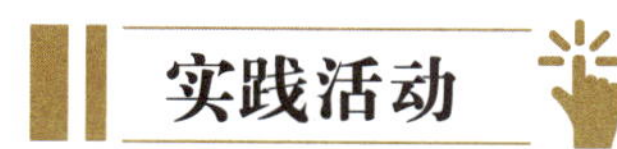


## 茶艺展示

中国数千年古老而悠远的文明发展史为茶文化的形成和发展奠定了极为丰厚的底蕴。中国茶文化在漫长的孕育与成长过程中，不断融入民族优秀传统文化精髓，并在民族文化巨大而深远的背景下逐步走向成熟。中国茶文化以其独特的审美情趣和鲜明的个性风采成为中华民族灿烂文明的一个重要组成部分。

请查阅资料或观看视频，了解茶叶冲泡的基础知识，并选取绿茶、红茶、黑茶、青茶、黄茶中的一种，学习其冲泡方法。

（1）全班学生每 5～7 人一组，各组选出一名组长。由组长进行任务分工，并制订出具体的活动计划。各组将小组成员及分工情况填入表 2-3-2 中。

表 2-3-2　小组成员及分工情况

| 班级 | | 组号 | | 指导教师 | |
|---|---|---|---|---|---|
| 小组成员 | 姓名 | 学号 | 任务分工 | | |
| 组长 | | | | | |
| 组员 | | | | | |
| | | | | | |
| | | | | | |
| | | | | | |
| | | | | | |
| | | | | | |

（2）按照活动计划，开展班级活动。各组将具体的实施情况记录在表 2-3-3 中。

表 2-3-3　活动实施情况

| 冲泡步骤 | 具体操作 |
|---|---|
| | |
| | |
| | |
| | |
| | |
| | |
| | |
| | |
| | |
| | |
| | |

（3）学会并熟练掌握冲泡方法后，以班级为单位邀请班主任或任课老师前来观看，并对各小组的表现给予评价。

（4）各小组剪辑并制作活动视频，以活动专题的形式，发表在校园融媒体上。

## 学习成果评价

学生和教师根据学生的实际学习成果开展自我评价、组间互评和教师评价，并将评价结果填写在表 2-3-4 所示的学习成果评价表中。

表 2-3-4　学习成果评价表

| 教学过程 | 内容（任务点） | 评价 | | |
|---|---|---|---|---|
| | | 学生自评（20%） | 组间互评（30%） | 教师评价（50%） |
| 课前 | 能够简要叙述中国传统饮食文化的发展历程、饮食层次和地方菜系 | | | |
| | 能够简要叙述中国名茶的主要类型 | | | |
| | 能够说出古今茶艺的三要特色和各地茶艺的异同 | | | |
| | 能够准确说出中国酒的发展历程 | | | |
| | 能够简要叙述醋文化的相关知识 | | | |
| 课中 | 能够恰当分析各地菜系的特点 | | | |
| | 能够从不同的角度评析各种名茶 | | | |
| | 能够领会中国酒文化和醋文化的内涵和精神 | | | |
| 课后 | 在日常生活中感悟中国食文化、茶文化、酒文化和醋文化 | | | |
| | 继续深入学习和探索传统饮食文化，积极传承中国传统饮食文化 | | | |
| 专业点评 | | | | |

# 模块四　创造篇——传统建筑与雕塑文化

## 课前任务表

全班学生以 5～7 人为一组进行分组，组长组织小组成员开展课前自学活动，并将相应的信息填写在表 2-4-1 所示的课前任务表中。

表 2-4-1　课前任务表

<table>
<tr><td>班级</td><td colspan="3"></td><td>小组</td><td></td></tr>
<tr><td rowspan="4">课前任务及学习要求</td><td colspan="5">预习课本知识，了解中国传统建筑的类型及特点，熟悉中国古代雕塑的相关知识</td></tr>
<tr><td colspan="5">选择一个你感兴趣的传统建筑或雕塑，通过查阅相关资料或实地考察的方式进行深入了解</td></tr>
<tr><td colspan="5">思考传统建筑与雕塑之间的关系，探索两者在传统文化传承中的作用和影响</td></tr>
<tr><td colspan="5">与同学进行交流和讨论，深化自己对传统建筑与雕塑文化的理解</td></tr>
<tr><td rowspan="8">小组构成与分工</td><td></td><td>姓名</td><td>学号</td><td colspan="2">任务分工</td></tr>
<tr><td>组长</td><td></td><td></td><td colspan="2"></td></tr>
<tr><td rowspan="6">组员</td><td></td><td></td><td colspan="2"></td></tr>
<tr><td></td><td></td><td colspan="2"></td></tr>
<tr><td></td><td></td><td colspan="2"></td></tr>
<tr><td></td><td></td><td colspan="2"></td></tr>
<tr><td></td><td></td><td colspan="2"></td></tr>
<tr><td></td><td></td><td colspan="2"></td></tr>
<tr><td>课前存疑</td><td colspan="5"></td></tr>
</table>

## 文化讲堂

中国传统建筑有着悠久的历史、独特的艺术风格和丰富的文化内涵，是民族文化的结晶。它承载着中华民族在艺术、宗教、民俗、营造技术及选址等多方面的理念和智慧，其组群布局、空间结构、材料及装饰手法等方面都有别于西方，体现了中国传统文化与众不同的审美观念。

# 一、宗教建筑

宗教建筑是人们从事宗教活动的主要场所。中国现存的传统宗教建筑主要为佛教建筑、道教建筑和伊斯兰教建筑。

## （一）佛教建筑

佛教建筑是随着佛教传入我国而发展起来的，主要有石窟、佛塔和寺院 3 种形式。

石窟一般依靠岩石、山崖而建，其结构包括僧房窟、佛殿窟、塔庙窟和大像窟等，主要分布在我国的黄河流域和长江流域，如敦煌莫高窟（见图 2-4-1）、云冈石窟、龙门石窟、麦积山石窟（见图 2-4-2）等。

图 2-4-1　敦煌莫高窟

图 2-4-2　麦积山石窟

佛塔又名“浮屠”，主要由地宫、基座、塔身及塔刹组合而成，最初是用来供奉舍利、经卷或法物的场所，后来逐渐融入中国传统文化的建筑特色，演变成为有着特定形式和风格的中国传统建筑。佛塔根据外表造型和结构形式上的不同，可以分为覆钵式塔、密檐式塔、金刚宝座塔、亭阁式塔、楼阁式塔等多种类型；根据建塔材料的不同，可以分为木塔、砖塔、石塔、铁塔、铜塔、琉璃塔等。现存比较著名的佛塔有应县木塔（见图 2-4-3）、洪洞广胜寺飞虹塔（见图 2-4-4）、杭州雷峰塔、登封少林寺塔林、开封铁塔、西安大雁塔等。

图 2-4-3　应县木塔

图 2-4-4　洪洞广胜寺飞虹塔

**视野纵横**

### 应县木塔

应县木塔也称“佛宫寺释迦塔”，是中国现存最高的古代木构建筑，也是仅存的一座木塔，位于山西省朔州市应县。应县木塔建于辽清宁二年（1056 年），平面八角形，共 9 层，其中 4 层是暗层，外观 5 层，连同底层廊檐共 6 檐，高 67.31 米。木塔使用不同规格的斗拱 54 种，结构精密，体量宏伟，反映了中国古代木构建筑的杰出成就。

（参考资料：陈至立，《辞海（第 7 版）》，上海辞书出版社，2020 年）

寺院多与中国传统宫殿建筑形式相结合，一般采用坐北朝南、中轴对称的布局，主要包括大殿、藏经楼、佛阁、菩萨殿、钟鼓楼、念佛堂、禅堂、法堂、僧堂、斋堂，以及教务功能用房等。寺院殿堂之间大多以四合院的样式构建，四周闭合，体现了中国古代建筑的特色。现存较为完好的寺院有洛阳白马寺、恒山悬空寺（见图 2-4-5）、五台山佛教建筑群、拉萨布达拉宫（见图 2-4-6）等。

图 2-4-5　恒山悬空寺

图 2-4-6　拉萨布达拉宫

### （二）道教建筑

道教建筑大多为中国传统的院落式结构，常由神殿、膳堂、宿舍、园林四部分组成。其房屋一般采用传统木构架，以砖、瓦为墙壁或屋面材料；装饰手法丰富，建筑中会运用绘画、雕塑、书法等多种艺术形式；装饰题材十分广泛，有日月风云、山水树石、人物故事、神话传说等，突出了道教长生久视，对吉祥如意、福寿和睦的追求。

道教建筑一般依山傍水而建，其建筑形式和风格与当地的自然环境有机结合，不铺张、不奢华，呈现出浓郁的地方特色，充分体现了中国传统文化中“道法自然”“返璞归真”的哲学思想。现存较为著名的道教建筑有武当山紫霄宫（见图 2-4-7）、北京白云观、武汉长春观、成都青羊宫（见图 2-4-8）等。

图 2-4-7　武当山紫霄宫

图 2-4-8　成都青羊宫

### （三）伊斯兰教建筑

伊斯兰教建筑从形制上可分为回族伊斯兰教建筑与维吾尔族伊斯兰教建筑。比较著名的回族伊斯兰教建筑有北京牛街清真寺、济宁东大寺和西大寺、南京净觉寺（见图 2-4-9）、西安化觉清真寺、兰州桥门街大寺等。

维吾尔族伊斯兰教建筑是新疆维吾尔自治区建筑中原有的木柱密梁平顶和穹顶结构与中亚建筑的装饰手法相结合而形成的。其布局自由，不讲究对称，入口处往往采用门塔组合构图，正立面非常高大；建筑内的装饰除了沿用中亚的琉璃面砖和石膏花饰以外，还融合了本地的木雕和砖花元素，色彩丰富，具有浓郁的民族特色。现存最著名的维吾尔族伊斯兰教建筑是清代建造的吐鲁番苏公塔（见图 2-4-10），其造型新颖别致，外部用清一色灰黄色砖砌成，塔身浑圆，是新疆境内现存最大的古塔。

图 2-4-9　南京净觉寺

图 2-4-10　吐鲁番苏公塔

## 二、传统民居

我国疆域辽阔，自然环境多样，社会经济环境不同。在漫长的历史发展过程中，逐步形成了各地不同的民居建筑形式，各种传统的民居建筑深深地打上了地理环境的烙印，反映出各民族人民的生活生产方式、风俗习惯、审美观，以及人与自然的和谐关系。

我国常见的传统民居有穴居式民居、干栏式民居和院落式民居等。

### （一）穴居式民居

冬暖夏凉的山西“穴居”——窑洞

穴居式民居由原始人类的穴居发展而来，是山西、陕西、河南、宁夏、内蒙古、甘肃等地的一种特别的民居，具有冬暖夏凉、防火抗震、隔音降噪等优点。穴居式民居的典型代表是黄土高原上的窑洞（见图 2-4-11）。

### （二）干栏式民居

干栏式民居由原始人类修建在树上的巢居发展而来，是一种利用竹木搭建，并架空底部的建筑形式，多出现在潮湿或临水的地区，如广西、海南、四川、云南等地，具有通风、防盗、防潮、防兽等特点。这种民居的下层由若干木桩支撑，用来饲养牲畜或储存杂物；上层用竹木建造房屋供人居住。干栏式民居的典型代表有云南傣族的竹楼（见图 2-4-12），苗族、壮族、侗族、水族、土家族的吊脚楼等。

图 2-4-11　窑洞

图 2-4-12　竹楼

## 文化溯源

### 原始人类的巢居和穴居

在原始社会，人类为了躲避猛兽的袭击，就在树干上架设窝棚居住，这就是巢居。后来，人工立桩建设的屋棚逐渐取代了利用天然树干搭建的屋棚，巢居也就演变为干栏式建筑。

穴居由山洞发展而来。据考古研究发现，在土层深厚的崖上向纵深挖掘的横穴是最早的洞穴。后来又出现了向下的竖穴。再后来，为了进出方便并减少地下湿气对身体的影响，先民抬高洞穴的入口并加筑矮墙体，于是半穴居建筑就出现了。

巢居与穴居这两种构筑方式在不同的自然环境中发展起来，随后在漫长的历史发展过程中，逐渐演变成了地面建筑的形式。

### （三）院落式民居

院落式建筑是中国最普遍、分布最广的一种民居形式，也是传统民居中结构技术先进、构成要素丰富、“礼”的层次复杂、装饰多样的类型。这种民居在选址和建设上都体现了中国古代的哲学思想和对自然环境的充分尊重，洋溢着浓厚的传统文化气息。其布局规整、对称，一般都有院落，且主次、内外分明，雕饰颇具匠心，具有很高的艺术价值。院落式民居的典型代表有北京的四合院、山西的乔家大院（见图 2-4-13）和王家大院、徽派民居（见图 2-4-14）、云南“一颗印”民居、福建土楼等。

图 2-4-13　乔家大院

图 2-4-14　徽派民居

**视野纵横**

#### 平遥民居

平遥县隶属于山西省晋中市。平遥民居（见图 2-4-15）以砖墙瓦顶的木结构四合院为主，布局严谨，轴线明确，左右对称，主次分明，由若干院落组成，院落之间多用短墙或装饰华丽的垂花门分隔，形成二进或三进的“日”字形或“目”字形布局形式。

由于晋中地区干旱少雨，所以房屋均是单坡屋面，这样雨水就可以顺着屋檐流入狭长的小院中，院中用水缸储水，也有预防火灾的用途。梁思成先生形容平遥的建筑为“外雄内秀”，外部高墙耸立，内部院落清秀狭长。与北京四合院的大气开阔截然不同，平遥民居仿佛多了一些江南的味道。

民居院内大多装饰精美，进门通常建有砖雕照壁，檐下梁枋有木雕雀替，柱础、门柱、石鼓也多用石雕装饰。

图 2-4-15　平遥民居

## 三、古代雕塑

雕塑又称“雕刻”，是指用可雕刻材料（如石头、木头、可熔铸的金属、可塑的黏土等）制作出具有可视、可触摸的具体形象，以表达思想情感的一种艺术形式，属于一种造型艺术。梁思成先生曾说：“艺术之始，雕塑为先。”纵观中国雕塑史，从先秦到清末，再到近现代，雕塑艺术贯穿了中国几千年的文明，有着宽厚深沉、智慧灵性、自然质朴和丰富多元的表现形式，是中国传统艺术的重要组成部分，也是中华乃至世界文化遗产中绚烂的瑰宝。

中国传统雕塑技艺精湛，种类繁多，本章节主要介绍石雕、玉雕和木雕。

### （一）石雕

石雕是最古老的雕塑艺术。早在石器时代，我们的祖先就开始对石头进行雕琢，将其改造为器具及装饰品，并利用其记录信息和传承文化。人们把原始人用石头作为载体进行文字和图画等信息记录的雕刻称为石刻，是石雕艺术的源头。在珠海南水镇高栏岛发现的石器时代刻在岩壁上的岩画图形和符号（见图 2-4-16），内容丰富、工艺完美、规模宏伟，是原始人类石刻的最好证明，其中最大的一幅高 3 米、长 5 米，线条凿刻清晰，从复杂的线条中还可辨认出人物和船的形象，具有极大的历史价值、艺术价值和科研价值。

随着造纸技术与印刷术的发展，石刻传递信息的功能逐渐减弱，开始更多地作为一种艺术创作形式而存在。在汉代，石雕艺术得到了空前的发展，被普遍运用于当时的墓穴建筑中，主要反映墓主人的身份与地位，记录了当时的社会状况和文化成就，其文字与图画之间相互呼应，是当时石雕艺术高度发展的证明。西汉石雕《马踏匈奴》（见图 2-4-17）是这一时期不可多得的精品，它充分展现了霍去病这位少年英雄的英勇事迹，反映了当时的时代风貌与强烈的文化自信。

图 2-4-16　石器时代刻在岩壁上的岩画图形和符号

图 2-4-17　西汉石雕《马踏匈奴》

千古流芳

## 西汉名将霍去病

霍去病（前 140—前 117），西汉名将，河东平阳（今山西省临汾市西南）人，是卫皇后姐姐的儿子。他 18 岁就随军作战，战功卓著，官至骠骑将军，被封为“冠军侯”。元狩二年（前 121），他两次大败匈奴，控制河西地区，打开通往西域的道路。元狩四年（前 119），他又和卫青分兵击败匈奴主力。汉武帝为他建造府第，他拒绝说：“匈奴未灭，何以家为。”霍去病前后 6 次出击匈奴，解除了匈奴对汉王朝的威胁。

霍去病墓位于陕西省兴平市茂陵东北 1 千米处，是汉武帝刘彻的重要陪葬墓。墓前列立着各种大型石雕，以表彰其功绩。已发现的石雕有马踏匈奴、跃马、卧马、伏虎、卧牛、人与熊等 10 余件。这些石雕根据原石自然形态，运用圆雕、浮雕、线刻等手法雕刻而成，造型浑厚、形象生动，是西汉石雕的代表作品，也是国内保存比较完好的古代成组大型石雕杰作。

魏晋南北朝和隋唐时期，由于宗教的繁荣发展，石雕中开始加入宗教因素，出现了数量众多的石窟艺术作品。其中，位于山西大同的云冈石窟始凿于北魏时期，是供奉佛教塑像的大型石雕群；位于五台山佛光寺中的石雕佛像（见图 2-4-18）是唐代石雕艺术的体现，具有较高的历史价值和艺术价值。

中国历代皇帝宫殿和陵寝中的台基、阶梯、栏杆、走道、中庭、石桥等，也有各种各样的石雕艺术。例如，明清两代用来祭天与祈祷丰年的天坛，其主体建筑之下的基座、白石圆坛、石构件上都有十分精致的石刻，如图 2-4-19 所示。另外，北京圆明园、安徽凤阳皇陵、南京明孝陵、北京十三陵、河北遵化清东陵、河北易县清西陵等处，也都保留着大量的明清陵墓石刻。

图 2-4-18 佛光寺中的石雕佛像

图 2-4-19 天坛石刻

### （二）玉雕

玉雕是用玉石加工雕琢而成的工艺品，是中国独有的雕塑技艺。玉雕始于新石器时代，主要以北方的红山文化和南方的良渚文化为代表。

红山文化时期的玉雕多以动物为题材，均磨制加工而成，其工艺水平较高，风格质朴而豪放。在内蒙古赤峰市翁牛特旗三星他拉村出土的红山文化玉龙（见图 2-4-20）是这一时期玉雕的代表。此玉雕呈碧绿色，体卷曲，形似反写的字母“C”，背有一对穿圆孔，可供穿挂用。

良渚文化时期的玉器造型、装饰技艺都有一定的创新，制玉工艺已与石器工艺分离，玉雕的造型较为复杂，风格朴素雅致，出现了云雷纹、鸟纹、蛙纹、兽面纹等繁密精细的装饰花纹。神人兽面纹玉琮（见图 2-4-21）是良渚文化时期玉雕的代表，其色彩及纹饰对后世青铜器的影响巨大。

图 2-4-20 红山文化玉龙

图 2-4-21 神人兽面纹玉琮

到了商代，玉雕成为礼仪用具和装饰佩件，造型以动物、人物居多。春秋战国时期，玉雕的造型更加优美，春秋白玉龙纹璜、战国黄玉龙首璜都是这个时期玉雕作品的代表。

汉代玉雕技艺有了进一步发展，所制玉器分为礼玉、葬玉、饰玉、陈设玉四大类，其中最能体现汉代玉器特色和雕琢工艺水平的，有玉握（死者手中握着的器物）、玉枕、镶玉棺、玉奔马、玉熊、玉鹰及玉辟邪等。这些玉器多为圆雕或浮雕作品，显示了汉代玉雕浑厚豪放的艺术风格。在陕西省咸阳市渭城区周陵镇新庄村东南，汉元帝陵墓出土的玉仙人奔马（见图 2-4-22）代表了汉代超高的玉雕技艺。此玉雕为白玉，质地温润，致密坚硬；奔马昂首嘶鸣，张口露牙，右前蹄蹬空作飞腾状，躯干上有阴刻翅膀；马背上骑着一个双臂向前、双手紧挨马颈的玉人，具有很高的艺术观赏价值。

隋唐时玉雕技艺已趋成熟。同时，受佛教和西域文化的影响，隋唐玉雕还出现了佛教人物的造型和图案。唐代的青玉镂雕飞天（见图 2-4-23）、青玉鸟衔花佩（见图 2-4-24）等都是这一时期的玉雕精品。

图 2-4-22　玉仙人奔马

图 2-4-23　青玉镂雕飞天

图 2-4-24　青玉鸟衔花佩

宋元时期，玉雕工艺产生质的飞跃，宫廷中设有“玉院”，出现了浅磨深琢、浮雕圆刻的玉雕手法。这一时期的玉雕构图复杂、层次丰富、形神兼备。北宋花形镂雕玉佩（见图 2-4-25）、元代渎山大玉海（见图 2-4-26）都是这一时期玉雕作品中的佳作。

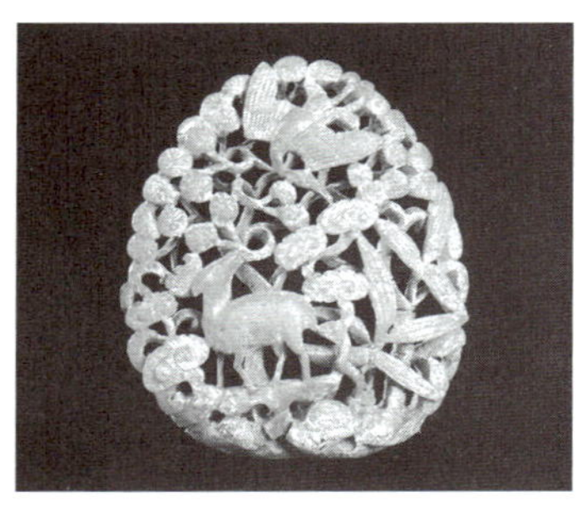

图 2-4-25　花形镂雕玉佩

图 2-4-26　渎山大玉海

明清时期是玉雕发展的鼎盛时期，其玉质之美，琢工之精，器型之丰，作品之多，使用之广，都是前所未有的。明清玉雕追求精雕细琢，明代的云鹤连珠纹饰、兽面蕉叶纹耳杯、乳钉兽面纹觯（zhì）、人物纹桃式杯（见图 2-4-27），清代的菊瓣形玉盘、桐荫仕女图玉雕（见图 2-4-28）等都代表了这一时期玉雕的高超水平。

图 2-4-27　人物纹桃式杯

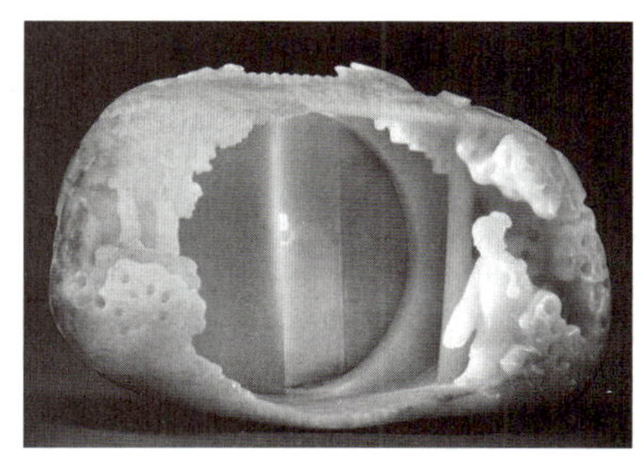

图 2-4-28　桐荫仕女图玉雕

**视野纵横**

**太原玉雕**

太原玉雕历史悠久，其雕刻工艺具有精致、细腻的特点，选用的原料材质精美，作品形式多样。它既是太原古老文化的象征，又是太原人民智慧的结晶。

太原市及周边地区的玉石资源丰富，这为太原玉雕的发展提供了重要的条件。例如，太原市娄烦县产玉石，阳泉市盂县产绿软玉、刚玉，运城市夏县产碧玉，临汾市乡宁县产玛瑙。

山西工艺美术厂是太原玉雕的主要生产厂家，其制品涉及花草、人物、飞禽、走兽等题材，有数百个品种。其中，以《琏子瓶》《凤》《提梁卣》《嫦娥奔月》《晋祠侍女》等作品最为著名。特别是用岫岩玉雕制的《凤》和用巨型玉料雕制的《琏子瓶》，其工艺之精湛，风格之独特，堪称玉雕艺术的杰作。

玉雕艺人们善于相料取材，因材施艺，能够根据各种玉料的天然色彩，灵活加以利用，特别是利用“俏色”的技艺，相当高明。如绿色翠鸟头上的一点红，红色金鱼的黑眼睛，梅花鹿身上的花斑等，都是利用玉料的天然色泽设计、雕琢而成的。近年来，山西工艺美术厂的玉雕艺人还精心设计、雕制出许多颇受欢迎的新作品，如《岫玉花薰》《岫玉炉》《方瓶》等。

### （三）木雕

木雕艺术起源于新石器时期，早在 7 000 多年前的浙江余姚河姆渡文化时期就已出现木雕品。秦汉两代木雕工艺趋于成熟，出现了施彩木雕（带有彩绘的木雕），标志着古代木雕工艺达到了相当高的水平。唐代木雕工艺日趋完美，许多保存至今的唐代木雕佛像具有造型凝练、刀法熟练流畅、线条清晰明快的工艺特点，是中国古代艺术品中的杰作。明清时期是木雕艺术的一个辉煌时期，涌现出大量有史可考的名家及作品。我国现存的木雕经典作品主要有西安青龙寺中的唐代木雕释迦牟尼立像、云南关岳庙的木雕佛像等。

此外，木雕还经常用于传统民居中，其中最著名的就是被誉为“天上取样人间造，雕艺精湛世上绝”的王家大院中的木雕（见图 2-4-29）。王家大院的建筑上下、房屋内外，随处可见精雕细刻的木雕艺术品。这些艺术品从屋檐、斗拱到神龛、门窗，以其独具匠心的设计、完美逼真的造型、奇特匪夷的构思成为中国木雕艺术的巅峰之作，无不散发着中国传统文化的精神、气质和神韵。

山西省临汾市襄汾县丁村民居中的木雕（见图 2-4-30）也是中国明清民居中雕刻艺术的佳作。这些木雕种类繁多，内容繁复，从楹联匾额、门楣、雀替到斗拱、窗棂上都有雕饰，多以三羊开泰、五蝠捧寿、喜鹊登梅、麒麟送子、海马流云、双狮舞球等为主要内容。

图 2-4-29　王家大院中的木雕

图 2-4-30　丁村民居中的木雕

中国木雕分布极广，形成了具有浓郁地方特色、各有千秋的流派。这些木雕流派在全国都极具影响力，其中，浙江省金华市东阳市的木雕、浙江省乐清市的黄杨木雕、广东省潮州市的金漆木雕和福建省的龙眼木雕最为著名，并称“中国四大木雕”。

## 一、王家大院

王家大院（见图 2-4-31）位于山西省晋中市灵石县静升镇。王家大院是由静升镇的王氏家族历经明清两代 300 余年修建而成，包括五巷六堡一条街，总面积达 25 万平方米，是一座具有传统文化特色的建筑艺术博物馆。

图 2-4-31　王家大院（前门）

王家大院的建筑格局，继承了中国西周时期形成的前堂后寝的庭院风格，既提供了对外交往的足够空间，又满足了内在私密氛围的要求，做到了尊卑贵贱有等，上下长幼有序，内外男女有别，且起居功能一应俱全，充分体现了官宦门第的威严和宗法礼制的规整。王家大院里的建筑有着“贵精而不贵丽，贵新奇大雅，不贵纤巧烂漫”的特征，并且凝结着自然质朴、清新典雅、明丽简洁的乡土气息。此外，王家大院还引进了南方古典园林的建筑特色，层楼叠院，鳞次栉比，错落有致，如图 2-4-32 所示。

图 2-4-32　王家大院院落

王家大院主要以高家崖建筑群和红门堡建筑群为代表，两组建筑群东西相对，一桥相连。高家崖建筑群有 35 座不同大小的院落，共有 342 间房屋，其中的主要建筑敦厚宅和凝瑞居均为三进四合院。每院除了有祭祖堂和绣楼，还有各自的厨院、家塾院，共用的书院、花院、长工院、围院等。其周边堡墙紧围，四门择地而设。红门堡建筑群依山而建，从低到高由 4 层院落组成，左右对称，中间 1 条主巷道与 3 条横巷，组成一个规整的“王”字造型，如图 2-4-33 所示。堡内 88 座院落各具特色，无一雷同。

走进王家大院，
邂逅石雕艺术

图 2-4-33　红门堡建筑群

## 二、皇城相府

皇城相府又称“午亭山村”，位于山西省晋城市阳城县北留镇，是清初文渊阁大学士兼吏部尚书加三级、《康熙字典》总阅官、康熙皇帝 35 年的老师、一代名相陈廷敬及其家族的故居。皇城相府总面积为 3.6 万平方米，有院落 16 座，房屋 640 间，是一处罕见的明清两代城堡式官宦住宅建筑群，被专家誉为“中国北方第一文化巨族之宅”。

皇城相府的内城名为“斗筑居”（见图 2-4-34），是陈廷敬的伯父陈昌言在明崇祯六年（1633）为躲避战乱而建，取“小小斗筑，足可容膝”之意。城内多为明代建筑，有大型院落 8 处，房屋数百间，分为祠庙、民宅和官宦邸 3 类，风格迥异。祠庙建筑有陈氏宗祠，民居有世德院、树德院和麒麟院，官宦私邸有容山公府和御史府等。内城集古代民居和城防工事于一体，堪称一座丰富多彩的明代古建艺术博物馆。

图 2-4-34　斗筑居

斗筑居东西相距 71.5 米，南北相距 161.75 米，设 5 门，墙头遍设垛口，重要部位筑堡楼，并在东北、东南角制高点建春秋阁和文昌阁。城墙内四周设有藏兵洞（见图 2-4-35），计 5 层 125 间，是战时家丁、垛夫藏身小憩的地方。内城北部建有一座高堡楼，名为

“河山楼”（见图 2-4-36），取“河山为固”之意，高 30 多米，共 7 层，层间有墙内梯道或木梯相通，底层深入地下，备有水井、石磨等生活设施，并有暗道通往城外，是战乱时族人避敌藏身的地方。

图 2-4-35　藏兵洞

图 2-4-36　河山楼

皇城相府的外城名为“中道庄”（见图 2-4-37），完工于康熙四十二年（1703），紧依内城西墙而筑，基本呈正方形，比内城略短，外城的主要建筑为陈廷敬府第——冢宰第、大学士第，配套建筑有东书院、西花园、小姐院及管家院。相府大门外有一大一小 2 座功德牌楼，城墙以南有南书院、花园、状元桥、飞鱼阁、八卦亭、祖师庙等。止园书堂为三进院落，占地 1.1 万平方米，是旧时陈氏家族子弟读书的地方。

图 2-4-37　中道庄

## 三、云冈石窟

云冈石窟位于山西省大同市西郊的武周山南麓，是我国规模最大的石窟群之一，与甘肃省的敦煌莫高窟、河南省的龙门石窟并称“中国三大石窟群”，是世界闻名的石雕艺术宝库之一。2001 年被联合国教科文组织列入《世界遗产名录》。据文献记载，云冈石窟始凿于北魏兴安二年（453），大部分完成于北魏迁都洛阳之前（494），其造像工程则一直延续到正光年间（520—525）。石窟依山而凿，东西绵亘约 1 000 米，气势恢宏，内容丰富，现存主要洞窟有 45 个，附属洞窟 209 个，佛龛 1 100 多个，大小造像 59 000 余尊。造像最大者达 17 米，最小者仅几厘米。窟中的菩萨、力士、飞天形象生动活泼，塔柱上的雕刻精致细腻，上承秦汉现实主义艺术之精华，下开隋唐浪漫主义色彩之先河。

云冈石窟形象地记录了佛教在中国发展的历史轨迹，其造像将古代印度、波斯的一些艺术元素与北魏时期的艺术风格相结合，在充分展现当时高超雕塑技艺的同时，使各种风格在这里实现了前所未有的融合，反映出佛教造像在中国逐渐民族化、世俗化的过程，是石窟艺术“中国化”的开始。

早期云冈石窟中，雕塑作品以“昙曜五窟”为代表。昙曜五窟（见图 2-4-38）是开凿最早的 5 个石窟，由当时的高僧昙曜主持开凿，窟中的佛像雕塑面相丰圆、身体壮硕、气势磅礴，具有浑厚、纯朴的异域风情。

图 2-4-38　昙曜五窟

中期云冈石窟出现了中国宫殿建筑式样的洞窟，以及在此基础上发展出的中国式佛像龛，对后世的石窟建造产生了重要影响。这一时期的石窟雕塑以精雕细琢、装饰华丽著称于世，显示出复杂多变、富丽堂皇的北魏时期艺术风格。

晚期云冈石窟的窟室布局和装饰，更加突出地展现了浓郁的中国式建筑装饰风格，反映出佛教艺术“中国化”的不断深入。这一时期窟室规模较小，佛、菩萨雕像大多面相清瘦、眉目开朗、神采飘逸，是中国北方石窟艺术“瘦骨清像”的源起。

此外，云冈石窟中留下的各种乐舞和百戏杂技雕刻，也是当时佛教思想流行的体现及北魏社会生活的反映。

## 实践活动

### 雕刻体验活动

请学生参与雕刻体验活动，并在创作雕塑作品的过程中，亲身感悟雕塑艺术的魅力。

（1）活动人员：全班学生。

（2）活动形式：邀请一名雕塑专业人士进行现场教学，学生动手雕刻一件作品。

（3）活动准备：班委会负责购买雕塑创作所需要的用具。

（4）活动开始后，请学生认真听专业人士的讲解，并在专业人士的指导下体验雕塑创作过程。

（5）请学生将完成的雕塑作品在全班展览，互相交流学习经验。

## 学习成果评价

学生和教师根据学生的实际学习成果开展自我评价、组间互评和教师评价，并将评价结果填写在表 2-4-2 所示的学习成果评价表中。

表 2-4-2　学习成果评价表

| 教学过程 | 内容（任务点） | 评价 | | |
|---|---|---|---|---|
| | | 学生自评（20%） | 组间互评（30%） | 教师评价（50%） |
| 课前 | 能够简要叙述我国传统宗教建筑的建筑类型 | | | |
| | 能够简要叙述我国常见的传统民居的类型 | | | |
| | 能够说出中国古代雕塑的主要类型 | | | |
| 课中 | 能够准确说出典型宗教建筑的建筑类型及结构特色 | | | |
| | 能够准确说出典型民居的建筑类型及结构特色 | | | |
| | 能够列举出石雕、玉雕和木雕的经典作品并分析其特色 | | | |
| 课后 | 能够深入了解中国古代建筑和雕塑的历史背景、文化内涵和艺术价值 | | | |
| | 提高对传统建筑和古代雕塑的审美能力和艺术鉴赏水平 | | | |
| 专业点评 | | | | |

# 模块五　美学篇——传统书画文化

全班学生以 5～7 人为一组进行分组，组长组织小组成员开展课前自学活动，并将相应的信息填写在表 2-5-1 所示的课前任务表中。

表 2-5-1　课前任务表

<table>
<tr><td>班级</td><td colspan="3"></td><td>小组</td><td></td></tr>
<tr><td rowspan="4">课前任务<br>及学习要求</td><td colspan="5">预习课本知识，了解书法和中国画的主要类型</td></tr>
<tr><td colspan="5">选择一位感兴趣的书法家，了解其艺术风格和特点，欣赏其代表作品</td></tr>
<tr><td colspan="5">通过查阅资料，了解书画与其他学科（如历史、文学、哲学等）之间的联系</td></tr>
<tr><td colspan="5">通过模仿和创作，体验书法的笔法和中国画的构图、用墨等技巧，培养自己的艺术感知和实践能力</td></tr>
<tr><td rowspan="8">小组构成<br>与分工</td><td></td><td>姓名</td><td>学号</td><td colspan="2">任务分工</td></tr>
<tr><td>组长</td><td></td><td></td><td colspan="2"></td></tr>
<tr><td rowspan="6">组员</td><td></td><td></td><td colspan="2"></td></tr>
<tr><td></td><td></td><td colspan="2"></td></tr>
<tr><td></td><td></td><td colspan="2"></td></tr>
<tr><td></td><td></td><td colspan="2"></td></tr>
<tr><td></td><td></td><td colspan="2"></td></tr>
<tr><td></td><td></td><td colspan="2"></td></tr>
<tr><td>课前存疑</td><td colspan="5"></td></tr>
</table>

## 文化讲堂

### 一、书法

书法是一种以汉字为表现对象，以毛笔为书写工具的线条造型艺术。它不仅是中华民族的文化瑰宝，还在世界文化艺术宝库中独放异彩。在漫长的演变和发展历史中，书法经历了由篆书到隶书、草书、楷书、行书的发展阶段，产生了数量众多的书法家和书法作品，逐渐成为一门成熟的艺术形式。

## （一）篆书

篆书是我国最古老的书法字体。从汉字发展的角度看，篆书是一个比较宽泛的概念，汉字隶变之前的古文字都属于篆书，包括先秦时期的甲骨文、金文，秦代小篆及汉代篆书碑刻等字体形态。

小篆也称“秦篆”，是经过统一规范的秦代官方标准字体，其字形修长，排列整齐，行笔圆转，线条均匀且长，以《泰山刻石》与《琅琊台刻石》（见图 2-5-1）为典范。

汉代篆书以东汉碑刻为主，其结体茂密，体势方圆结合，用笔遒劲，与秦篆的风格大不相同，留下了以《祀三公山碑》、《嵩山少室石阙铭》、《袁安碑》（见图 2-5-2）、《张迁碑》为典范的碑刻作品。

图 2-5-1　《琅琊台刻石》

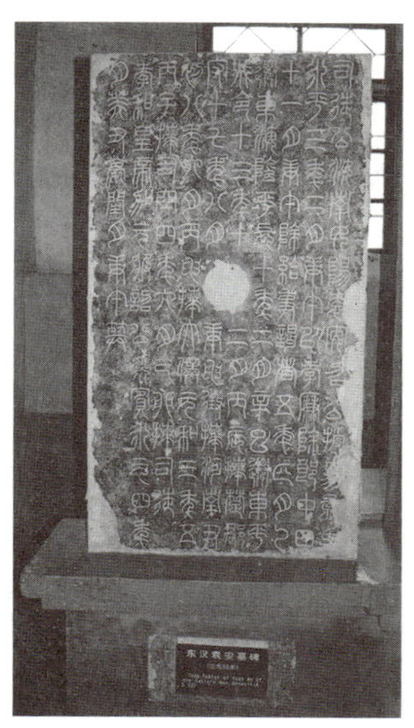

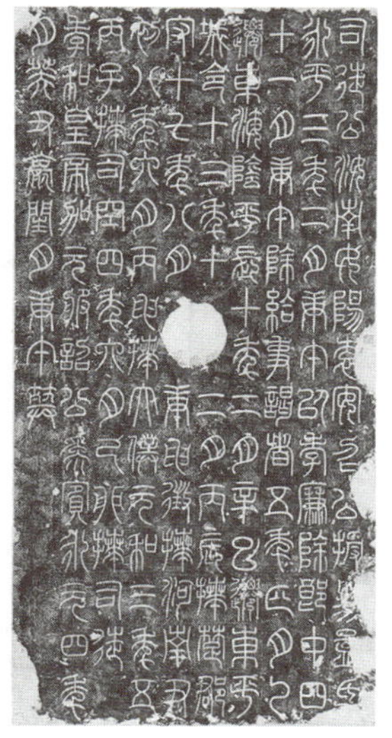

图 2-5-2　《袁安碑》

## （二）隶书

隶书起源于战国晚期，由篆书演化而来，风格较为庄重，书写效果略微宽扁，横画长而竖画短，呈长方形，讲究“蚕头雁尾”“一波三折”。

隶书在汉代逐步发展完善并得到广泛应用。汉代隶书可分为西汉简帛（在竹木简牍或丝绸上书写）和东汉碑刻。我国甘肃省武威地区出土的西汉《武威汉简》（见图 2-5-3），朴茂自然，笔画肥瘦，刚柔结合，变化多端，是研究隶书的重要实物资料。刻在今陕西汉中褒城石门隧道西壁之上的东汉《石门颂》（见图 2-5-4），用笔大气磅礴，挥洒自如，结体宽博舒朗、气势开张，布局巧随石势、错落有致，其以鲜明的艺术个性成为汉代隶书中的珍品，为历来书法家所赞赏。

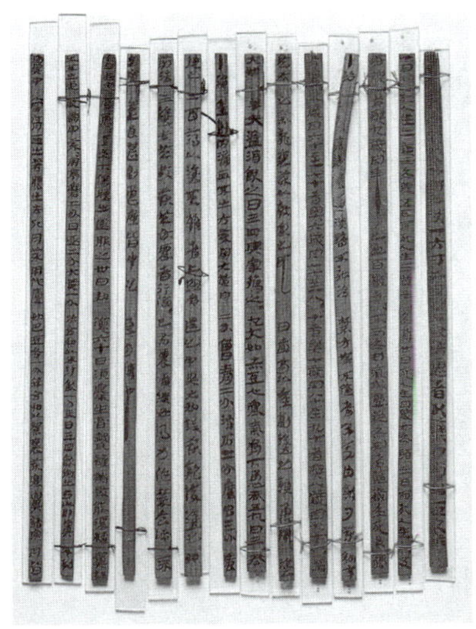

图 2-5-3　《武威汉简》（部分）

图 2-5-4　《石门颂》（局部）

### 隶书的传说

相传隶书为秦代程邈所创。秦始皇统一六国后，推行“书同文”政策，小篆被定为全国统一文字。但是，用小篆写公文不便于速写，费时费力，非常影响工作效率。程邈是某县衙的一名小吏，专门负责抄写文件，因被诬陷获罪关进监狱。入狱后，程邈没有消沉，而是结合自己之前抄写公文时遇到的小篆书写问题，决心创造一种容易辨认又书写快速的新书体。于是，他开始潜心研究小篆的书写特点和民间的书写习惯，每天在地上涂画，把小篆回转的笔画改成方折形，把原来的象形结构变成笔画形式，把原来的竖长体态改为横向的扁方形制，使书写简便了很多。

研究成功后，程邈把简化后的 3 000 个隶书字体编纂成册，进呈给秦始皇。秦始皇看后对这种文字大加赞赏，于是赦免了程邈，并颁布文字改革法案，命令官员学习和使用这种新的书体。从此以后，这种字体便逐渐推广开来。

### （三）草书

草书始于汉代。最早的草书谓之章草，是篆书演进到隶书阶段派生出来的一种书体。章草的起笔、收笔纯用隶法，字字独立，但每个字的笔画之间又加进了萦带（实笔与虚笔之间笔断意不断的连笔效果）连绵的笔法，是草书连绵圆转风格之始。西汉史游的《急就章》和东汉崔瑗的《贤女帖》是章草之典范。

汉末，章草进一步“草化”，脱去隶书笔画的行迹，上下字之间的笔势牵连相通，偏旁部首也做了简化和互借，形成今草（亦称“小草”）。据史书记载，今草为东汉张芝所创，世称张芝为“草圣”。东晋王羲之博采众长，是今草集大成者，其作品《十七帖》（见图 2-5-5）是历代草书之绝品。

到了唐代，今草进一步演化，形成了狂草。狂草亦名大草，其字形狂放多变，笔势连绵环绕，有“一笔书”的效果，唐代张旭、怀素是狂草的代表人物，有“颠张狂素”之称。其中，张旭的草书行文跌宕起伏，动静交错，满纸如云烟缭绕，与李白的诗歌、裴旻的剑舞并称“三绝”，代表作《古诗四帖》（见图 2-5-6）乃草书巅峰之篇。怀素是中国草书史上承前启后的佼佼者，其草书笔法瘦劲，飞动自然，如骤雨旋风、随手万变，代表作品有《自叙帖》《苦笋帖》《圣母帖》《论书帖》等。

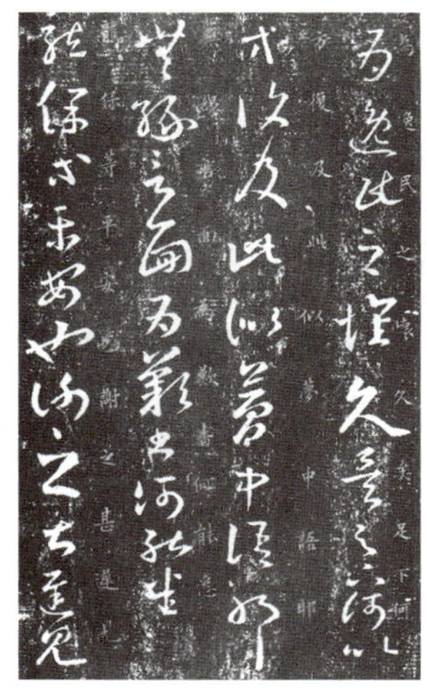

图 2-5-5　《十七帖》（局部）

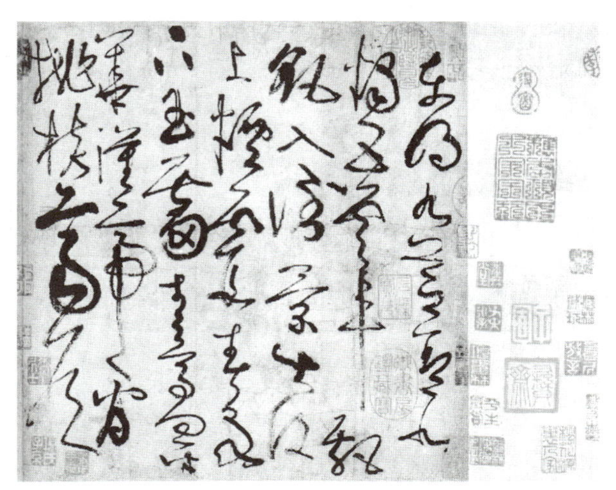

图 2-5-6　《古诗四帖》（局部）

### 傅山

傅山（1607—1684），山西阳曲（今山西省太原市）人。其初名鼎臣，字青竹，后改字青主，别字公它。明亡后，傅山身穿朱衣，居土穴奉母，号朱衣道人，又有真山、浊翁、石道人等别名。傅山擅绘画，精医学，书法于篆、隶、真、行、草无所不精，以草书最富特色，是明清之际的思想家、医学家和书画家。

傅山的草书笔力雄奇恣肆，字里行间一气呵成，富有流畅性，追求生拙真率的艺术境界。其代表作品有《草书孟浩然诗卷》《右军大醉诗轴》《行草五律诗轴》等。此外，在书法艺术理论方面，他力倡的“宁拙毋巧，宁丑毋媚，宁支离毋轻滑，宁真率毋安排”艺术主张，以自然天倪为尚，备受后人推崇。

### （四）楷书

楷书又称“正书”“正楷”“真书”，由隶书演变而来。楷书源于魏晋时期，南北朝时得到发展，隋代开始融合，至唐代发展成熟，并作为正体字（正规的字体）一直流传到今天。楷书点画独立，结体严谨、方正，重心平稳，行笔较慢。唐代欧阳询的《九成宫醴（lǐ）泉铭》（见图 2-5-7）和虞世南的《孔子庙堂碑》（见图 2-5-8）都是历代书法家公认的楷书妙品。

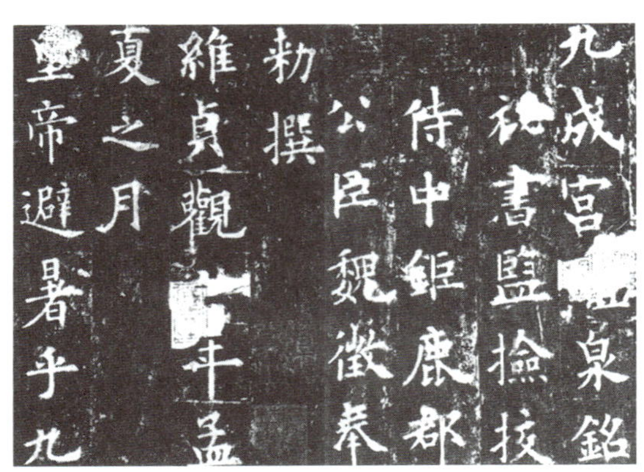

图 2-5-7 《九成宫醴泉铭》（局部）

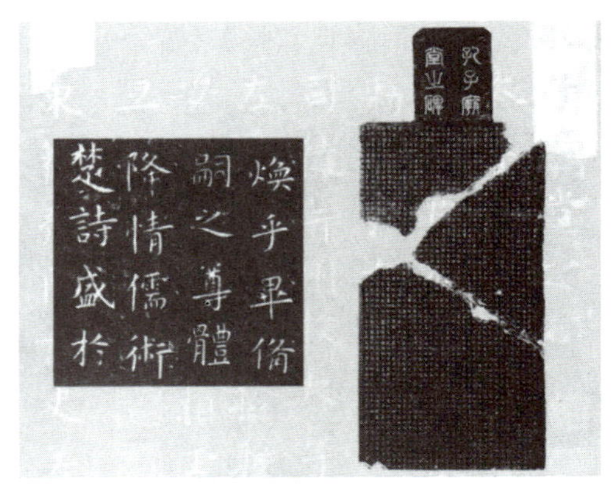

图 2-5-8 《孔子庙堂碑》

### 楷书四大家

楷书四大家，是对书法史上以楷书著称的四位书法家的合称，他们分别是唐代的欧阳询、颜真卿、柳公权和元代的赵孟𫖯（fǔ）。

欧阳询的楷书法度严谨，笔力险峻，后人称为“欧体”，世称“唐人楷书第一”，其代表作有《九成宫醴泉铭》等。

颜真卿的楷书端庄雄伟，气势开张，世称“颜体”，其代表作有《颜勤礼碑》《颜氏家庙碑》《多宝塔碑》《麻姑仙坛记》等。

柳公权所写楷书，体势劲媚，骨力劲健。较之颜体，柳字则稍清瘦，故有“颜筋柳骨”之称，其代表作有《金刚经刻石》《玄秘塔碑》《神策军碑》等。

赵孟𫖯的楷书用笔遒劲，结字严谨，体势飘逸，其代表作《玄妙观重修三门记》结体宽博深稳，运笔酣畅圆润，最适合当字帖。

## （五）行书

行书出现在东汉末年，是介于楷书、草书之间的一种字体。行书大小相兼，收放结合，疏密得体，浓淡相融，弥补了楷书书写速度慢、草书难以辨认的不足，既书写快捷又易于识别。

行书的代表作首属东晋王羲之的《兰亭序》（见图 2-5-9）。《兰亭序》通篇布局纵有行、横无列，行款紧凑，首尾呼应；行与行之间疏密有致；字与字之间大小参差，不求划一，保持了随手书写的自然姿态，颇得天然潇洒之美，被奉为“天下第一行书”。唐代颜真卿的《祭侄稿》（见图 2-5-10）字体凝重峻涩而又神采飞动，笔势圆润雄奇，姿态横生，得自然之妙，被称为“天下第二行书”。北宋苏轼的《黄州寒食诗帖》（见图 2-5-11），通篇书法起伏跌宕，气势奔放，无荒率之笔，被称为“天下第三行书”。

图 2-5-9　《兰亭序》（唐冯承素摹本）

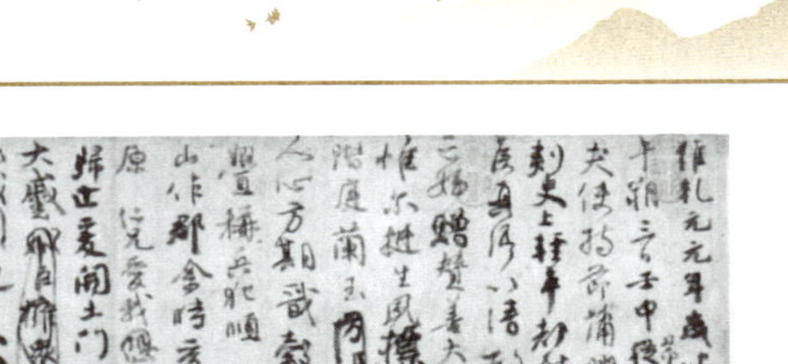

图 2-5-10 《祭侄稿》

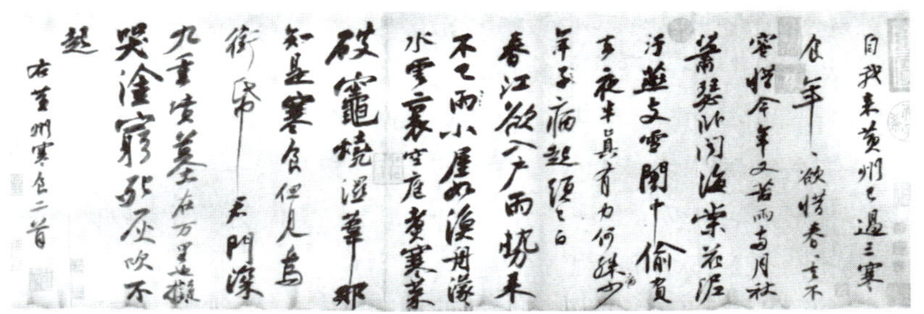

图 2-5-11 《黄州寒食诗帖》

此外，行书大家还有宋代的黄庭坚、米芾、蔡襄（他们与苏轼一起被称为“宋四家”）；元代的赵孟頫、鲜于枢；明代的祝允明、文徵明、董其昌、王铎；清代的刘墉、何绍基等。这些行书大家都有不少作品流传于世，其中赵孟頫的《洛神赋》、文徵明的《滕王阁序》、董其昌的《白居易琵琶行》、王铎的《拟山园帖》更是行书的传世佳作。

“癫狂”的书法大家——米芾

## 二、绘画

中国画简称“国画”，是中国传统的绘画形式。其最大的特点是意境高远，注重人的情感与精神的表现，讲求“以形写神”，追求一种“妙在似与不似之间”的神韵。在内容创作上，中国画体现了古人对自然、社会及与之相关联的政治、哲学、宗教、道德、文艺等方面的认知。中国画种类多样，题材广泛，主要分为人物画、山水画和花鸟画三种。

### （一）人物画

人物画是中国画中最早的一个画种。据记载，周代就出现了劝善诫恶的历史人物壁画。战国及秦汉时期，以神话故事和历史故事为题材的作品大量涌现。魏晋南北朝时期，宗教画尤为兴盛，这一时期出现了以顾恺之为代表的第一批人物画大师。盛唐时期，吴道子将宗教人物画推至新高度。两宋是中国人物画深入发展的时期，绘画风格和题材均发生了转变，风格由工笔重彩向线描水墨转化，出现了简笔写意人物画，如梁楷的《泼墨仙人图》；题材加入了丰富多彩的市民生活，如张择端的《清明上河图》。元明清时期，人物画的发展不及山水画和花鸟画，但也出现了许多卓有成就的人物画家，如元代的王绎、赵孟頫，明代的唐寅、陈洪绶，清代的任颐等。

中国古代人物画可细分为道释画（以道教、佛教为内容的绘画）、仕女画、肖像画、风俗画、历史故事画等。它不拘泥于人物的外表，注重人物个性的刻画，更多地强调“传神”（即主观情感的抒发），追求形神兼备、气韵生动。

中国古代著名的人物画作品数不胜数。例如，东晋顾恺之的《洛神赋图》（见图 2-5-12），用高古游丝描（一种线描画法）将人物的神韵、风姿表达得惟妙惟肖，其中的“辞别”场景，一改汉代的平视画法，采用俯视角度，开阔了视野；唐代阎立本的《步辇图》（见图 2-5-13），巧妙地运用人物形象的对比手法，更好地衬托出了唐太宗的至尊风度；周昉的《簪花仕女图》（见图 2-5-14），以游丝描人物，行笔轻细柔媚，反映了当时贵族女子的生活状态。此外，还有唐代吴道子的《地狱变相图》《送子天王图》，张萱的《虢国夫人游春图》（见图 2-5-15）；五代南唐顾闳中的《韩熙载夜宴图》；宋代李公麟的《维摩诘像》，李唐的《采薇图》，梁楷的《李白行吟图》；元代王绎的《杨竹西小像》；明代仇英的《列女图》，张宏的《击缶图》《布袋罗汉图》；清代任颐的《酸寒尉像》；等等。

图 2-5-12　《洛神赋图》（局部）

图 2-5-13　《步辇图》（局部）

图 2-5-14　《簪花仕女图》

图 2-5-15　《虢国夫人游春图》（局部）

## 文化溯源

### 元代壁画

壁画是指绘制在建筑物的墙壁或天花板上的图画，是历史最悠久的绘画形式之一。壁画可以分为石墓壁画和寺观壁画。石墓壁画又分为墓室壁画和石窟壁画，前者是指绘制在墓室四壁、顶、过道两侧的壁画，后者是指绘制在石窟墙洞上的壁画。我国石窟壁画极为丰富，其中，敦煌石窟壁画是延续时间最长、数量最多、保存最好的石窟壁画艺术。寺观壁画是我国壁画的一个重要类别，主要绘制于道观和寺庙的墙壁上。

元代壁画受到了当时道教和佛教的影响，其主要形式为石窟壁画和寺观壁画，主要内容包括佛传故事、神话传说、道教造像等。

元代壁画整体的线条遒劲有力，其律动感、节奏感、书写性十足，通过线条的疏密排列，形成特有的或轻快或飘逸或缓缓而行的流动感，把每个人物的形象都塑造得极为传神，并且在大长线条的运用上毫无衔接的痕迹。

元代壁画在设色上具有律动感和厚重感，运用冷暖对比的设色方式，采用整体平涂、局部贴金沥粉的绘画技巧。

元代壁画以寺观壁画最为出彩，寺观壁画中又以永乐宫三清殿的壁画《朝元图》最具代表性。《朝元图》在用线、设色、构图方面都具有极高的艺术造诣。

### （二）山水画

山水画是以自然山川为主要描绘对象的绘画。魏晋南北朝时期，山水画仍附属于人物画，山水作为人物画的背景呈现。隋唐时期，山水开始从人物画的背景中独立出来，出现了运用不同色彩描绘山川的画作，如展子虔的青绿山水、李思训的金碧山水、王维的水墨山水、王洽的泼墨山水等。自唐代后，山水画得到空前发展，名家辈出，如荆浩、关仝（tóng）、董源、巨然等。到了元代，山水画趋向写意，以虚带实，侧重笔墨神韵。明代是中国山水画发展的鼎盛时期，画风迭变，画派林立，出现了极具影响力的浙派和吴门画派。清代山水画一部分沿袭传统，一部分开拓创新，形成了丰富多彩的绘画风格。

中国传统的山水画可以分为水墨山水、青绿山水（以石青、石绿为主色的山水画）、浅绛山水（以墨色为主，施以浅浅的赭石色的山水画）、小青绿山水（在浅绛的基础上再薄施石绿色和石青色的山水画）和没骨山水（不用墨线勾勒，直接以大面积的水墨或色彩描绘物景的山水画）等。山水画尤其注重写意，具有特殊的意境、格调和气韵，蕴含着“天人合一”的生命哲学，具有丰富的内涵。

隋代展子虔的《游春图》（见图 2-5-16），是中国存世最早的山水画。该画用青绿着色法描绘了人们春游的情景，以山水为主体、人物为点缀，使山水脱离了作为人物画背景的地位，独立成幅。宋代王希孟的《千里江山图》（见图 2-5-17）画面雄浑壮阔，气势磅礴，将祖国的大好河山描绘得惟妙惟肖，是一幅既写实又富理想的山水画作品。元代黄公望的《富春山居图》（见图 2-5-18）被誉为“画中之兰亭”，此画采用阔远的构图方式，展现山水的整体风貌，传达出生机勃勃、变幻无穷的意境，令人叹为观止。除此之外，南宋夏圭的《溪山清远图》、清代王时敏的《南山积翠图》等，都是山水画中的经典之作。

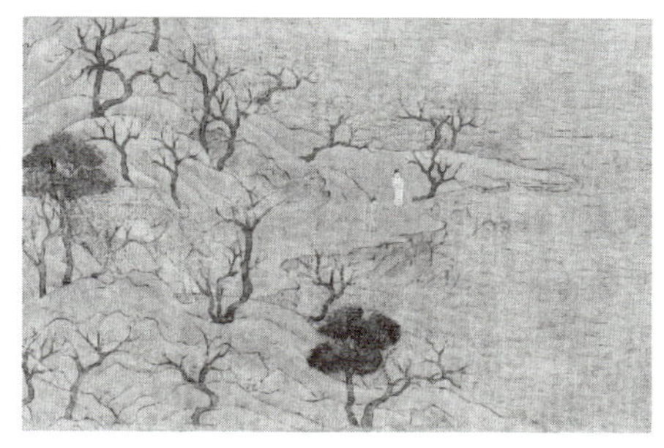

图 2-5-16　《游春图》（局部）

图 2-5-17　《千里江山图》（局部）

图 2-5-18　《富春山居图》（局部）

### （三）花鸟画

花鸟画是中国特有的一个画种，以植物和动物为主要描绘对象，包括花卉、翎毛、蔬果、草虫等。

花鸟画最早可追溯至原始社会的岩画及彩陶装饰上，汉代有所发展，常常作为人物画中的陪衬。魏晋南北朝时，开始出现不少独立形态的花鸟绘画作品，如顾恺之的《凫雀图》、史道硕的《鹅图》、顾景秀的《蜂雀图》、萧绎的《鹿图》等。

隋唐时期，花鸟画已独立成科，在形式和技法上都得到了完善，著录中计有花鸟画家 80 多人，如薛稷善于画鹤，曹霸、韩幹善于画马，韦偃善于画牛，李泓善于画虎，卢弁善于画猫，张旻善于画鸡，齐旻善于画犬，李逖善于画昆虫，张立善于画竹等。

五代时期，花鸟画发展迅速，逐渐进入成熟期，以黄筌、徐熙为代表的两大流派（即工笔和写意）确立了花鸟画发展史上的两种不同风格，有“黄筌富贵，徐熙野逸”之说。其中，黄筌的画作在画法上非常细致，设色浓丽，显出富贵之气，代表作品有《写生珍禽图》等；徐熙则开创“没骨”画法，落墨为格，杂彩敷之，略施丹粉而神气迥出，代表作品有《雪竹图》等。

宋代时，花鸟画受到文人思想的影响，喜欢寄情于花鸟，表现崇高、贞洁、虚心、向上、坚强的品质，因此花鸟画中出现了梅、竹、松、兰等形象。这一时期花鸟画的代表作品有北宋赵昌的《写生蛱蝶图》，易元吉的《百猿图》，崔白的《双喜图》《寒雀图》，赵佶的《芙蓉锦鸡图》《柳鸦图》（见图 2-5-19），苏轼的《古木怪石图》，文同的《墨竹图》，以及南宋林椿的《果熟来禽图》等。

图 2-5-19　《柳鸦图》（局部）

元代时，出现了一批专门画水墨梅竹的画家，如柯九思、吴镇、王冕等。明代和清代时，花鸟画也得到了发展，许多画家在花鸟画上卓有成就，如明代的徐渭、陈道复，清代的石涛、恽寿平、朱耷（号“八大山人”）和“扬州八怪”等。其中，朱耷的花鸟画笔墨与造型独树一帜，代表作品有《荷石水鸟图》（见图 2-5-20）；“扬州八怪”中的郑燮（即郑板桥）喜欢画竹，其代表作品《修竹新篁图》（见图 2-5-21）更是达到了“不似之似”的艺术妙境，为花鸟画的经典之作。

图 2-5-20 《荷石水鸟图》

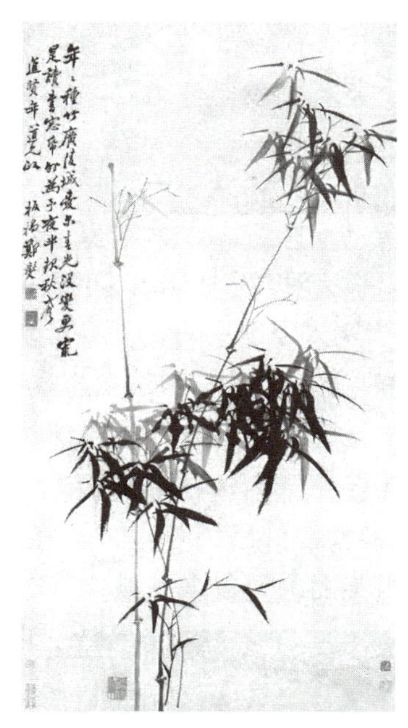

图 2-5-21 《修竹新篁图》

## 扬州八怪

扬州八怪也称“扬州画派”，是清代康熙至乾隆年间活跃于扬州地区的一批风格相近的书画家的总称。史上对扬州八怪的说法不一，一般公认为金农、郑燮、黄慎、李鱓（shàn）、李方膺、汪士慎、罗聘和高翔八人。扬州八怪大多出身贫寒，生活清苦，清高狂放。他们主张创新，注重实践，喜欢表达个性，其书画作品不落俗套，往往成为抒发心胸志向、表达真情实感的媒介。从绘画美学的角度来说，他们是当时进步的现实主义与积极的浪漫主义相结合的美学思想典范。

扬州八怪的绘画作品涉及山水、人物、花鸟，为数之多，流传之广，无可计量。仅据《扬州八怪现存画目》记载，国内外 200 多个博物馆、美术馆及研究单位收藏的扬州八怪作品就有 8 000 余幅。

扬州八怪的大胆创新之风，也不断为后世画家所传承。近现代名画家，如吴让之、吴昌硕、齐白石、徐悲鸿等，都在某些方面受“扬州八怪”的影响。郑燮作为扬州八怪中的杰出代表，更是对后世影响深远，被很多画家推崇。徐悲鸿就曾在郑燮画作《兰竹》上题跋云：“板桥先生为中国近三百年最卓绝的人物之一。其思想奇、文奇，书画尤奇。观其诗文及书画，不但想见高致，而其寓仁慈于奇妙，尤为古今天才之难得者。”

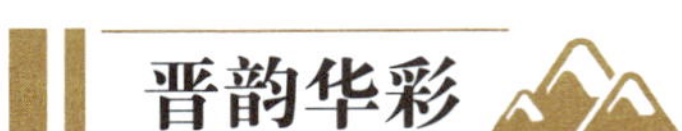


## 一、书圣之师卫夫人

卫夫人（272—349），东晋女书法家，姓卫，名铄，字茂漪，河东安邑（今山西省运城市夏县）人，汝阴太守李矩的妻子，人称卫夫人。王羲之少时曾师从她学习书法。

卫夫人少时好学，酷爱书法艺术，很早就以大书法家钟繇为师，得其规矩，擅于隶书与楷书。晋人曾称颂卫夫人的书法“碎玉壶之冰，烂瑶台之月，婉然若树，穆若清风”，充分肯定了卫夫人书法高逸清婉，流畅瘦洁的特色。唐代书法家韦续则曰：“卫夫人书，如插花舞女，低昂芙蓉；又如美女登台，仙娥弄影；又若红莲映水，碧治浮霞。”韦续连用 3 组美丽的形象来比拟其书法，可知卫夫人的书法充溢着美感，具有女性特有的妩媚娇柔的风格，与钟繇书法迥异其趣。卫夫人的楷书，方笔凝重，体态端庄，字体端正，用笔合法。《书后品》曾评价她：“卫正体尤绝，世将楷则。”

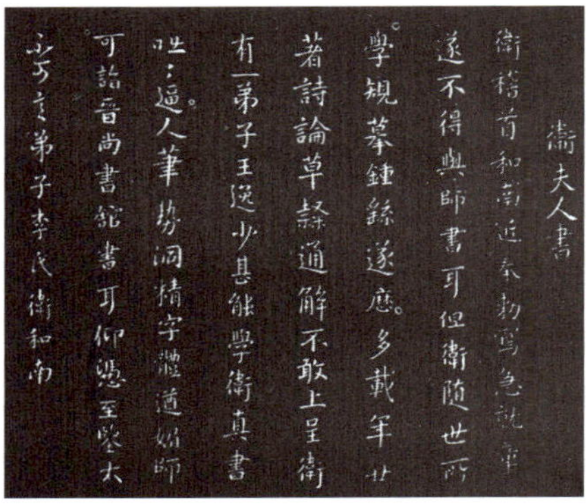

图 2-5-22　《近奉帖》

卫夫人的传世作品较少，但我们仍可从屈指可数的字迹中领略其书法的精妙。卫夫人的《近奉帖》（见图 2-5-22）清劲娴雅、体端貌合，得钟繇书法之精髓。卫夫人所著的《笔阵图》阐述了执笔、用笔的方法，并列举了七种基本笔画的写法，是论述书法较早的著作之一。

## 二、永乐宫壁画

永乐宫壁画位于山西省运城市芮城县的永乐宫（又称“纯阳宫”）。永乐宫壁画是对唐宋绘画传统的继承和完善，是元代道教表现真善美的艺术精品，是除敦煌壁画外我国另一处举世公认的艺术瑰宝，素有“东方艺术画廊”的美誉。

永乐宫壁画现存面积 1 005.68 平方米，主要分布在龙虎殿、三清殿、纯阳殿、重阳殿 4 座元代建筑内。龙虎殿、三清殿内的壁画是以传统工笔重彩勾填画法，绘制了统领山川田野的护卫神祇、道教诸神祇朝拜元始天尊的宏大场面，将天地山川、日月星辰、社会历史拟人化，集中表现了道教“万物归元”的思想。纯阳殿、重阳殿内的壁画是以青绿山水连环画的方法，绘制了吕洞宾、王重阳一生的故事，体现了道教惩恶扬善、扶危济贫的宗旨，以鞭挞恶势力、嘲讽为官不仁者为己任的积极人生态度和“敬天爱民”的人本思想。

三清殿内的《朝元图》（见图 2-5-23）是永乐宫壁画的精华，创作完成于 1325 年，总面积 403.34 平方米，高 4.26 米，横长 94.68 米，绘于东北西三面山墙上。

图 2-5-23　《朝元图》（局部）

《朝元图》以 8 个高 3 米的主像（南极、北极、东极、玉皇、勾陈、木公、后土、金母）为中心，前画青龙、白虎二星君，后有天蓬、天犹二元帅，周置仙曹、仙官、天丁、力士、太乙、侍臣、金童、玉女、二十八宿、三十二帝君等，共画像 394 身。他们之间有的对语，有的沉思，有的倾听，有的注视，神情姿态彼此呼应，成为有机的整体。其服饰冠戴华丽辉煌，衣纹多用吴道子“莼菜条”线条，长达数尺，紧劲贯气，既含蓄又有力度。色彩采用重彩勾填，在冠戴、衣襟、薰炉等处沥粉贴金，使人更觉绚烂炫目。

《朝元图》整幅作品构图宏伟、气势磅礴、笔法生动传神，设色富丽堂皇，代表了元代壁画的最高成就，也是迄今为止所知的中国古代最大的人物画，在世界绘画史上占有重要的地位。

## 实践活动

### 班级书法比赛

书法是中华民族特有的艺术形式，是中国传统文化的重要组成部分。为了激发学生学习书法的兴趣，提高学生传承和弘扬中华民族优秀文化传统的意识，请组织一次班级书法比赛，具体要求如下。

（1）活动参加人员：本班学生。

（2）活动内容：原创书法作品或临摹优秀的书法作品，其书写内容应健康、积极向上，能展现出学生较高的文化素质和思想觉悟。

（3）书写规则：① 在篆书、隶书、草书、楷书、行书中自选一种书体；② 现场比赛用纸由班委会统一购买；③ 笔、墨、画毯等书写用具自备。

（4）活动时间：由全班商讨确定。

（5）活动准备：由班委会聘请有关专家组成评审委员会，负责比赛各项评审工作。

（6）全班学生按照表 2-5-2 进行分组，将分组情况填入表中。

表 2-5-2　活动分工表

<table>
<tr><th colspan="2">组织设置</th><th>工作内容</th><th>岗位设置</th><th>岗位职责</th></tr>
<tr><td colspan="2" rowspan="2">管理小组</td><td rowspan="2">负责统筹整个活动的各个环节，协调各小组的工作</td><td>组长：</td><td>负责活动中的指导、监督、检查、协调等工作</td></tr>
<tr><td>副组长：</td><td>协助组长管理组内工作，监督小组成员的任务执行情况</td></tr>
<tr><td rowspan="5">工作小组</td><td rowspan="2">后勤保障组</td><td rowspan="2">负责制定具体规则，制作并发放宣传单，向院系老师发邀请函，购置比赛用品，现场拍摄等后勤保障工作</td><td>组长：</td><td rowspan="4">组长：负责落实本组工作的执行情况、管理组员、合理安排组员的工作任务<br>组员：服从组长管理，自觉遵守活动纪律，积极参与组内工作，与组内成员团结协作</td></tr>
<tr><td>组员：</td></tr>
<tr><td rowspan="2">评委会</td><td rowspan="2">邀请有关专家组成评审委员会，负责制定评分标准、统计比赛结果等</td><td>组长：</td></tr>
<tr><td>组员：</td></tr>
<tr><td>主持人</td><td>负责报幕及撰写报幕词</td><td>主持人（男、女各一名）：</td><td>提前排练，熟悉比赛各环节，保证比赛的正常进行并圆满完成主持工作</td></tr>
</table>

（7）书法比赛活动开始，工作小组和管理小组引导老师、评审专家和参赛选手就位；参赛选手按照要求进行书写；后勤保障组负责录像和拍摄；评委为每个节目打分、写评语，评委会统计选手得分并公布比赛结果。

## 学习成果评价

学生和教师根据学生的实际学习成果开展自我评价、组间互评和教师评价，并将评价结果填写在表 2-5-3 所示的学习成果评价表中。

表 2-5-3　学习成果评价表

| 教学过程 | 内容（任务点） | 评价 | | |
|---|---|---|---|---|
| | | 学生自评（20%） | 组间互评（30%） | 教师评价（50%） |
| 课前 | 能够简要叙述书法的发展历程 | | | |
| | 能够简要叙述中国画的主要类型、知名画家及其代表作品 | | | |
| 课中 | 能够简要叙述各种书体的特点及其代表作品 | | | |
| | 能够分析知名书法作品的风格及特色 | | | |
| | 能够分析知名古代绘画作品的艺术特色 | | | |
| 课后 | 从作品欣赏中提高自己对书法艺术的观察能力和理解能力 | | | |
| | 从作品欣赏中提高自己对绘画艺术的审美能力和鉴赏水平 | | | |
| 专业点评 | | | | |

# 模块六　工匠篇——传统工艺文化

## 课前任务表

全班学生以 5～7 人为一组进行分组，组长组织小组成员开展课前自学活动，并将相应的信息填写在表 2-6-1 所示的课前任务表中。

表 2-6-1　课前任务表

| 班级 | | | | 小组 | |
|---|---|---|---|---|---|
| 课前任务及学习要求 | 预习课本知识，了解古代青铜冶铸技术、灌钢技术、球墨铸铁技术和炼锌技术的基本原理 | | | | |
| | 选择一种感兴趣的传统工艺，绘制一个简单的工艺流程图，列明主要的工艺环节 | | | | |
| | 通过查阅资料，了解传统工艺在现代生活中的实际应用情况 | | | | |
| | 在条件允许的情况下，搜集相关的实物或模型，以便在课堂上进行展示 | | | | |
| 小组构成与分工 | | 姓名 | 学号 | 任务分工 | |
| | 组长 | | | | |
| | 组员 | | | | |
| | | | | | |
| | | | | | |
| | | | | | |
| | | | | | |
| | | | | | |
| 课前存疑 | | | | | |

## 文化讲堂

### 一、青铜冶铸技术

青铜器中的晋风之彩

青铜是指铜和锡组成的合金，也是金属冶铸史上最早的合金。青铜具有优良的铸造性、耐磨性和化学稳定性。

中国在商代早期已能用火法炼制铜锡合金的青铜。冶炼青铜的过程比较复杂：先在含铜量较为丰富的铜矿石中加入熔剂，并放在炼炉内，点燃木炭熔炼，等火候成熟，取精炼铜液，弃去炼渣，即得粗铜；然后将粗铜放入熔炼设备中进一步提纯，获得纯净的红铜；最后在红铜里加锡熔成合金，即得青铜。

中国古代青铜器的铸造有块范法和失蜡法两种基本方法。块范法又称“土范法”，是整个青铜时代（青铜器在人类生活中占据重要地位的时代）应用最为广泛的青铜器铸造法。该方法包括制模、制范、浇注和修整等步骤：先选用陶、木、竹、骨、石等材料制成欲铸器物的模型，或将已经铸好的青铜器作为模型，然后将泥料分割成若干块并附在模型的表面，等到泥料从模型上脱落下来就形成了外范，再用泥料制成一个体积与容器内腔相当的内范，接着将内范和外范（见图 2-6-1）套合，最后将熔化的铜液注入内范和外范之间的空腔内，待铜液冷却后，去掉内范和外范，就制成了青铜器。

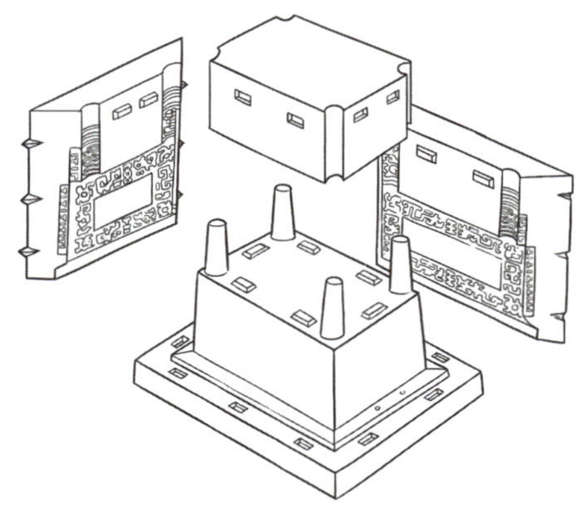

图 2-6-1　内范和外范

失蜡法也称“熔模法”，是用容易熔化的材料（如黄蜡、动物油等）制成欲铸器物的模型，然后用细泥浆在模型表面浇淋一遍，使模型表面形成一层泥壳，再在泥壳表面涂上耐火材料，待其慢慢硬化，就做成了铸型，接着用高温烘烤该铸型，使蜡油等熔化流出，从而形成空的型腔。趁型腔处于高温状态，向内浇注铜液，铜液冷却凝固后出器。这样制得的青铜器无范痕，光洁精密。

最早使用失蜡法铸造的铜器——云纹铜禁

## 二、灌钢技术

灌钢又称“团钢法”“生熟法”，是我国古代生产刃钢的主要方法。早在东汉末年，人们就已经开始使用灌钢技术来制作刀剑。到了南北朝时期，灌钢技术在全国各地得到了广泛应用，并被用于农具的制作。

灌钢技术的原理是利用生铁和熟铁的不同特性。人们首先用铁矿石冶炼出碳含量高的生铁，然后将生铁液浇注在碳含量低的熟铁上。经过反复的熔炼，生铁中的硅、锰、碳等杂质被熟铁中的氧所氧化，同时，生铁中的碳也会渗入熟铁中，形成钢。

利用这种技术生产的钢具有硬度高、生产成本低的特点，适用于制作兵器和刀具。因此，灌钢技术的出现对中国古代社会生产力的发展起到了重要的推动作用。

## 三、球墨铸铁技术

球墨铸铁是一种石墨以球状形式存在的铸铁材料。其综合性能接近于钢，也可以像钢材一样，通过热处理和合金化等措施来进一步提高其使用性能。与钢材相比，球墨铸铁还具有许多优点，如良好的铸造性能和相对较低的成本。随着球墨铸铁产量的增加和性能的不断升级，它已经部分取代了昂贵的锻钢和铸钢，在机械制造工业中得到了广泛应用，成为一种前景广阔的金属结构材料。

考古人员曾在河南省新郑市郑韩故城后端湾铸铁遗址发现了大量铸铁遗迹和遗物，并首次在战国时期铸铁遗址中发现了脱碳窑。球墨铸铁的关键流程是脱碳、退火柔化。研究发现，郑韩故城后端湾遗址出土的铁器均经过了铸铁脱碳、退火柔化和铸后锻打等不同程度的加工处理，且在铁器中能够检测到球状石墨。后端湾铸铁遗址的发现，有力地证明了中国铁器铸造技术在战国时期就已经进入黄金时代，铸铁工匠不仅熟练掌握球墨铸铁原理，还可以根据不同器物功能进行加工。这一发现，将我国球墨铸铁史提前了至少 200 年。这不仅是战国时期先民的伟大发明，也是中华文明对人类文明的重大贡献。

## 四、炼锌技术

我国是世界上较早发现和炼制锌的国家。在古代，锌又被称作“白铅”“水锡”“白水铅”“倭铅”等。由于锌在高温下易挥发、难捕获，其冶炼技术比铜、铁、锡、铅等金属的冶炼技术难得多。

自然界的锌一般为氧化锌，由于其还原温度与沸点非常接近，所以其还原后通常成为气态锌，需要借助快速冷凝的回收装置使其恢复固态。于是，古代人们借助特制的反应罐来捕获金属锌。

人们冶炼锌时，首先将锌矿石和煤敲碎并混匀，填装于反应罐内，并盛入适量的水；然后在罐口处用黄泥做出冷凝窝封闭反应罐，并从反应罐的肩部用泥条往上盘筑，形成 10 厘米左右的空腔，加冷凝盖形成冷凝区；为防止高温冶炼过程中罐体发生爆裂，在入炉前，需要在反应罐外壁包裹一层黄泥，然后将其放置于炼炉的炉栅之间，四周堆放煤饼、炉渣，炉栅下投放柴薪、木炭等燃料；用火点燃薪炭，引燃煤饼后，反应罐内发生系列反应，还原出的气态锌通过冷凝窝的通气孔上升至冷凝区冷却，即可得到金属锌结晶；待其冷却完毕，打破反应罐即可取出锌块。不过，通过这种方式得到的锌是粗锌，一般还要通过炒锌等方式进行精炼，才能得到比较纯净的锌。

## 华彩流光

# 我国的科技成果振奋人心

我国的科技实力正从量的积累迈向质的飞跃、从点的突破迈向系统能力提升。伴随着加快实现高水平科技自立自强的步伐，强国梦想必将更好地照进现实。

### 满足 AI 时代高算力需求，忆阻器存算一体芯片诞生

如何加快研制出高算力、高能效的芯片，解决庞大的算力缺口，实现算力的大幅提升，已成为当前迫切需要解决的问题。冯·诺伊曼传统计算架构下，数据的存储和计算相互分离，即将数据存储在储存器中，需要计算时再把它搬运到运算器里。然而，AI 类应用（如大模型）需要对大量数据进行矩阵运算，在此情形下传统计算架构面临着很大挑战。

2023 年 9 月 14 日，国际学术期刊《科学》刊登的一篇文章带来了缓解“算力焦虑”的办法。清华大学集成电路学院吴华强教授、高滨副教授团队基于存算一体计算范式，研制出全球首颗全系统集成的、支持高效片上学习（机器学习能在硬件端直接完成）的忆阻器存算一体芯片。

该芯片包含支持完整片上学习所必需的全部电路模块，可完成图像分类、语音识别和控制任务等，展示出高适应性、高能效、高通用性和高准确率，有效强化了智能设备在实际应用场景下的学习适应能力。相同任务下，该芯片实现片上学习的能耗仅为先进工艺下专用集成电路（ASIC）系统的 3%，展现出卓越的能效优势，极具满足人工智能时代高算力需求的潜力。

### 监测太阳活动，“千眼天珠”通过工艺测试

神话故事中的“千里眼”正在变为现实。2023 年 9 月 27 日，被称为“千眼天珠”的国家重大科技基础设施“空间环境地基综合监测网”（子午工程二期）标志性设备之一——圆环阵太阳射电成像望远镜（简称“圆环阵”）顺利通过工艺测试，正式建成。

“千眼天珠”建于海拔 3 820 米的四川省甘孜藏族自治州稻城县噶通镇，由中国科学院国家空间科学中心牵头建设，占地面积约 1 平方千米，是目前全球规模最大的综合孔径射电望远镜。它由 313 部直径 6 米的抛物面天线构成，这些天线均匀分布在直径为 1 千米的圆环上。

“千眼天珠”是为监测太阳而建的。其不但能够监测太阳的各种爆发活动，还能够监测太阳风暴进入行星际的过程。这对于理解太阳爆发机制和日地传播规律、预测太阳活动对地球的影响具有重要作用。

### 迈出载人航天工程重要一步，空间站进入应用与发展新阶段

2023 年 10 月 29 日，一场“太空会师”再次上演。

神舟十七号与神舟十六号两个乘组在中国空间站胜利会面。这是在我国首艘载人飞船神舟五号实现中华民族千年飞天梦20周年之际，我国第一批、第二批和第三批航天员首次在中国空间站（见图2-6-2）同框。

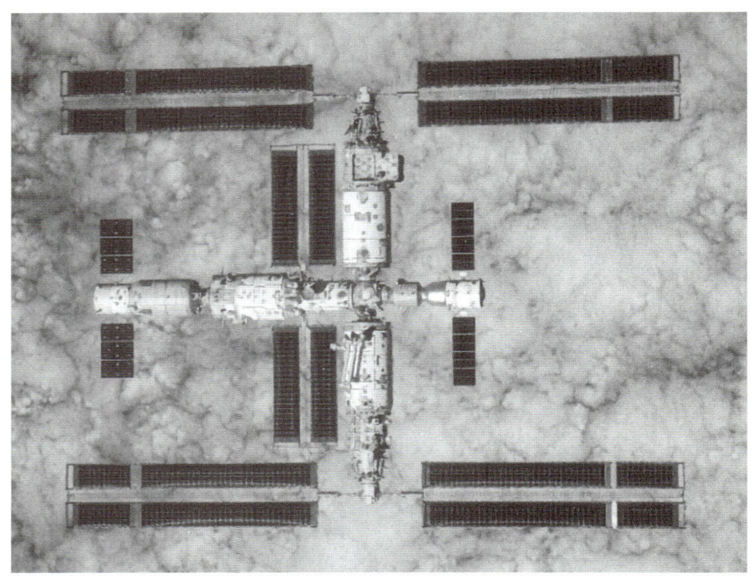

图2-6-2　中国空间站组合体全貌

从神舟五号到神舟十七号，从飞天圆梦到梦圆天宫，目前已有20名中国航天员飞上太空。

2023年6月4日，神舟十五号顺利返回地球。此次“太空出差”，神舟十五号3名航天员顺利进驻中国空间站，与神舟十四号航天员乘组首次实现“太空会师”。

2022年底，中国空间站完成了全面建造，进入为期10年以上的应用与发展阶段。在这一阶段，我国将常态化开展载人飞行，航天员将长期在轨飞行，在很多领域开展大规模的空间科学实验和技术实验任务。

2023年5月30日，神舟十六号发射，这是我国载人航天工程进入空间站应用与发展阶段的首次载人飞行任务。乘组开展了人因工程、航天医学、生命生态、生物技术、材料科学、流体物理、航天技术等多项空间科学实（试）验，在空间生命科学与人体研究、微重力物理和空间新技术等领域取得重要进展，迈出了载人航天工程从建设向应用、从投入向产出转变的重要一步。

**摘取造船业“第三颗明珠”，首艘国产大型邮轮命名交付**

总吨位13.55万吨，长323.6米，宽37.2米，最大高度72.2米；全船搭载107个系统、5.5万个设备，包含2 500万个零部件，完工敷设4 750千米电缆……2023年11月4日，我国首艘国产大型邮轮“爱达·魔都号”正式命名交付。这标志着我国从此实现了国产大型邮轮制造“零的突破”。

这艘“巨无霸”邮轮是名副其实的“海上现代化城市”。船上共设置 2 826 间舱室，其中客舱 2 125 间，最多可以容纳 5 246 名乘客。同时，邮轮还配置了高达 16 层，超 4 万平方米的生活娱乐区域，包括了购物广场、水上乐园、医疗中心和剧院等设施。

作为高技术、高附加值的船型产品，大型邮轮不仅要满足运输需要，还要考虑造型设计、内部餐食住宿服务、文化娱乐服务供应等。因此，其设计和建造难度很大，属于集约化程度极高且极复杂的系统化工程。

此次“爱达·魔都号”的设计和建造成功，标志着我国造船业自主实现了大型邮轮重量控制、减震降噪等核心技术的突破。建造“爱达·魔都号”时，建造者大量采用厚度仅为 4～8 毫米的钢板，大幅减轻了船身重量。同时，通过智能化手段和自动化控制，减少了焊接误差导致的变形，从而避免了采用水泥和树脂材料进行填充弥补，进一步降低了船体自重。为了减震降噪，“爱达·魔都号”上的所有震动机械设备均进行了减震处理。邮轮内还设置 1 400 多个监测点，实时检测噪声污染情况。

目前，我国已具备同时建造航空母舰、大型液化天然气运输船、大型邮轮的能力，集齐了造船工业“三颗明珠”。

### 不断刷新航天纪录，长征系列运载火箭迎来第 500 次发射

2023 年 12 月 10 日 9 时 58 分，我国在西昌卫星发射中心使用长征二号丁运载火箭，成功将遥感三十九号卫星发射升空。这是长征系列运载火箭的第 500 次发射，标志着中国航天用 53 年的时间完成了从“0 到 500”的突破。

自 1970 年长征一号运载火箭发射东方红一号卫星以来，中国航天不断刷新着新的纪录。长征火箭的第 1 个百次发射用了 37 年，第 2 个百次用了 7 年，第 3 个百次用了 4 年，第 4 个百次用了 2 年 9 个月，第 5 个百次仅用了 2 年。这不仅显示出中国航天发射能力的显著增强，还反映出国家科技水平和综合国力的快速提升。

此外，中国商业航天也在 2023 年迎来了重要时刻。4 月，天兵科技的天龙二号成功入轨，打破了世界范围内液体火箭首发失败的魔咒；7 月，中国液氧甲烷火箭朱雀二号在全球成功首飞；11 月，双曲线二号验证火箭飞行任务取得圆满成功；12 月，谷神星一号遥九运载火箭在取得九连胜后，又首次成功实施晨昏轨道发射任务……

仰望苍穹，人类对太空的探索永无止境，航天攻关任重道远。浩瀚宇宙，其路漫漫，“长征”依然在路上。

## 实践活动

## 青铜冶铸实践体验

为了使学生深入地了解青铜冶铸技术的要点，提高学生的实践能力和团队合作能力，请学生按照以下步骤完成活动。

（1）全班学生以 5～7 人为一组进行分组。各组选出组长并进行任务分工，将小组成员及分工情况填入表 2-6-2 中。

表 2-6-2 小组成员及分工情况

| 班级 | | 组号 | | 指导教师 | |
|---|---|---|---|---|---|
| 小组成员 | 姓名 | 学号 | 任务分工 | | |
| 组长 | | | | | |
| 组员 | | | | | |
| | | | | | |
| | | | | | |
| | | | | | |
| | | | | | |
| | | | | | |

（2）准备一些模拟材料，包括黏土、木块、石头片、蜡烛、泥浆等，以模拟青铜器冶铸的步骤。为了保证安全，可以使用熔点更低的锡替代铜。

（3）各组可通过讨论确定本组选择块范法还是失蜡法铸造“青铜器”。采用块范法的小组，可以使用黏土等材料制作器物的外范和内范。采用失蜡法的小组，可以使用蜡烛和泥浆等材料制作器物的模型和铸型。

（4）实践结束后，各组将铸造完成的“青铜器”在班级内进行展示，并派代表分享活动体会，并讨论不同铸造方法的优缺点。

## 学习成果评价

学生和教师根据学生的实际学习成果开展自我评价、组间互评和教师评价，并将评价结果填写在表 2-6-3 所示的学习成果评价表中。

表 2-6-3　学习成果评价表

| 教学过程 | 内容（任务点） | 评价 | | |
|---|---|---|---|---|
| | | 学生自评（20%） | 组间互评（30%） | 教师评价（50%） |
| 课前 | 能够简要叙述古代青铜冶铸的主要方法 | | | |
| | 能够简要叙述古代灌钢技术的基本原理 | | | |
| | 能够简要说明球墨铸铁的特点 | | | |
| | 能够简述锌的特点 | | | |
| 课中 | 能够领会块范法和失蜡法铸造青铜器的原理 | | | |
| | 能够领会灌钢技术的操作技巧 | | | |
| | 能够掌握球墨铸铁技术的原理和关键流程 | | | |
| | 能够领会我国古代炼锌的基本方法 | | | |
| 课后 | 能够理解传统工艺在历史上的地位和作用，强化尊重和保护传统工艺文化的意识 | | | |
| | 能够积极探索传统工艺对现代冶金工业的影响 | | | |
| 专业点评 | | | | |

# 参考文献

[1] 陈雪华. 中国古代雕塑文化［M］. 南京：南京大学出版社，2021.

[2] 程裕祯. 中国文化要略［M］. 4版. 北京：外语教学与研究出版社，2017.

[3] 贺璋瑢，王海云. 中华传统礼仪［M］. 北京：中国人民大学出版社，2016.

[4] 刘托. 中国建筑艺术史［M］. 北京：生活·读书·新知三联书店，2021.

[5] 楼宇烈. 中医与传统文化［M］. 北京：北京大学出版社，2019.

[6] 路伟. 中国传统文化［M］. 桂林：广西师范大学出版社，2016.

[7] 马积高，黄钧. 中国古代文学史［M］. 北京：人民文学出版社，2009.

[8] 山西省人民政府新闻办公室. 品读山西文化［M］. 太原：山西人民出版社，2017.

[9] 王贵胜. 美术鉴赏［M］. 北京：北京师范大学出版社，2012.

[10] 王力. 中国古代文化常识［M］. 北京：北京联合出版公司，2014.

[11] 王仁湘. 至味中国：饮食文化记忆［M］. 郑州：河南科学技术出版社，2022.

[12] 王志民，杨朝明，曹峰，等. 诸子百家普及丛书［M］. 北京：中国人民大学出版社，2021.

[13] 许彦来. 二十四节气知识［M］. 天津：天津科学技术出版社，2013.

[14] 杨秋梅. 山西历史与文化［M］. 太原：三晋出版社，2009.

[15] 杨正权. 中华传统美德经典选编［M］. 北京：中国社会科学出版社，2020.

[16] 郑天挺，谭其骧. 中国历史大辞典［M］. 上海：上海辞书出版社，2007.

[17] 中共山西省委党史研究院（山西省地方志研究院）. 山西省志［M］. 北京：中华书局，2011.

[18]《中国大百科全书》编辑部. 中国大百科全书（简明版）［M］. 2版. 北京：中国大百科全书出版社，2011.

[19] 周玲玲. 中国传统文化与大学生人文教育［M］. 北京：中国传媒大学出版社，2010.